HEGEL

le goût des idées

collection dirigée
par
Jean-Claude Zylberstein

Parus

ARTHUR KOESTLER
Les Somnambules

GEORGES CHARBONNIER
Entretiens avec
Claude Lévi-Strauss

FRANÇOIS MITTERRAND
Le Coup d'État permanent

JEAN-MICHEL PALMIER
Walter Benjamin

ALEXANDRE VIALATTE
Mon Kafka

LUCIANO CANFORA
La Nature du pouvoir

BERTRAND RUSSELL
Essais sceptiques

GEORGE STEINER
Langage et silence

ISAIAH BERLIN
Le Sens des réalités

FRANCIS
SCOTT FITZGERALD
Un livre à soi

RAYMOND ARON
Dimensions de la conscience
historique

SOMERSET MAUGHAM
L'Humeur passagère

ARTHUR C. DANTO
Andy Warhol

CYRIL CONNOLLY
Ce qu'il faut faire pour ne
plus être écrivain

ROBERT DARNTON
Le Grand Massacre des chats

ARTHUR KOESTLER
Le Cri d'Archimède

BERTRAND RUSSELL
Histoire de la Philosophie
occidentale (2 vol.)

KARL POPPER
À la recherche d'un monde
meilleur

JEAN DANIEL
Comment peut-on être
français ?

GLENN GOULD
Entretiens avec Jonathan Cott

NORMAN MAILER
L'Amérique

JEAN GUICHARD-MEILI
L'Art de Matisse

HANS MAGNUS
ENZENSBERGER
Culture ou mise en condition ?

SIEGFRIED KRACAUER
Les employés

TOM WOLFE
Il court, il court le Bauhaus

ARTHUR KOESTLER
La Corde raide

KOSTAS PAPAIOANNOU

Hegel

Avec un choix de textes traduits par l'auteur

Édition réalisée par François Bordes et Laurie Catteeuw

Paris
Les Belles Lettres
2012

© 2012, pour la présente édition
Société d'édition Les Belles Lettres
95 bd Raspail 75006 Paris.
www.lesbelleslettres.com

ISBN : 978-2-251-20028-6
ISSN : 2111-5524

Préface

Hegel et la sympathie des langues

L'injonction adressée aujourd'hui au travail savant fait pâlir : publier dans une langue véhiculaire pour être lu par tous ; publier dans une même et seule langue pour uniformiser le marché et nourrir l'utopie de son extension sans limite. Mais à ce prix, que vend-on ? Et que reste-t-il du goût des idées ? Imaginerions-nous Hegel construisant son œuvre en excluant, de son architecture, toute publication en langue allemande ? Non, décidément, les langues ne sont pas de simples outils de communication mais la matrice de toute pensée. Les œuvres qui durent, celles qui sont « de tous les temps », sont forgées dans nos langues respectives. La liberté de penser comme la capacité à faire de la vulgarisation d'œuvres complexes passent tout d'abord par la reconnaissance de la langue de chacun. Il n'y a pas ici de langue d'emprunt, mais une multiplicité de langues : celles de la conception de l'œuvre puis de sa diffusion, de ses traductions, de sa vulgarisation.

L'ouvrage que l'on réédite a été initialement publié aux éditions Seghers, en 1962, dans la collection, fameuse, « Philosophes de tous les temps [1] ». Le but de cette collection était justement de rendre accessible au plus grand nombre les classiques de la philosophie, quelle que soit leur difficulté. Dans le cas de Hegel, le pari était osé. C'est à Kostas Papaïoannou, venu de Grèce à bord du *Mataroa*, dans les décombres

---

1. Kostas Papaïoannou, *Hegel. Présentation, choix de textes, bibliographie*, Paris, Seghers, 1962.

de la Seconde Guerre mondiale, que nous devons d'avoir relevé et honoré ce pari. Sa réussite fit de son *Hegel* un chef-d'œuvre en la matière : connu pour sa clarté, pour sa capacité à saisir l'essentiel, il conserve toute sa nécessité. Il reste, pour ceux qui souhaitent s'initier à la pensée hégélienne, le meilleur des pédagogues[2].

Cette réussite tient avant tout à la diversité des langues qui nourrit l'ouvrage. Kostas Papaïoannou est de langue maternelle grecque. Dès l'enfance, il baigne dans trois langues différentes. La langue du peuple, le démotique, d'abord. Puis la *katharévousa*, la langue dite « pure » – en réalité fabriquée de toutes pièces par les « inventeurs » de la Grèce moderne. Le grec ancien, enfin. Très jeune, Papaïoannou apprend la langue d'Homère et de Platon. Il lit aussi Nietzsche, Hölderlin et Rimbaud dont il maîtrise les langues respectives : l'allemand et le français étaient alors couramment utilisés par la bourgeoisie du pays et, plus généralement, par les écrivains, les savants, les scientifiques. Le jeune exilé est ainsi armé d'une connaissance de l'allemand peu fréquente chez les intellectuels français de l'époque. Par cet accès direct et privilégié à l'œuvre de Hegel, il offre à ses lecteurs un petit ouvrage de vulgarisation qui relève autant d'un travail philosophique que d'un effort de traduction exemplaire.

Kostas Papaïoannou, résistant engagé au sein de la gauche socialiste pendant la Seconde Guerre mondiale, quitte son pays en proie à la guerre civile. Il arrive à Paris à vingt ans, en décembre 1945, avec près de deux cents boursiers grecs parmi lesquels Kostas Axelos et Cornelius Castoriadis. Il se lie d'amitié avec Raymond Aron, Octavio Paz, Boris Souvarine ; il fréquente Montparnasse, Saint-Germain-des-Prés, les décades de Cerisy et le Congrès pour la liberté de la culture[3]. Tout

2. La présente édition reprend celle revue par Alain Pons, publiée en 1987, dans la collection « Agora » chez Presses Pocket. Nous y avons ajouté un texte inédit du début des années 1960, « Hegel et la Révolution française », ainsi que « La Raison et la croix du présent. Note sur les fondements de la politique hégélienne », initialement paru en postface aux *Écrits politiques* de Hegel (Paris, Champ Libre, 1977). Le lecteur attentif s'apercevra que l'auteur n'hésitait pas à réemployer parfois les mêmes analyses dans ses différents textes – ce qui n'enlève rien à leur originalité ni à leur cohérence respectives.

3. Sur la vie et l'œuvre de Kostas Papaïoannou voir F. Bordes, *Désespérer du faux. Histoire d'une critique du communisme soviétique : Michel Collinet, Kostas*

en poursuivant ses travaux en langue grecque, il publie ses premiers articles en français dans les revues *Le Contrat social*, *Diogène* et *Preuves*. Il consacre la plus grande partie de son énergie à étudier Marx, à critiquer le marxisme et à dénoncer le totalitarisme soviétique[4]. Le vif de son œuvre se trouve dans sa réflexion sur l'évolution de la conscience historique. Ce questionnement s'exprime de manière remarquable dans *La Consécration de l'histoire*[5]. Ce recueil d'articles développe une critique de la raison historique qui trouve ses racines dans une familiarité profonde avec la pensée de Hegel. Sa traduction de *La Raison dans l'histoire* en témoigne : abondamment citée et commentée, elle constitue depuis l'édition de référence[6].

Cette connaissance, fine et précise, de l'œuvre de Hegel lui permet de saisir l'importance de l'amitié qu'il noue avec Hölderlin : le poète apporte au philosophe le « culte de la Grèce » ; et, avec lui, son inclination pour la poésie – ce « pédagogue de l'humanité ». Ainsi conçue, la puissance de la poésie paraît grande face aux défaillances de la raison. Celle-ci traite en ennemis les contradictions, nombreuses, de la vie de l'esprit avec les valeurs de la vie mondaine et ordinaire : elle ne peut y remédier. À l'inverse, la poésie offre un espace de réconciliation de l'homme avec le monde : elle apaise son rapport au temps, unissant cette qualité de l'homme à la nécessité de l'expérience historique. Ce souci de la réconciliation, Kostas Papaïoannou le partage avec son ami Octavio Paz. Dans « les flammèches de 1946 », le poète

---

Papaïoannou et les anticommunistes de gauche en France de 1944 à 1972, thèse de doctorat, Paris, Institut d'études politiques, 2008, en particulier les chapitres 1, 2 et 6 ; *Id.*, « Exil et création. Des penseurs grecs dans la vie intellectuelle française » dans *Destins d'exilés*, Paris, éd. du Manuscrit, 2011 ; L. Catteeuw et F. Bordes, dir., *L'Amitié, les travaux et les jours. Cahier Kostas Papaïoannou*, Paris, Didier Sedon/ Acedia, 2004.

4. Voir en particulier *Η Γένεση του ολοκληρωτισμού. Οικονομική υποανάπτυξη και κοινωνική επανάσταση* (La Genèse du totalitarisme. Sous-développement économique et révolution sociale), Athènes, 1959, rééd. Enallaktikes ekdoseis, 1991 ; *Les Marxistes*, Paris, 1965, rééd. Gallimard, 2001 ; *L'Idéologie froide. Essai sur le dépérissement du marxisme*, Paris, Pauvert, 1967, rééd. Éditions de l'Encyclopédie des nuisances, 2009.

5. Kostas Papaïoannou, *La Consécration de l'histoire*, Paris, Champ Libre, 1983, rééd. Ivréa, 1996.

6. Hegel, *La Raison dans l'histoire*, traduction, introduction et notes par Kostas Papaïoannou, Paris, UGE, 1965, rééd. Presses Pocket, 2012. Depuis sa parution initiale, l'ouvrage a été plusieurs fois réédité.

mexicain, résidant alors à Paris, cherchait « l'œuf du Phénix ». Guidé par l'espoir de voir le monde renaître de ses cendres, il trouve dans son amitié avec le philosophe grec « le sceau de la réconciliation[7] ». Loin de Mexico et d'Athènes, à distance des langues grecque et espagnole, ils dialoguent en français. Kostas Papaïoannou incarne le cosmopolitisme intellectuel d'après-guerre qui a nourri la pensée européenne. La pluralité des langues, pour lui, comme pour nous, assure la richesse des idées, la vitalité du sens critique, la vie de l'esprit. C'est là une question de liberté de penser.

C'est ainsi à un philosophe grec que nous devons l'une des meilleures anthologies françaises de textes de Hegel. L'ouvrage propose une étude générale de sa vie et de son œuvre. Sous des atours modestes, elle donne cependant bien plus aux lecteurs. Cette première partie consiste en une véritable interprétation de l'œuvre hégélienne, dans son ensemble : elle explicite dans une langue commune et accessible à tous la langue si difficile qu'emploie Hegel pour forger sa pensée. La seconde partie offre un outil de travail irremplaçable : un choix de textes traduits dans le même esprit. Les instruments de la vulgarisation de l'œuvre sont bien là. Les réactions suscitées par la parution de l'ouvrage en témoignent. Dans *Le Contrat social*, Aimé Patri salue ce « chef d'œuvre d'initiation[8] », qui pourtant « montre bien de quels tumultes et de quelles sollicitations contradictoires naquit la pensée de Hegel[9] ». Quelques lettres traduisent un début de reconnaissance des travaux du philosophe grec par le monde intellectuel parisien : son ouvrage s'impose comme une pièce remarquable des études hégéliennes en langue française. Kostas Papaïoannou est désormais identifié comme un connaisseur et un initiateur hors pair à l'hégélianisme. Brice Parain le félicite pour avoir fait une place importante aux écrits de jeunesse et à la logique d'Iéna, rendant

7. Octavio Paz, « Kostas », dans *L'Arbre parle*, traduction Frédéric Magne et Jean-Claude Masson, Paris, Gallimard, 1990, p. 63-67.
8. Aimé Patri, « Présence de Hegel », *Le Contrat social*, vol. VII, n° 1, janvier-février 1963, p. 262-264. Professeur de philosophie, Aimé Patri a collaboré à de nombreuses revues, notamment *L'Arche*, *Paru* et *Preuves*.
9. François Herbault, « Hegel en son temps », *France Observateur*, 6 décembre 1962, p. 21.

ainsi un service « à la connaissance de Hegel en France, où ces périodes-là ont longtemps été négligées[10] ». Enfin, Jean Wahl, auteur du *Malheur de la conscience dans la philosophie de Hegel*, le lut avec grand intérêt[11]. La lettre qu'il adresse au philosophe grec témoigne de l'attention portée sur son ouvrage par l'un des plus éminents représentants du renouveau français des études hégéliennes. De son côté, un jeune philosophe qui s'apprête à publier ses premiers livres, Jacques Derrida, félicite Papaïoannou pour son « excellent travail "critique" dans tous les sens – et les meilleurs sens – de ce mot[12] ». D'une part, cette critique est « conforme aux valeurs textuelles de respect, de connaissance historique, de vérité » ; d'autre part, elle est « nietzschéenne », au sens où Derrida y voit une « position polémique, engagée, mordante ». À ses yeux, la valeur du travail de Papaïoannou tient à cette double approche de l'œuvre hégélienne : « Qu'on vous suive ou non, parfois ou toujours, on doit reconnaître que cet alliage des deux critiques, des deux valeurs de la critique est aujourd'hui très rare. Il m'inspire la plus profonde sympathie. »

Ces réactions témoignent d'une véritable réception des travaux de Papaïoannou dans l'Hexagone – et au-delà. Rééditée à plusieurs reprises, l'anthologie a été traduite en portugais (1964), en italien (1970), en espagnol (1975) et en grec (1992). Résolument méditerranéenne, cette circulation du *Hegel* se fait indépendamment de l'actuelle *lingua franca* de la globalisation[13]. Les langues de sa diffusion sont multiples ;

10. Lettre de Brice Parain à Kostas Papaïoannou, Paris, 24 octobre 1962, IMEC, Fonds Kostas Papaïoannou. Philosophe et écrivain, Brice Parain est également connu pour son activité éditoriale chez Gallimard.

11. Lettre de Jean Wahl à Kostas Papaïoannou, Paris, 3 janvier 1963, IMEC, Fonds Kostas Papaïoannou. Avec cet ouvrage, paru en 1929, Jean Wahl renouvelle la lecture de la pensée hégélienne, avant même les célèbres conférences d'Alexandre Kojève données de 1933 à 1939, à l'École pratique des hautes études, à Paris. Après-guerre, Jean Hyppolite s'impose comme le meilleur spécialiste du sujet. Il forme alors une nouvelle génération de chercheurs, dont Jacques D'Hondt qui acquiert une renommée internationale par ses travaux sur Hegel, publiés à partir de 1966. Quelques années auparavant, en 1962, le *Hegel* de Papaïoannou participe pleinement à l'histoire de la réception française de l'œuvre de Hegel.

12. Lettre de Jacques Derrida à Kostas Papaïoannou, Fresnes, 1er juin [1965], IMEC, Fonds Kostas Papaïoannou.

13. Les revues *Dissent* et *Diogenes* publièrent quelques rares articles du philosophe grec, sans rencontrer d'écho chez un éditeur anglophone.

sa réception est large : l'anthologie est lue par des générations de lycéens et d'étudiants, de spécialistes et d'amateurs de philosophie. L'ouvrage touche donc des publics très différents et sa lecture est souvent recommandée, comme en témoigne cette lettre en provenance de l'École normale supérieure de la rue d'Ulm :

> *Cher Kostas,*

> *Je vous remercie très vivement de m'avoir envoyé votre* Hegel *: vous avez réussi un tour de force : le présenter de façon vivante et fidèle dans les limites d'un espace et d'un genre fixés d'avance. Quand on me demande : que lire sur Hegel ? Je donne en exemple votre livre*[14].

Quel est donc ce *tour de force* salué par Louis Althusser ? Celui de donner accès, en quelques pages, à la pensée de Hegel en des termes simples et clairs, sans cacher la profondeur ni la difficulté des sujets abordés : « Hegel garde toute sa taille, mais n'est plus ce Sphinx accroupi dont toute une génération de commentateurs interprétait les oracles obscurs. Certains le regrett[ent][15] » d'autres en sont admiratifs. Papaïoannou nous apprend que Hegel savait s'exprimer de manière tout à fait claire. Les combats de la dialectique moderne, ses obscurités, ses incertitudes se jouent ici sur un terrain inattendu. Au fond, le *tour de force* est d'avoir conservé les langues nécessaires au développement et à l'explicitation de la pensée hégélienne à l'écart de leurs usages partisans : la langue de l'auteur, dans laquelle il construit son œuvre, celle de sa traduction qui la diffuse, celle de la clarté qui la vulgarise, celle de la poésie qui l'a inlassablement nourrie, celle enfin de la politique, affranchie de toute idéologie[16].

---

14. Lettre de Louis Althusser à Kostas Papaïoannou, Paris, 16 janvier 1963, IMEC, Fonds Kostas Papaïoannou.

15. Compte rendu de François Heidsieck, paru dans la *Revue philosophique de la France et de l'étranger*, n° 3, 1972, p. 373.

16. Les trois textes de Kostas Papaïoannou qui composent ce volume appartiennent à la bataille des « idées contre l'idéologie », menée dans ses travaux sur Hegel et, de manière exemplaire, dans son *Idéologie froide*.

Kostas Papaïoannou est surtout connu pour avoir mis cet art au service de l'œuvre d'un ancien « jeune-hégélien », Karl Marx. C'est de cette façon qu'il arrache l'auteur du *Capital* aux mensonges de la langue de sang du totalitarisme. Anti-idéologue, Papaïoannou n'aura de cesse de combattre et moquer les intimidations rhétoriques des commissaires masqués en philosophes au service du sens de l'histoire. Il fallait donc revenir aux idées, à leurs sources vives. L'ouvrage que l'on réédite aujourd'hui se fonde sur la même exigence. Le lecteur appréciera la qualité et la force de cette brève introduction à Hegel. Espérons que la « jeune génération » – sur laquelle pèsent le plus lourdement les nouvelles injonctions à *tenir sa langue* – découvrira ici un exemple éclatant de l'incomparable liberté d'esprit que confère la pluralité des langues.

François Bordes et Laurie Catteeuw

HEGEL

par
Kostas Papaïoannou

Chapitre premier

Vie de Hegel

Georges-Guillaume-Frédéric Hegel est né à Stuttgart, le 27 août 1770, au moment même où à l'âge des Lumières succède le *Sturm und Drang* du romantisme et de la Révolution. Après de brillantes études nourries d'hellénisme au gymnase classique de sa ville natale, il entra en 1788 comme boursier au *Stift* de Tübingen, séminaire protestant destiné à la formation du clergé évangélique.

C'est là qu'il se lia d'amitié avec Hölderlin et Schelling. Hölderlin lui apportera son culte de la Grèce. Schelling son refus du « subjectivisme » et son aspiration vers une philosophie renouvelée qui unirait Nature et Esprit, Spinoza et Kant, Rousseau et Fichte, et deviendrait même la « religion » et la « mythologie » du nouveau monde en gestation.

Un texte de 1796, longtemps attribué à Schelling, peut-être à tort, mais, de toute manière, écrit de la main de Hegel, montre bien quel était l'esprit du temps :

> « [...] La Poésie atteint ainsi une dignité plus haute ; elle redevient à la fin ce qu'elle était au commencement : le pédagogue de l'humanité. Car il n'y a plus de philosophie, il n'y a plus d'histoire : seule la poésie survivra aux autres sciences et aux autres arts [...]. Il nous faut une nouvelle mythologie, mais cette mythologie doit être au service des Idées, elle doit être au service de la *Raison*. Aussi longtemps que nous n'aurons pas transformé les idées en œuvres d'art, c'est-à-dire en mythes, elles n'auront aucun intérêt pour le *peuple* et, inversement, aussi longtemps que la mythologie ne sera pas rationnelle, le philosophe aura honte de lui-même. Les éclairés et les

non-éclairés devront finalement se donner la main. La mythologie doit devenir philosophie et le peuple rationnel, et la philosophie doit devenir mythologique pour rendre les philosophes présents dans le monde sensible. Alors régnera une éternelle unité parmi nous. Jamais plus le peuple ne méprisera ses sages et ses prêtres. Pour la première fois nous pourrons nous attendre à l'épanouissement *égal* de *toutes* les forces, de chaque individu comme de tous les individus. Aucune force ne sera plus refoulée. Alors régnera la liberté universelle et l'égalité des esprits ! Un esprit supérieur envoyé par le Ciel doit instaurer cette nouvelle religion parmi nous ; elle sera la dernière œuvre de l'humanité. »

(D., p. 220-221[1])

Le culte hébertiste de la déesse Raison devait ressusciter comme « mythologie de la Raison » ! C'est d'une tout autre manière que Hegel formulera la tâche de la philosophie, mais l'esprit en sera le même.

À la sortie du *Stift,* en 1793, Hegel travailla comme précepteur d'abord à Berne jusqu'en 1796, puis à Francfort de 1797 à 1800. Pendant ces sept années, il suit avec passion les événements français, il étudie Kant, Fichte et Schelling et surtout il réfléchit sur le christianisme. En 1795, à Berne, il écrit une *Vie de Jésus* imprégnée de kantisme, sentant encore la sécheresse rationaliste. L'année suivante, il reprend l'étude du christianisme dans un esprit et avec des moyens d'expression tout à fait nouveaux. Un siècle semble séparer ces deux essais : avant il parlait en kantien et en *Aufklärer ;* maintenant il s'exprime en contemporain de Hölderlin et de Saint-Just – et aussi en annonciateur de Kierkegaard, de Marx et de Nietzsche. Face à l'Hellade hölderlinienne qu'il voit avec des yeux jacobins, il dresse une image dostoïevskienne du Christ et de son échec où les problèmes de la conscience historique (déclin du monde antique, destin du judaïsme, destin du christianisme), les interrogations de l'« existentialisme » romantique (crime et châtiment, innocence et destin) et les thèmes de la critique marxienne ou nietzschéenne des « arrière-mondes » s'unissent au sein d'un panthéisme tragique de l'Amour.

---

1. Afin d'expliquer les sigles utilisés, l'édition originale comportait une note bibliographique sur les œuvres de Hegel les plus citées par Kostas Papaïoannou. Le lecteur la trouvera, actualisée, dans la bibliographie placée en fin de volume (N.d.É.).

Ces spéculations, qui culminent dans le *System-fragment* du 14 septembre 1800, ont pu coexister à l'aise avec des analyses politiques et sociales d'un étonnant radicalisme. À Berne déjà, Hegel avait soumis à une âpre critique les institutions du patriciat bernois, son monopole de classe, son conflit sanglant avec les Vaudois. Mais dès les pages de 1798 sur l'État de Wurtemberg et la situation spirituelle de l'Allemagne (*Liberté et Destin*, 1799) et surtout dans l'admirable *Constitution de l'Allemagne* (1802 ?), Hegel se révèle d'emblée comme le premier grand penseur politique allemand, le premier qui ait osé aller directement, avec une franchise et une vigueur étonnantes, à la racine même du drame historique de l'Allemagne : sa dispersion, son incapacité de constituer organiquement un État, l'étroitesse de ses dirigeants et l'impuissance de ses *Spiessbürger,* l'escapisme de ses meilleurs esprits qui se réfugient « dans un monde intérieur » peuplé de rêves. Influencé par le constitutionnalisme de Benjamin Constant, Hegel se veut être le Machiavel de l'Allemagne bismarckienne qu'il appelle de ses vœux : c'est dans cet ouvrage que nous trouvons la première réhabilitation de Machiavel (P., p. 110-116) enfin arraché à l'opprobre des « exercices d'école » moralisants, restitué à la sainte nécessité.

Premier lecteur *moderne* de Machiavel, Hegel est aussi le premier qui ait pensé en philosophie le monde à peine né de la révolution industrielle. Il lit les journaux anglais dont il fait de nombreux extraits (Ros., p. 85) ; il commente le débat au Parlement sur l'assistance aux pauvres qu'il dénonce aussitôt comme un remède hypocrite au paupérisme (on sait que la loi de 1795 fut à l'origine de la véritable traite des enfants qui sévit dans les manufactures anglaises pendant plus d'un quart de siècle). Entre le 19 février et le 16 mai 1799, en même temps qu'il élabore sa métaphysique de la Vie et de l'Amour, Hegel écrit un commentaire complet des *Principes d'économie politique* de Steuart. Malheureusement, le commentaire a été perdu : on en soupçonne néanmoins la teneur lorsqu'on lit l'étonnante analyse des « contradictions du capitalisme » qu'on trouve dans le *System der Sittlichkeit* de 1802 et surtout ses Cours d'Iéna de 1804-1806.

Cette énorme puissance d'assimilation, cet extraordinaire élargissement de l'horizon signifient un changement radical de la fonction même de la philosophie. Car dans ce monde labouré par les armées napoléoniennes il ne s'agissait plus de la seule connaissance et de son *siccum lumen*. « *Le royaume de Dieu sur terre* » : c'est ainsi que le jeune Hegel a désigné sa quête (*Briefe*, I, 13). Dans une lettre à Schelling du 2 novembre 1800 où il jette un regard en arrière sur sa « formation scientifique », il dit : « *Partant des besoins subordonnés des hommes, j'ai dû me pousser à la science, et l'idéal de ma jeunesse a dû se transformer en une forme de la réflexion, en un système* »... Depuis Platon, l'esprit philosophique n'avait pas entendu pareille confession. Platon avoue, lui aussi, dans la VIIe lettre, avoir été « contraint » (*hénangkasthên ;* et l'Anankè antique était presque une damnation) de se tourner vers la philosophie tandis qu'il « restait toujours attiré par la politique ». Mais le monde de Platon était un monde relativement homogène où « musique » et *polis* obéissaient encore au rythme profond et où la philosophie pouvait encore espérer trouver en Sicile son Amérique politique. Tel n'était pas le monde de Hegel : un géant de la taille de Napoléon n'avait réussi qu'à l'ébranler pour le laisser surexcité et épuisé, tremblant encore à la pensée du monstre, impatient de consolider sa sécurité bourgeoise déjà menacée par le « spectre » communiste qui allait bientôt hanter l'Europe.

La crise : « le point nocturne de la contraction »

Le « Royaume de l'Esprit » n'était vraiment pas de ce monde allemand des bourgeois replets et des curés où l'Hypérion de Hölderlin cherchait en vain des hommes. Et Hegel, qui voulait « penser la pure Vie » (N., 302), devait découvrir à son tour que « la vraie vie est absente ». Une crise d'« hypocondrie » qu'il a subie « durant deux ans jusqu'à l'épuisement de ses forces », ainsi qu'il le dit dans une lettre, a été le tribut qu'il a payé au dieu de la déception qui s'acharnait déjà sur la génération romantique : Novalis s'éteindra en 1801, Hölderlin sombrera dans la folie en 1806, bientôt (1811) Kleist se fracassera le crâne dans un accès de désespoir.

De cette crise, de ce « point nocturne de la contraction », comme il dit dans cette même lettre, Hegel avait indiqué la cause ou le symptôme dans son écrit sur l'Allemagne :

« L'état de l'homme que l'époque a repoussé dans un monde intérieur, ne peut, quand il veut se maintenir dans celui-ci, être qu'une mort éternelle [...]. Sa douleur est unie à la conscience des limites qui lui font mépriser la vie telle qu'elle lui est permise. »

(P., 139)

Ce n'est pas seulement l'ami de Hölderlin qui parle. La « mort éternelle » qui menace les purs quand la « nature » n'est pas assez forte pour les « pousser vers la vie » et les inciter à « supprimer le négatif du monde existant pour se trouver en lui, pour pouvoir vivre » (*ibid.*), la « douleur » de l'existence accablée par des « limites » étouffantes avaient aussi frôlé le futur systématique de la « réconciliation » : d'où la manière si souvent lugubre dont il déifie la raison, son « chemin du désespoir », la « douleur » de son « travail ».

La crise qu'il a vécue dans la « malheureuse » Francfort, vers sa trentième année, a marqué pour toujours sa conception de la vie. Plus tard, en 1805, il dira à Gabler : « tout homme doit passer par une hypocondrie dans laquelle il se sent séparé du monde tel qu'il l'a vu jusqu'ici ». Et c'est sa propre expérience qu'il décrit dans l'*Encyclopédie* (§ 396) lorsqu'il parle – aussi ! – des âges de la vie. Le jeune homme, dit-il, « se croit appelé à transformer le monde » et « l'impossibilité d'une réalisation immédiate de son idéal peut le jeter dans un état d'hypocondrie ». S'il ne veut pas succomber à l'épreuve, l'homme « doit reconnaître que le monde n'est pas quelque chose de mort et absolument immobile, mais un être qui se renouvelle et progresse en se conservant [...]. C'est dans cette conservation et dans ce renouvellement du monde que consiste le travail de l'homme mûr ».

« Le monde est la réalisation de la Raison divine : c'est à sa superficie seulement que règne le jeu des hasards irrationnels. »

C'est ainsi que Hegel résume la sagesse de l'« âge mûr » : chercher ce monde de la Raison divine, l'assumer comme limite et comme loi intérieure, reconnaître « la rose de la Raison sur la croix du présent », sera la tâche à laquelle il consacrera sa vie désormais confondue avec son œuvre. Un épigramme de la fin de la période de Francfort

montre bien l'esprit nouveau dans lequel Hegel est allé s'installer à
Iéna : « Tu ne pourras pas être mieux que ton temps, mais au mieux
tu seras ton temps » (D., p. 388).

Hegel à Iéna

La mort de son père, survenue en 1799, l'ayant mis en possession
d'un modeste héritage, Hegel renonce au préceptorat et se rend en
1801 à Iéna auprès de Schelling qui venait de succéder à Fichte
comme professeur de philosophie à l'Université. « En quelques
mois », il rédige son premier ouvrage : *De la différence des systèmes
de Fichte et de Schelling,* qui paraît en juillet 1801. En août, il soutient
sa thèse *De orbitis planetarum ;* en octobre, il est nommé privat-
docent à l'Université. Avec Schelling il édite le *Journal critique de
philosophie,* destiné à combattre les philosophies « subjectivistes » de
la réflexion. Il y publiera entre 1802 et 1803 cinq études : *L'Essence
de la critique philosophique, La Philosophie et le sens commun, Le
Rapport de la philosophie avec le scepticisme, Foi et Savoir,* enfin
L'Étude scientifique du droit naturel. Dans toutes ces œuvres, et
notamment dans ses critiques de la philosophie subjective de Kant,
Fichte et Jacobi, Hegel adopte des positions très proches de celles
de Schelling dont il emprunte la terminologie et parfois le pathos.
Longtemps, c'est-à-dire jusqu'à la parution de la *Phénoménologie
de l'Esprit* (1807) qui marque la rupture entre les deux amis, Hegel
sera connu comme disciple de Schelling, mais en réalité il a déjà
conquis son originalité.

Tandis que Schelling, le « Protée de l'idéalisme allemand », va
de la philosophie de la nature (*Ideen zu einer Philosophie der Natur,*
1797, *System des transzendentalen Idealismus,* 1800) à la théosophie
de son grand ouvrage de 1809 : *L'Essence de la liberté humaine,*
Hegel s'oriente vers la logique ontologique, les sciences humaines
et la théorie de l'histoire. Entre l'automne 1801 et l'automne 1802, il
rédige sa première *Logique, métaphysique et philosophie de la nature*
(publiée pour la première fois par H. Ehrenberg et H. Link en 1915 et
par Lasson en 1923). En même temps il ébauche (1802 ?) un *System
der Sittlichkeit* où il systématise la théorie de la société impliquée
par l'écrit sur le droit naturel, et il reprend son pamphlet (laissé

inachevé) sur la *Constitution de l'Allemagne.* Et en même temps qu'il entreprend son « voyage de découverte » dans le passé dont sortira la *Phénoménologie de l'Esprit,* il reprend dans ses cours de 1804-1806 ses investigations anthropologiques et « sociologiques ».

Napoléon et l'espoir

En même temps que le Système prend corps et forme, le climat psychologique change. À l'« hypocondrie » des années de Francfort succède l'ardent optimisme que répandaient alors partout en Europe les armées de Napoléon. Le 13 octobre 1806, le lendemain de la bataille d'Iéna qui mit fin au Saint Empire germanique, Hegel aperçoit Napoléon et il écrit :

> « Je vis l'empereur, cette âme du monde, traverser à cheval les rues de la ville […]. C'est un sentiment prodigieux, de voir un tel individu qui, concentré sur un point, assis sur un cheval, s'étend sur le monde et le domine […]. Comme je le fis autrefois, tous font maintenant des vœux de succès pour l'armée française, ce qui ne peut lui manquer, étant donné l'incroyable différence de son chef et de ses soldats d'avec ses ennemis. » (Ros., 229-230)

« Le Vrai est le Tout »

Pendant ces années d'abondance à Iéna, le génie de Hegel ouvre les uns aux autres des mondes de problèmes jusque-là absolument séparés et étrangers. De chacun d'eux, il tire une lumière qui éclaire tous les autres et les insère dans la vie mobile d'une totalité de plus en plus clairement perçue, d'où résultent les réfractions et les conjonctions les plus inattendues. Car Hegel est tout à la fois un nostalgique de la Grèce qui ne veut rien perdre des richesses conquises par dix-huit siècles de « malheur » chrétien ; un chrétien pour qui l'homme ne trouvera la paix que lorsqu'il retrouvera la « bienheureuse totalité » du paganisme ; un visionnaire « johannique » de l'esprit qui est Vie et Amour, mais qu'il veut intégrer dans la Raison, avec les moyens de la Raison et en se pliant à la dure « rigueur du Concept » ; un rationaliste pour qui l'Histoire, malgré tout le bruit et la fureur de sa cruauté et de ses errements, est toujours infiniment plus révélatrice des

« profondeurs de Dieu » et de la grandeur humaine que les prudentes recettes de l'entendement ; enfin, un homme « moderne » pour qui l'actualité est le destin et « la lecture des gazettes, la prière réaliste du matin » (D., 360).

Un seul et même esprit passe à travers tous ces contrepoints hégéliens. C'est que la crise est totale et qu'aucune solution partielle n'est plus possible. « Ce fut une entreprise insensée de l'époque actuelle d'avoir fait une Révolution sans une Réformation », dira-t-il plus tard[2] : c'était bien cette Réformation que visait la *Phénoménologie de l'Esprit* (1807). Commencée comme simple introduction propédeutique au « Système », devenue entre-temps un immense « Musée imaginaire » où la biographie spirituelle de l'humanité prend couleur de généalogie hégélienne, la *Phénoménologie* culmine dans l'annonce de la Parousie : l'humanité retrouve, enrichie et approfondie, l'« œuvre commune » qui fut le secret de la « belle totalité » hellénique ; l'Histoire devient à la fois théogonie, théophanie et théodicée et « Dieu apparaît au milieu de ceux qui savent (Ph.E., 479) ».

« Seul le Tout est le Vrai », « Seul le Tout est réel » : cette devise de la *Phénoménologie* signifie avant tout que le salut ne peut être que dans le Total, dans l'unité retrouvée de tous les fragments de vie que l'homme a éparpillés tout le long de son chemin. Et c'est de ce besoin de salut que vient le démon hégélien de pansophie – cette soif de connaissance totale qui lui a arraché ce cri fier de la fin de ses cours d'esthétique : « De tous les chefs-d'œuvre de l'Antiquité et du monde moderne ; et je les connais presque tous... » (Ae., 1089) ; mais qui l'a aussi bien souvent amené à parler *de omnibus et aliquid aliis :* le « Système », cette cathédrale tardive à la Gaudi tout en blocs cyclopéens et en décors en trompe-l'œil, ce *speculum mundi* d'un Aristote baroque proposé à un monde qui « n'enfante que des atomes », sera l'impossible reflet de cette Totalité salvatrice.

Le Système

Arraché de sa chaire à Iéna par de pressants besoins matériels, Hegel se rend à Bamberg (mars 1807) où il prend la direction d'un

2. E., § 552. Voir aussi V.G., 123 ; H., 558 ; Ros., p. 417.

journal politique. Puis (en novembre 1808), il est nommé directeur du gymnase de Nuremberg où il restera jusqu'à 1816. Il réorganise le gymnase, il enseigne la philosophie (ses cours de 1809-1811 de *Propédeutique philosophique* publiés par Rosenkranz en 1840, contiennent une première ébauche de l'*Encyclopédie*), et il se marie (1811) avec une patricienne de Nuremberg, Marie von Tucher, dont il aura par la suite deux enfants.

Pendant ces années, Hegel mûrit son Système et prépare son deuxième grand ouvrage : *La Science de la logique* dont les deux premières parties paraissent en 1812 et la troisième en 1816. Cette même année, Hegel est nommé professeur de philosophie à Heidelberg où il publie en 1817, à l'usage de ses étudiants, l'*Encyclopédie des sciences philosophiques,* large esquisse qui, en 477 courts paragraphes, embrasse l'essentiel du Système : Logique, Philosophie de la Nature et Philosophie de l'Esprit. En même temps, fidèle à ses éternelles préoccupations politiques, il publie (1817) dans les *Jahrbücher für Literatur* de Heidelberg sa fameuse étude sur les débats parlementaires qui eurent lieu dans le Wurtemberg au lendemain du Congrès de Vienne (P., p. 156-280).

Reconnu comme le plus important philosophe allemand, Hegel est appelé à Berlin (octobre 1818) où il occupera jusqu'à sa mort la chaire d'Université de Fichte. Parvenu au faîte de la gloire, devenu le maître à penser de l'Allemagne, Hegel achève son Système. Il approfondit sa Philosophie de l'Esprit en développant la *Philosophie du droit* (1820-1821), il fait paraître (1827) une nouvelle édition, considérablement remaniée, de l'*Encyclopédie,* il publie des études sur les sujets les plus variés, depuis la Bhagavad-Gita jusqu'à la réforme électorale anglaise (1831), et surtout il enseigne : la *Philosophie de l'histoire,* l'*Esthétique,* la *Philosophie de la religion,* les *Preuves de l'existence de Dieu,* l'*Histoire de la philosophie* sont des œuvres posthumes éditées d'après ses cours.

Sur la fin de sa vie, Hegel fit quelques voyages dans les Pays-Bas, en Autriche et en France. Lorsqu'au cours de son voyage en France, en 1827, Hegel passe par Valmy et Sainte-Menehould, il évoque, dans une lettre à sa femme du 3 septembre 1827, les « souvenirs » de sa jeunesse « qui a accordé à ces événements l'intérêt le plus grand ». Dans sa jeunesse, il craignait de ne pas pouvoir s'identifier avec son temps. Parlant de la philosophie subjectiviste du repliement sur soi qu'il récusait et considérait comme un signe de « malheur » et de « folie », il disait, à la fin de son *Systemfragment* de 1800, que cette philosophie serait la seule attitude noble au cas où « l'union avec l'époque » s'avérerait impossible et « avilissante » (N., 351). Le « Système » fut le monde qu'il a édifié pour pouvoir « habiter » et « s'unir avec l'époque ». Mais au moment même de son triomphe, la « réconciliation » qu'il avait espérée lui échappait entre les mains. En 1819, il note : « Je vais avoir cinquante ans, j'ai vécu trente ans dans une époque éternellement agitée, pleine de crainte et d'espoir, et j'espérais qu'on pût un jour être quitte de la crainte et de l'espoir ; je suis forcé d'admettre que tout continue » ; et plus tard, dans la *Philosophie de l'histoire* (p. 557-558) : « après quarante ans de guerre et d'immense confusion un cœur de vieille roche pourrait espérer d'en voir apparaître la fin ainsi qu'un certain apaisement […] mais l'agitation et l'inquiétude continuent de régner ». Il n'était plus question pour la philosophie d'aller saluer un nouveau « lever de soleil » sur le monde. Aux couleurs de l'aurore succède la grisaille du crépuscule. Car « la philosophie arrive toujours trop tard… Quand la philosophie peint gris sur gris, une forme de la vie a vieilli et elle ne se laisse pas rajeunir avec du gris sur gris ; elle se laisse seulement connaître ; l'oiseau de Minerve ne prend son vol qu'à la tombée de la nuit ».

Hegel est mort le 14 novembre 1831. Du choléra.

Chapitre II

Le besoin de la philosophie

Parmi les livres que Napoléon emporta avec lui en s'embarquant pour l'Égypte, se trouvaient *Ossian, Werther, La Nouvelle Héloïse* et l'Ancien Testament. « Indication, dit Chateaubriand, du chaos de la tête de Napoléon. Il mêlait les idées positives et les sentiments romanesques, les systèmes et les chimères, les études sérieuses et les emportements de l'imagination, la sagesse et la folie. De ces productions incohérentes du siècle, il tira l'Empire ; songe immense, mais rapide comme la nuit désordonnée qui l'avait enfanté[3]. »

Le « Système » fut un autre empire rêvé au cœur de cette même nuit remuante pour donner une ultime apparence de cohérence au monde irrémédiablement fragmenté et désaxé de la culture moderne. Le monde de Hegel a été le monde de la critique et de la révolution : critique rationaliste de l'ordre établi, critique rousseauienne de la culture, critique kantienne de la connaissance, révolution industrielle, Révolution française, révolution romantique. Toutes ces ruptures, presque simultanées, libéraient toutes les forces centrifuges qu'un siècle de discipline classiciste et rationaliste avait tant bien que mal jugulées. « Nous avons opposé le glaive au glaive, dit Saint-Just, et la liberté est fondée, elle est sortie du sein des orages : cette origine lui est commune avec le monde, sorti du chaos, et avec l'homme qui pleure en naissant ! » C'était là le nouveau langage du *Sturm und Drang* révolutionnaire : orages shakespeariens, artillerie napoléonienne,

---

3. *Mémoires d'outre-tombe,* Paris, Gallimard, La Pléiade, 1947, t. 1, p. 711.

tambours beethovéniens. Le monde en proie à une mobilité dévorante semblait entrer dans la « bacchanale du Vrai où tous doivent s'enivrer et dont personne ne s'échappe sans s'anéantir » (Ph.E., 39) : Hegel nous invitera à y trouver « le repos simple et translucide »...

Il semblait que l'univers se fût soudainement élargi à l'infini. Or en même temps que s'effondraient les barrières et que reculaient les horizons, le branle est donné : toutes les polarités que recèle l'âme moderne sortent brusquement à la lumière et apparaissent comme des contradictions qu'on retrouve, poussées au paroxysme, formant un tout indivis, dans toutes les dimensions et à tous les niveaux de l'expérience humaine. Foi et savoir, Dieu et le monde, raison et histoire, hellénisme et christianisme, individu et communauté, religion et politique, moralité et action constituent désormais des oppositions déchirantes qui manifestent le profond « malheur » et élèvent au suprême degré la « scission » (*Entzweiung*) de l'homme moderne.

La scission

Le sentiment aigu de cette « scission », l'expérience vécue de ces contradictions a marqué pour toujours la manière dont Hegel a compris le besoin et la tâche de la philosophie. Le besoin de la philosophie, dit-il, ne peut naître qu'à des époques de crise lorsque « la puissance de l'unification disparaît de la vie des hommes et les oppositions perdent leur rapport vivant et leur réaction réciproque et deviennent indépendantes » (I, 46). La philosophie ne peut surgir que sur la base d'une certaine situation historique et celle-ci est la « scission ». « La scission est à l'origine du besoin de la philosophie » (I, 44). Tout d'abord, la conception judéo-chrétienne a dévalorisé la nature et l'a transformée en *objet,* en une créature. La religion de l'au-delà a opposé Dieu et le monde et brisé le lien organique entre l'individu et la cité. Enfin la Raison moderne a généralisé la scission : après avoir successivement opposé l'esprit et la matière, l'âme et le corps, la foi et l'entendement, la liberté et la nécessité, l'être et le néant, le concept et l'être, le fini et l'infini, la raison et la sensibilité, l'intelligence et la nature, la scission a fini par englober toutes les oppositions antérieures dans celle de la « subjectivité absolue » et de l'« objectivité absolue » : le jeune Hegel y verra l'expression « la plus générale » du dualisme chrétien et du « malheur » moderne.

Cette opposition entre le sujet et l'objet est au centre des méditations du jeune Hegel. Seulement il ne s'agit plus d'un problème philosophique au sens technique du terme, mais d'un problème à la fois « existentiel » et historique qui est traité d'une manière radicalement neuve par rapport à la philosophie traditionnelle.

Le critère hégélien

Dans les travaux de jeunesse de Hegel l'opposition sujet-objet ne relève plus de la théorie kantienne ou fichtéenne de la Raison théorique ou de la Raison pratique, ni de la philosophie schellingienne de la nature, mais désigne la quadruple relation de *maître à esclave* que la tradition et l'histoire occidentales établissent entre Dieu et l'homme, Dieu et la nature, l'homme et la nature, l'homme et l'homme.

L'élévation de Dieu au-dessus de la nature et de l'homme conçus comme des créatures dépendantes, la passivité de l'homme envers Dieu, la chosification rationaliste de la nature et l'asservissement de l'homme par l'homme apparaissent comme des aspects complémentaires d'un seul et même processus d'aliénation qui rend l'homme étranger au monde et à sa propre nature. Or cette aliénation n'est pas la condition naturelle de l'homme, mais un phénomène purement *historique* étroitement lié avec le degré de *liberté* politique car c'est de lui que dépend la « satisfaction » ou le « malheur » de l'homme et *donc* son enracinement dans le monde ou sa fuite dans l'au-delà. Derrière les oppositions théoriques, pratiques, religieuses entre le sujet et l'objet, l'homme et la nature, Dieu et le monde, et le « malheur » qui en résulte, se trouve l'expérience mouvante de l'histoire où est mis en cause le destin même de la collectivité. Car c'est elle qui est le véritable homme concret. L'individu est une « abstraction » hypostasiée par l'entendement : la réalité humaine est supra-individuelle et totale, et dans cette totalité, qui est l'œuvre de tous et de chacun, on ne peut pas isoler les divers plans d'existence et les considérer comme indépendants. Bref, « *l'esprit du peuple, l'histoire, la religion, le degré de liberté politique de ce peuple ne se laissent pas considérer isolément, ils sont unis d'une façon indissoluble* » (N., 27).

C'est en fonction de ce critère que le jeune Hegel analysera et critiquera les fondements religieux, judéo-chrétiens, de la culture moderne.

Chapitre III

Dieu
et l'aliénation humaine

Affranchir l'homme de tout ce qui n'est pas lui-même, le ramener à son existence concrète sur terre, lui apprendre à *se faire* lui-même dans ses rapports réels avec le monde, l'émanciper des chimères transcendantes qui obscurcissent son esprit, le rendent étranger à sa vie et lui interdisent de reconnaître sa vérité : ces thèmes directeurs de la pédagogie révolutionnaire du XIXᵉ siècle ont leur origine dans la vaste critique à laquelle le jeune Hegel soumit l'illusion de l'au-delà et le fétichisme du « Dieu objectif ».

Aliénation et désaliénation

Dépassant d'emblée la critique rationaliste (traditionnelle) de la religion comme « erreur », le jeune Hegel plaça la critique du dualisme religieux sur un terrain existentiel-historique entièrement nouveau et révolutionnaire qui contenait en germe la révolte d'un Feuerbach ou d'un Bruno Bauer aussi bien que le renversement des valeurs exigé par Marx ou Nietzsche. Dès ses premières pages, la religion apparaît non pas comme une simple « erreur », mais comme une « aliénation » : il ne fallait plus la penser en termes de « raison » ou de « déraison », mais l'appréhender et la critiquer comme une expression du « malheur » et du « déchirement » de l'homme écrasé par une *histoire* qu'il ne peut ni assumer ni récuser et qu'il doit subir comme un destin étranger.

Il s'agit désormais de « revendiquer comme propriété de l'homme les trésors qui furent spoliés au profit du Ciel » (N., 225). Engels emploiera les mêmes termes pour désigner l'œuvre émancipatrice de la « Critique ». Grâce à Feuerbach, dit-il, « le ciel est descendu sur terre ; ses trésors gisent dispersés comme des pierres au bord de la route ; quiconque les désire n'a qu'à les ramasser ». En effet, les jeunes hégéliens n'ont fait que pousser jusqu'à ses plus extrêmes conséquences le programme de « récupération » (*Wiederaneignung*) formulé par Hegel dans ses écrits de jeunesse :

> « Tout ce qu'il y a de beau dans la nature humaine, nous l'avons nous-mêmes transporté hors de nous dans l'individu étranger (Dieu), ne gardant pour nous que toutes les vilénies dont elle est capable. Nous y reconnaissons de nouveau pleins de joie notre *œuvre* à nous, nous nous l'approprions de nouveau, et par là nous apprenons à nous estimer, alors qu'avant nous considérions comme *nôtre* uniquement ce qui ne pouvait être qu'un objet de mépris. » (N., 71)

Mais l'aliénation n'a pas toujours existé. L'homme n'a pas été toujours malheureux : la Grèce antique ignorait la « scission » et la fuite dans l'au-delà ; c'est elle qui fournit le critère pour juger du degré de l'aliénation et c'est elle qui constitue le système de référence de l'histoire.

Une Arcadie politique

Pour Hegel la Grèce est « le point lumineux de l'Histoire » (H., 135), la référence absolue, comme la naissance du Christ pour les chrétiens. Si « le paradis biblique est le paradis de la nature humaine, la Grèce est le paradis de l'esprit humain » (III, 237). Seulement sa Grèce à lui n'est plus seulement le paradis perdu de l'art, comme pour Winckelmann, Humboldt et la tradition classiciste en général. Comme dit Cassirer, la Grèce telle qu'elle apparaît aux yeux de Hegel est surtout « le paradis perdu politique »[4] : si les Grecs vivaient en harmonie avec le monde, c'est qu'ils ignoraient la scission entre la

---

4. E. Cassirer, *Das Erkenntnisproblem,* Berlin, B. Cassirer Verlag, 1923, III, 292.

cité et l'individu et, *par conséquent,* le repliement douloureux sur soi et la fuite dans l'au-delà vide. L'Hellade sacrée que Goethe, Schiller, Hölderlin cherchaient « avec les yeux de l'esprit », prend chez Hegel une allure jacobine, politisée où la cité apparaît de nouveau comme la *societas diis hominibusque communis* et où la participation active du citoyen à la chose publique (la « *Chose même* ») est célébrée comme l'unique source de « bonheur » et de « satisfaction » terrestres. Dans cette plénitude, il n'y a pas de place pour l'au-delà :

> « L'idée de sa patrie, de son État, était pour le citoyen antique la réalité invisible, la chose la plus élevée pour laquelle il travaillait : c'était son but final du monde ou le but final de son monde. » (N., 222)

Bref, le « bonheur » qu'exhale la « belle totalité grecque » est le contraire de la « misère » allemande qui condamne les meilleurs esprits à chercher refuge « dans un monde intérieur » rongé par le désespoir et voué à la « mort ». L'idéalisation politique de la Grèce sert avant tout de base à une triple attaque contre la « nullité politique » de l'Allemagne, l'apolitisme du monde bourgeois et l'escapisme chrétien. L'Allemagne « n'a jamais été une nation » (N., 215) ; l'Allemagne « n'est plus un État » (P., 3). Tandis que la France est lancée « dans une immense expérimentation politique » (P., 26), les Allemands se révèlent incapables de se défendre[5] et n'aspirent qu'à protéger leur propriété privée. Pour tout le reste « le pouvoir de l'État leur apparaît comme quelque chose d'étranger qui existe en dehors d'eux » (P., n. 18) : « l'opiniâtreté du caractère allemand n'a pas permis aux individus de sacrifier leurs intérêts particuliers à la société ou de s'unir dans un intérêt commun et de trouver leur liberté dans la libre soumission de tous au pouvoir plus haut de l'État » (P., 7, 83). Le monde bourgeois ne connaît que l'intérêt privé. Par contre, « en homme libre, le citoyen antique obéissait à des lois qu'il s'était lui-même données. Il sacrifiait sa propriété, ses passions, sa vie, pour une réalité qui était la sienne » (N., 221) : il œuvrait pour une « idée » et « devant cette idée son individualité disparaissait ».

---

5. Il n'est pas vrai, répète inlassablement Hegel, que les Allemands soient inaptes à la guerre (P., 38-39, 143) !

Religion et politique

Cette relation harmonieuse entre le citoyen et la cité entraînait une relation harmonieuse entre l'homme et le monde. Seule une « masse qui n'a plus de courage civique et vit dans un état de déchéance et d'oppression a besoin de […] consolations pour trouver une compensation à sa misère, qu'elle ne peut plus essayer de diminuer » (N., 70). Par contre :

> « Le républicain libre qui, plein de l'esprit de son peuple, dépensait ses forces et sa vie au service de sa patrie, et cela par esprit de devoir, n'attachait pas assez de prix à ses peines pour en désirer une compensation ; il avait travaillé pour son idée, pour son devoir ; que pouvait-il avoir à exiger en échange ? » (N., 70)

En faisant de l'homme un citoyen du Ciel, le christianisme a dévalorisé l'État et émoussé l'intérêt à la chose publique. Plus : « religion et politique ont joué le même rôle ; la religion a *enseigné* ce que le despotisme *voulait :* le mépris du genre humain, son incapacité au bien quel qu'il soit, son incapacité à être quelque chose par lui-même[6] ». Machiavel avait déjà rendu le christianisme responsable du fait que « les hommes d'aujourd'hui sont moins attachés à la liberté que ceux d'autrefois[7] ». Hegel va plus loin que Machiavel et se situe à mi-chemin entre Marx et Nietzsche. D'après lui, la cause immédiate de la perte de la liberté a été la formation d'une classe dominante de chefs militaires et d'hommes d'argent auxquels le peuple abandonna la direction exclusive de l'État. Avec le temps, il s'y habitua si bien qu'« il cessa de mériter le reproche, qu'on lui avait si souvent adressé, de préférer l'ingratitude à la perte de la liberté » (N., 222). Ainsi « l'image de l'État comme produit de sa propre activité disparut de l'âme du citoyen. Le souci de la totalité et le coup d'œil d'ensemble devinrent l'affaire exclusive d'un individu ou de quelques-uns » (N., 223). Les autres n'étaient plus que des individus privés intéressés seulement à la sécurité de la propriété

---

6. Lettre à Schelling du 16-4-1795. Ros., 70.
7. N. Machiavel, *Discours sur la première décade de Tite-Live,* Paris, Gallimard, La Pléiade, 1952, II, 2, p. 519.

« laquelle remplit maintenant l'univers entier de l'individu ». « Toute activité, tout but se rapportèrent seulement à l'individu ; il n'y eut plus aucune activité pour un tout, pour une idée ». La perte de la liberté vida le monde de sa substance et l'homme découvrit son néant, la mort : « la mort dut lui paraître effrayante car rien ne lui survivait plus. Au républicain au contraire survivait la république[8] ». C'est dans ces conditions de misère et d'esclavage universels que le christianisme a pu refouler le paganisme : le christianisme était parfaitement « adapté aux besoins de l'époque parce qu'il était né au sein d'un peuple caractérisé par la même dégénérescence, le même vide et la même défectuosité » (N., 224).

Le christianisme : religion et morale d'esclaves

Seule la participation active à la vie de la cité terrestre peut donner à l'homme l'idée d'un Absolu rendant impossible et superflue toute fuite dans l'au-delà. La fuite religieuse hors du monde est elle-même conditionnée par le monde : c'est parce qu'elle a permis à l'homme de sublimer son échec historique et de « s'enorgueillir de sa misère » (N., 225), que la religion chrétienne a pu s'enraciner et imposer sa doctrine de la corruption de la nature humaine. Comme l'Absolu n'était plus à distance humaine, il ne restait plus que le Dieu des chrétiens, « un dieu qui est en dehors de notre puissance et de notre volonté, mais non pourtant de notre supplication et de notre prière » (N., 224). Ainsi, loin d'obéir à un développement propre, le devenir de la religion est fonction et traduction du degré de liberté politique. Le paganisme était une religion d'hommes libres et satisfaits ; le christianisme, une religion d'esclaves condamnés par le césarisme à rêver d'une vie illusoire dans un monde autre que le monde réel :

> « Le despotisme des princes romains avait chassé l'esprit de la surface de la terre ; le rapt de la liberté l'avait forcé à projeter son absolu, son éternel dans la divinité. La misère que le despotisme répandait, le forçait à chercher, à attendre le bonheur dans le ciel. » (N., 227)

---

8. N., 223. On trouve la même idée (mais sans l'étiologie politique hégélienne) dans le Ve *Hymne à la nuit,* de Novalis (1800).

C'est dans ces conditions qu'apparut en Europe la relation maître-esclave qui est la base existentielle de la « scission » abstraitement désignée par l'opposition sujet-objet. Réduit en poussière par le despotisme, l'homme a cessé de sentir son unité avec Dieu : transformé en objet inanimé de la volonté écrasante de l'État étranger, il a projeté la vie qui lui était refusée dans un Dieu conçu comme un objet tout-puissant, séparé de l'homme par un abîme infranchissable : « l'*objectivité* de Dieu », c'est-à-dire la transformation de Dieu en une puissance objective, séparée, étrangère, « est allée de pair avec la corruption et l'esclavage des hommes ; elle n'est à proprement parler qu'une expression, qu'une manifestation de l'esprit du temps » (N., 231). La chosification de la nature en fut une autre.

Chosification de la nature et aliénation humaine

Par sa conception du « Dieu-objet », le christianisme a dépouillé la nature de son caractère subjectif et divin pour la réduire à un amas de choses inanimées qu'il s'agit uniquement de dominer. Or, au cœur du christianisme est l'idée judaïque de la transcendance de Dieu qui conçoit la relation du Créateur à la créature comme une relation de maître à esclave : le Dieu de l'Ancien Testament « est la plus profonde scission, exclut toute libre union, n'autorise que la domination ou la servitude » (N., 374), et c'est parce que le Juif « ne pouvait s'unir aux objets » (N., 371) qu'il a situé Dieu dans un au-delà inaccessible, qu'il a conçu Dieu comme une puissance « étrangère » qui écrase la nature et dont l'homme ne peut être que l'esclave passif et malheureux.

Comment un tel Dieu-objet a pu s'élever au-dessus de la nature et de l'humanité et transformer tous les rapports en rapports de maître à esclave ? C'est, répond Hegel, le souvenir traumatique du Déluge qui fit naître l'idée d'un Dieu qui tel « la tête de Méduse, métamorphosait tout en pierre » (N., 248). « L'effet du Déluge sur l'esprit des hommes dut être le sentiment d'un profond déchirement, une immense incrédulité à l'égard de la nature » (N., 243 et 368). Ce manque de foi en la nature dégénéra en une négation complète de la nature chez Abraham qui « errait avec ses troupeaux sur une terre sans limite dont il n'avait cultivé ni embelli la moindre parcelle de façon à se sentir plus proche d'elle » (N., 246). Enfin, le despotisme théocratique, qui tarit la source même de la satisfaction terrestre, la libre participation du citoyen à l'œuvre commune, acheva de détruire les dernières attaches de l'esprit juif avec la nature et avec le monde.

Encore une fois : l'homme ne peut s'accorder au monde et s'ouvrir à la beauté et à la sainteté de la nature qu'à l'intérieur des cités libres. Aussi, tant qu'ils furent libres, les Grecs vécurent-ils dans l'harmonie avec le tout, ignorant le malheur de la transcendance : si la religion du Dieu-objet a pu supplanter une religion aussi profondément adaptée aux exigences de l'accomplissement humain que le paganisme, c'est que la misère du despotisme avait obscurci le regard des hommes et jeté un voile de laideur et d'insignifiance sur la nature. Tant que les libertés existaient, l'homme pouvait être la mesure de toutes choses et voir dans le monde le complément vivant de son être, mais du moment que l'homme a perdu la confiance en lui-même, le cosmos s'est décomposé en un ensemble de choses mortes et étrangères. La ruine des libertés a rendu possible la subsomption de toutes choses sous la catégorie judéo-chrétienne du maître et de l'esclave ; la déshumanisation de l'homme a entraîné la chosification de la nature : « Sous la direction de l'État romain qui enleva la liberté à toute la terre, la nature a été jetée sous la dépendance d'une loi étrangère à l'homme et arrachée à sa connexion avec elle-même [...]. La nature a cessé d'être divine, d'être libre et d'être belle » (N., 265). Ainsi le terrain fut préparé pour accueillir cette religion du « malheur » et du déchirement dont toute l'histoire de l'Occident portera les stigmates. C'est dans l'essence du christianisme, dans son incapacité radicale à concilier Dieu et le Monde, l'Esprit et la Nature que Hegel trouve l'explication de ces oppositions, de ces discordances perpétuellement renaissantes qui rythment l'histoire de l'Occident depuis la « conscience malheureuse » du Moyen Âge et jusqu'au « monstrueux orgueil » de l'idéalisme subjectif de Fichte (I, 417).

« Délire de la présomption », l'antinaturalisme de Fichte est l'expression paroxystique du dualisme religieux. L'exaltation du Moi théorétique et pratique, la divinisation du Sujet aboutit à la même dévastation que le culte du Dieu-objet. À l'instar de ce « souverain maître absolu », l'*ego* du *cogito* cartésien-kantien et du *volo* fichtéen réduit le monde à un « cadavre », à une « matière morte » sur laquelle doit régner le « concept ». Comme le judaïsme, l'idéalisme subjectif n'est qu'une « synthèse de la domination » où il n'y a plus qu'« êtres dominants et êtres dominés » (I, 108, 111, 116, 121, 102). À cette profanation du monde et au « malheur » qui en résulte, Hegel oppose la nostalgie de toute sa génération cherchant le divin *in herbis et lapidibus,* aspirant à une « jouissance sanctifiée » au sein de la « totalité reconstituée » (I, 46 et 111). C'est ainsi qu'il en appelle à Platon vénérant l'univers comme un « dieu bienheureux » (I, 422). Mais plus qu'à Platon ou au spinozisme goethéen de Schelling, c'est à l'amour qu'il demandera la première synthèse du sujet et de l'objet.

Chapitre IV

Amour Vie Esprit

Si la relation sujet-objet désigne une séparation qui tourne en opposition, l'attitude rationaliste dont le mot d'ordre est « concevoir, c'est dominer » (N., 376), signifie la même aliénation, la même relation de maître à esclave que la religion du Dieu-objet. Dans sa vie théorétique aussi bien que dans sa vie pratique, l'homme est condamné au sado-masochisme : « les synthèses théorétiques sont tout à fait objectives, tout à fait opposées au sujet », tandis que « l'activité pratique anéantit l'objet et elle est tout à fait subjective » (N., 376). La seule sphère qui échappe à l'opposition du sujet et de l'objet, est celle de l'*amour :* « c'est seulement dans l'amour qu'il y a unité avec l'objet, il ne domine pas et n'est pas dominé », et la véritable religion est celle qui consacre cette expérience érotique qui élève l'homme au-dessus des oppositions mortes et meurtrières que produit l'entendement aussi bien que l'action pratique, laborieuse ou plus généralement morale :

> « Là où sujet et objet, où la liberté et la nature, sont pensés comme liés de telle sorte que la nature soit liberté, que le sujet et l'objet ne soient plus séparables, là est le divin – un tel idéal est l'objet de toute religion. Une divinité est à la fois sujet et objet, on ne peut pas dire d'elle qu'elle est un sujet opposé aux objets ou qu'elle a des objets. » (N., 376)

La divinité – et ici Hegel anticipe Feuerbach – n'est autre que cette expérience unifiante de l'amour « transformé par l'imagination en une

hypostase » (*Wesen*). Si maintenant cet amour hypostasié et transformé
en divinité indépendante et séparée écrase l'homme dans la crainte
et le tremblement, c'est que « l'homme divisé (par les oppositions
immanentes à sa vie théorétique aussi bien que pratique) vénère et
respecte la divinité, c'est-à-dire l'amour qui est en lui-même unité »,
tandis que, de l'autre côté, « sa mauvaise conscience – la conscience
de la division – lui inspire la crainte de la divinité ». Or « il ne peut
y avoir d'amour qu'avec l'être qui est notre égal, le miroir, l'écho
de notre être ».

     Le Christ a été l'Amour devenu homme, et son destin a révélé une
fois pour toutes la puissance et l'impuissance de l'amour.

L'échec de l'amour : le Christ

     Le Christ hégélien est entre le Zarathoustra danseur de Nietzsche et
l'Idiot de Dostoïevski. À « l'infini de la domination et de la servitude »,
au « Souverain maître » des Juifs, Jésus a opposé l'amour en tant
que « pur sentiment de la vie » (N., 303), car « c'est seulement par
l'amour qu'on peut briser la puissance de l'être objectif » (N., 296). Son
existence fut tout entière affranchie de l'alternative du bien et du mal,
indifférente et comme mystérieusement irresponsable, « Soustrait au
joug des réalités » (N., 305), élevé au-dessus de la sphère des lois et de
la moralité, le Christ est l'« apparition de Dieu combattant le réel » et
apporte « la conscience de la liberté et l'harmonie divine, l'animation
de toutes les formes de la vie par la seule divinité » (N., 306). À la loi,
il oppose la spontanéité pure ; à l'« abîme infranchissable entre l'être
humain et l'être divin » (N., 305), à la relation de maître à esclave
entre Dieu et l'homme, il oppose l'union de deux natures : « ce lien
du fini et de l'infini qui est à coup sûr un mystère sacré, parce qu'il
est la Vie et le secret de la Vie ». L'homme est une modification de la
divinité ; son rapport à Dieu est « semblable au rapport des branches,
du feuillage et des fruits au tronc, leur père ». Le rapport entre Dieu
et l'homme n'est plus un rapport de sujet à objet : « la montagne et
l'œil qui la voit sont l'objet et le sujet, mais entre l'homme et Dieu,
entre l'esprit et l'esprit, il n'y a pas cette faille de l'objectivité (N.,
312). La foi, dit encore Hegel, est « une connaissance de l'esprit par
l'esprit et seuls les esprits égaux peuvent se connaître et se comprendre ;

les esprits inégaux connaissent seulement qu'ils ne sont pas ce que l'autre est[9] » (N., 289).

Pourtant, l'incarnation la plus pure de l'amour n'a abouti qu'à un échec. « *Dans la mesure où Jésus n'avait pas changé le monde, il devait le fuir* » (N., 305). Pour éviter le destin du Prince dostoïevskien qui chaque fois qu'il agit ne produit que des désastres, Jésus devait se réfugier dans la « liberté négative de la belle âme », éviter toutes les situations susceptibles d'altérer le « pur sentiment de la vie » qu'il portait en lui, c'est-à-dire renoncer à toute situation et à toute possibilité d'action. Jésus devait fatalement échouer parce que l'amour ne peut pas « changer le monde », modifier la totalité de la vie et fonder une véritable communauté. L'amour ne peut pas dépasser la sphère de l'individualité et englober la collectivité tout entière, ainsi que le voulaient les disciples du Christ. Au contraire, on voit à la lumière de l'expérience chrétienne que la tentative « chimérique » et « contre-nature » d'étendre l'amour à l'humanité tout entière n'a engendré que « le plus effroyable fanatisme dans la passivité ou l'action » (N., 324). Plus haut que l'amour universel du christianisme, qualifié d'« invention insipide » et de « platitude » (N., 295, 323), est la libre participation du citoyen à la vie de la cité qui seule peut concilier l'homme et le monde et fonder la véritable « reconnaissance de l'homme par l'homme ».

En dépit de son inéluctable échec dans le monde, en dépit aussi ou bien à cause de sa limitation, l'amour n'en révèle pas moins l'essence profonde du réel : la vie.

La Vie

Le réel ne se présente sous forme d'objets inanimés, isolés, chosifiés qu'au niveau de l'entendement. Le monde de la réflexion est celui de la séparation et de l'atomisation (*Vereinzelung*) que Hegel, reprenant les plus anciennes traditions, identifie à l'état de péché[10]. Mais déjà l'amour révèle l'existence d'une réalité plus profonde où l'individuation est

9. Voir *infra*, p. 106.
10. Comme disait Nicolas de Cues en un jeu de mots significatif, « *péché* [*Sunden*, forme moderne *Sünden*] vient de *séparer* [*sundern*, forme moderne *sondern*] », *Œuvres choisies*, éd. M. de Gandillac, Paris, Aubier, 1942, p. 167.

à la fois approfondie, enrichie, épanouie et supprimée dans l'union. Comme il sera dit plus tard dans la *Philosophie du droit* (§ 158), l'amour est la « contradiction la plus prodigieuse », celle que l'entendement « ne peut pas résoudre », précisément parce qu'« il n'y a rien de plus difficile » que de comprendre comment l'individualité, « la ponctualité de la conscience de soi » peut à la fois être niée et affirmée. L'unité qui y apparaît n'est pas celle de la « loi abstraite » ou de la juxtaposition mécanique, mais le principe même de la vie : une unité riche de la différence qui est à la fois unité et séparation.

« La vie pure est l'Être » (N., 303) ; « le divin est pure vie » (N., 304). « Penser la pure vie » (N., 302) est une tâche qui exige qu'on laisse de côté l'entendement et les antinomies mortes qu'il établit entre l'unité et la diversité, la totalité et la partie, l'infini et le fini, l'universel et le particulier : « ce qui est contradictoire dans le royaume de l'être mort ne l'est plus dans le royaume de la Vie » (N., 307-308). Comme l'amour, la vie, dira-t-il dans la *Logique* (II, 416), est un « mystère inconcevable pour l'entendement » parce qu'elle est « l'existence même du spéculatif » (E., II, 451), l'incarnation même de la dialectique divine.

Ici, et plus précisément dans le *Fragment* de 1800, nous assistons à la première formulation de la dialectique dont Hegel se servait déjà inconsciemment dans ses méditations historiques et christologiques. L'être fluide de la vie une et infiniment divisée est l'unité héraclitéenne des contraires, l'identité des différents : comme dans la dialectique du *Parménide,* l'Un est en même temps multiple et en rapport avec tout ce qui est exclu de lui ; de même le multiple est en rapport avec lui-même et comme lié avec tout ce qu'il exclut.

Mais la vie ne peut pas être une définition adéquate de l'Absolu. Le vivant lui-même sent l'incomplétude de la vie ; ainsi l'homme dépouille-t-il la vie de tout ce qui est mortel, passager, en conflit avec soi-même, « abstrait de la vie », le Vivant pur : Dieu, et s'élève en priant à la « Vie infinie qui est Esprit ». Dans le *Fragment* de 1800 cette élévation de la vie finie à la vie infinie apparaît comme l'œuvre exclusive de la religion, mais dès l'année suivante la philosophie reprend le dessus : si, à la manière schellingienne (qu'il répudiera avec éclat dans la Préface de la *Phénoménologie*), Hegel parle encore de l'évanouissement de la conscience dans la « Nuit de l'Absolu » qu'il identifie avec le « midi de la vie » (I, 160), la nuit mystique « où toutes les vaches sont noires » se dissipe au fur et à mesure que se dessine la « tâche » de la philosophie.

Romantisme et philosophie

Ce n'était ni la première ni la dernière fois que Faust faisait appel à la Nuit pour le libérer de ses démons. Le monde moderne, dit Hegel dans la Préface de la *Phénoménologie,* a perdu « sa vie substantielle » et il a conscience de cette « perte et de la finitude qui constitue maintenant son contenu » (Ph.E., 12-13). Révolté contre cette « misère », le romantisme réclame de la philosophie le « moyen de restaurer cette substantialité perdue et la solidité compacte de l'être ». Ce qu'il attend de la philosophie, c'est de « restaurer le *sentiment* de l'essence », de procurer non la « pénétration intellectuelle », mais l'« édification » par quelque « maigre sentiment du divin en général » : « Le beau, le sacré, l'éternel, la religion, l'amour sont l'appât requis pour éveiller l'envie de mordre ; non le concept, mais l'extase, non la froide et progressive nécessité de la chose, mais l'enthousiasme enflammé… »

La « beauté impuissante » du romantisme nie avec des « discours prophétiques » le rationalisme moderne qui a fragmenté le monde, séparé et opposé le sacré et le profane, la foi et le savoir, l'esprit et la nature, l'individu et la communauté. Mais « l'activité de séparer est la force et le travail de l'*entendement,* de la puissance la plus étonnante et la plus grande qui soit, ou plutôt de la puissance absolue » (Ph.E., 29). Le monde dans son indestructible unité n'a rien d'étonnant : la substance vivante des choses, l'organisme de l'univers est une totalité, un « cercle qui repose en soi fermé sur soi et qui maintient fermement tous ses moments ». Ce qui est vraiment digne d'émerveillement, c'est la puissance que possède l'homme – ce *deinotaton* dont parle Sophocle : ce « prodige entre tous les prodiges » – de diviser l'indivisible, d'isoler ce qui ne peut subsister que par sa connexion vivante avec le tout et de lui conférer « une existence propre et une liberté à part » : c'est là « la prodigieuse puissance du négatif, l'énergie de la pensée, du pur moi ». L'homme apporte la mort dans le monde : tout ce qu'il touche par sa pensée tombe de l'arbre de la vie, s'arrache de son contexte et perd toute réalité. « La mort, si nous voulons nommer ainsi cette irréalité, est la chose la plus redoutable, et assumer ce qui est mort exige la plus grande force. » La « beauté impuissante » du romantisme « hait l'entendement » qui déréalise le monde et le dissout en abstractions mortes, mais « ce n'est pas cette vie qui recule d'horreur devant la mort et se préserve pure de la dévastation ; c'est la vie qui porte la mort, et se maintient dans la mort même, qui est la vie de l'esprit. L'esprit ne conquiert sa vérité qu'à condition de se retrouver dans l'absolu déchirement ».

Du moment que l'esprit a fait irruption dans les profondeurs de la conscience, l'homme devient organiquement incapable, à moins d'illusion, voire de régression dans la barbarie du « sang et du sol », de trouver son centre ailleurs que dans l'esprit : tout ce qui relève « immédiatement » de l'Arbre de la Vie et des valeurs de participation, la conscience en prend connaissance comme d'un *autre que soi,* comme d'une altérité que seule la *poésie* est désormais à même d'assumer ou d'exorciser, mais que la raison, telle qu'elle est devenue au degré actuel de son évolution, ne peut que traiter en ennemi.

Rien de plus significatif à cet égard que le destin des trois amis du séminaire de Tübingen. Hölderlin *connaissait* infiniment plus de choses que sa poésie ne pouvait porter et supporter : comme son « Roi Œdipe », il avait « un œil de trop »… Et tandis que Schelling se perd dans le « formalisme monochrome » de l'Identité extatique, Hegel portera l'agressivité fichtéenne à la suprême puissance. La « domination du concept », qu'il dénonçait dans la tradition judéo-chrétienne et dans l'idéalisme subjectif, deviendra chez lui totalitaire. La nature sera de plus en plus conçue comme une chute, une « aliénation » de l'Idée. La « négativité » désignera l'essence même de l'action de Dieu dans le monde. Tout ce qui manifeste la présence du Dieu vivant sera apprécié et hiérarchisé selon le degré de négativité dont il est capable : c'est devant un tel horizon que se fit entendre le premier cri de guerre de la dialectique : mobiliser les concepts inertes, « rendre fluides des pensées figées » (Ph.E., 31) ou comme dit Hegel dans son premier ouvrage publié : « supprimer les oppositions solidifiées » (I, 46).

Chapitre V

La dialectique
de la négativité

Dans le *Fragment* de 1800, Hegel nommait religion l'élévation de l'homme à la vie infinie. Il prenait toutefois grand soin d'indiquer que dans cette élévation à l'*Esprit* il s'agit d'un passage de la *vie* finie à la *vie* infinie et non du Fini à l'Infini. Ces deux termes, dit-il, « sont des produits de la pure réflexion et indiquent une séparation absolue » (N., 347), tandis qu'il s'agit de comprendre que la *même* vie passe de sa *propre* finitude à sa *propre* infinité. Il n'y a pas d'autre monde, ou plutôt « le monde suprasensible n'est qu'une fuite hors du monde sensible » (I, 417) : les concepts Fini-Infini, etc., qui semblent indiquer une « séparation absolue », ne sont que des produits de l'entendement qui disparaissent dès qu'on atteint un niveau plus profond de l'expérience.

Dans le *Fragment,* celle-ci apparaît comme un mystère religieux qu'il est impossible de penser. Mais dès l'écrit de 1801 sur Fichte et Schelling, nous apprenons que ces couples de concepts opposés – Être et Néant, Concept et Être, Fini et Infini – au milieu desquels se débat la conscience moderne et dont la « synthèse absolue est pour l'entendement un au-delà » (I, 49), ne sont pas des produits négatifs de l'entendement destructeur (ainsi que le prétend le romantisme), mais des manifestations essentielles de l'Absolu lui-même.

Leur opposition rigide provient uniquement du fait qu'elles se sont « isolées » de l'Absolu et se trouvent « fixées » comme des éléments « indépendants » (I, 44) : « supprimer les oppositions ainsi fixées, c'est l'unique intérêt de la raison » (I, 46). La « tâche de la philosophie » consiste précisément à « unifier » les opposés (I, 49) : 1) à « poser l'Être dans le Non-être » et à saisir leur synthèse comme « devenir » ; 2) à poser « la scission dans l'Absolu » et à la considérer comme « la manifestation phénoménale de l'Absolu » ; 3) à poser « le Fini dans l'Infini » et à saisir leur unité comme « Vie ».

Ces trois médiations font apparaître déjà les trois moments de la *Science de la logique* : 1) le passage de l'être au néant et au devenir déclenche toute la progression dialectique de la qualité à la quantité et à la mesure qui constituent la sphère de l'Être ; 2) la réflexion ou la scission de l'Être en fondement et en apparence phénoménale et leur union dans la « réalité » constitue la sphère de l'Essence ; 3) enfin, dans le Concept, subjectivité et objectivité ne font plus qu'un : ce n'est plus la Vie, c'est l'Esprit qui est la véritable union de l'Infini et du Fini.

Dans ses premières années d'Iéna, Hegel n'était pas encore en possession de sa métaphysique. C'est pourtant dans sa *Logique d'Iéna* (1801-1802) que se trouve pour la première fois explicitement formulé le pathos négatif qui est l'âme de sa dialectique.

« L'inquiétude anéantissante de l'Infini »

L'entendement conçoit le Fini et l'Infini comme extérieurs l'un à l'autre, mais l'Infini n'est pas extérieur au Fini, car alors il serait lui-même limité par le Fini. De même, le Fini n'est pas exclu de l'Infini : « rien n'est en dehors de l'Absolu » (J.L., 13) et c'est cette omniprésence de l'Absolu qui fait que tout est essentiellement un mouvement perpétuel d'inquiétude et de dépassement de soi. Tout ce qui est n'est que dans la mesure où il aspire à ne pas être ce qu'il est. « Ceci seulement est la vraie nature du Fini, qu'il est infini, se supprime dans son être » (J.L., 31). La seule essence que nous pouvons reconnaître au Fini, au déterminé, c'est « cette inquiétude absolue, de ne pas être ce qu'il est ». Le Fini n'est pas le Fini du rationaliste qui renonce à la totalité pour se contenter des formes limitées de l'existence. De même, l'Infini n'est pas l'Infini du mystique qui abandonnera sans conflit tragique sa forme limitée, pour se dissoudre dans la divinité ou dans le tout. L'Infini n'existe pas en dehors de la contradiction entre les formes de la vie terrestre limitées dans le temps et dans l'espace, et le contenu infini du monde. L'Infini « *n'est pas un au-delà* », mais « le pur mouvement absolu, d'être-en-dehors-de-soi [*Aussersichsein*] dans l'être au-dedans-de-soi [*Insichsein*] ». L'Absolu n'est pas le vide où viendraient s'engloutir les limitations terrestres, mais existe uniquement dans l'opposition entre le « Simple et l'Infinité » – opposition qui n'existe que par l'union indissoluble de ses « membres ». Du fait que l'opposition « existe », du fait que l'être rencontre constamment ses limites, il ne s'ensuit nullement que le monde terrestre est en dehors de l'Absolu ou que l'Absolu y est « sorti de soi-même », car cette opposition n'a pas d'*être* véritable : « son être est plutôt l'inquiétude absolue de se supprimer soi-même ». C'est donc sa propre infinité que le Fini éprouve comme l'« inquiétude anéantissante de l'Infini » (J.L., 34) ; son acte propre est de passer, et loin, par ce passage, de se dissoudre dans le « vide », il reçoit par là ce qui assure sa consistance : « il naît dans sa disparition ».

Cette immanence de l'Infini au Fini, qui conduit Hegel dans sa *Logique d'Iéna* à ébaucher sa première genèse des catégories, se présente dans la *Phénoménologie de l'Esprit* comme immanence de la *substance* au *sujet* et forme la base axiomatique de la « théorie de l'expérience de la conscience ».

Le travail du négatif

C'est cette même inquiétude anéantissante de l'Infini, cette « ultime source de toute activité, de toute vie, de toute conscience » (Ph.D., § 7), que la *Phénoménologie* montre à l'œuvre tout au long de l'histoire humaine. Encore une fois : l'Absolu que cherche la conscience, n'est pas un au-delà inaccessible, extérieur à l'homme. La substance spirituelle est tout entière contenue dans le moi ; le « Vrai qui est le Tout » (Ph.E., 21) est immanent à la conscience. « Dans la conscience, le Tout, mais non conçu, précède ses moments » (Ph.E., 558), est antérieur à ses concrétisations historiques et pousse l'esprit humain à transcender toutes ses réalisations partielles jusqu'à en objectiver la totalité qu'il porte en lui. C'est l'immanence du Tout à la conscience qui l'oblige à trouver insuffisants, inadéquats, les objets bornés dans lesquels elle s'objective, les figures partielles dans lesquelles elle s'incarne. L'homme est cette contradiction perpétuellement renaissante qui consiste à représenter le Tout par son Concept et à être un aspect de ce Tout par son existence réelle. Entre le Dieu infini : la « substance » qu'il porte en lui et qui est le « contenu en soi et l'objet de la conscience » (Ph.E., p. 558), et le moi fini, la « figure » partielle qui est la sienne, la restriction qui lui est imposée par sa sujétion au temps et à l'espace, s'ouvre un abîme : « l'inégalité qui prend place dans la conscience entre le moi et la substance, qui est son objet, est leur différence, le *négatif* en général. On peut l'envisager comme leur commune *défectuosité,* mais il est en fait leur âme ou ce qui les propulse tous les deux » (Ph.E., p. 32).

C'est le Méphisto goethéen : « L'activité de l'homme mollit trop aisément. Il a vite fait de se complaire dans le repos illimité. C'est pourquoi je lui adjoins volontiers ce compagnon. Qui aiguillonne et stimule et, en diable, doit créer. » C'est ce diable créateur, cette « partie d'une partie qui, jadis, était le tout », qui aiguillonne la conscience et la pousse à se transcender et à « anéantir » tous les objets qu'elle expérimente. L'immanence du Tout au fond de la conscience lui interdit « toute satisfaction limitée » (Ph.E., p. 69). Sous le coup de cette « violence », « l'angoisse peut bien reculer devant la vérité » et aspirer à conserver les certitudes bornées qui sont en train de s'effondrer. « Mais cette angoisse ne peut pas s'apaiser » ; en vain elle cherche le repos « dans une inertie sans pensée ; la pensée trouble l'absence de pensée et son inquiétude détruit cette inertie »…

La *Phénoménologie* est le récit de cette inquiétude ; toute l'histoire depuis le drame originel du maître et de l'esclave jusqu'à la Terreur, en passant par la tragédie et la comédie antiques, la « conscience malheureuse » du stoïcisme et du christianisme et l'odyssée de la Raison dans les Temps modernes ; toutes les expériences cardinales de l'humanité européenne sont vues avec les yeux du neveu de Rameau, comme si l'histoire entière n'était qu'une série ininterrompue de crises révolutionnaires et de renversements des évidences. L'expérience de l'histoire est « la perversion de tous les concepts et de toutes les réalités » (Ph.E., p. 372), « la tromperie universelle de soi-même et des autres, et l'impudence de dire cette tromperie est justement pour cela la plus haute vérité ». C'est le « musicien fou » de Diderot qui mène la danse de la mort des vérités ; dans ce « fatras de sagesse et de folie », les concepts perdent leur apparente immobilité et indépendance et se laissent emporter dans la « bacchanale de la vérité où personne ne peut rester sobre » : ce n'est qu'à la fin de l'histoire, devant le paysage quelque peu lugubre du « calvaire de l'Absolu », que ce *delirium tremens* apparaîtra comme « le repos translucide et simple ».

« L'âme dialectique »

La négativité, c'est Dieu et l'homme en proie à leur commune déficience. L'histoire n'est que le conflit perpétuellement renaissant entre le besoin inné du Tout et de l'Infini avec le désir de se reposer dans une figure limitée, le « beau moment » faustien. Hegel a pu voir alors l'univers entier comme une seule et unique tension entre la totalité infinie et ses moments finis. La contradiction devient ainsi l'essence des choses : « *toutes les choses sont contradictoires en soi* » (L., II, 58). La peur de la logique formelle d'accepter la contradiction est la peur devant la vie car seules les choses mortes ignorent la contradiction, mais celle-ci est « la racine de tout mouvement et de toute vitalité ; c'est seulement dans la mesure où elle renferme une contradiction qu'une chose est capable de mouvement, d'activité ». Les « anciens dialecticiens » avaient raison lorsqu'ils dénonçaient les contradictions que comporte le mouvement ; « cependant il ne s'ensuit pas que le mouvement n'existe pas, mais plutôt que le mouvement est la contradiction même existant concrètement ».

La contradiction « doit se retrouver dans toute expérience, dans toute réalité, dans tout concept ». L'identité ne correspond à rien de « vivant » : « c'est seulement lorsqu'il est poussé à la pointe de la contradiction que le multiple s'éveille et s'anime, et trouve en elle la négativité qui est la pulsation immanente de l'automouvement et de la vitalité ». Tout ce qui est vivant n'est vivant que pour autant qu'il « renferme une contradiction et possède la force de la saisir et de la soutenir ». C'est pourquoi la souffrance, c'est-à-dire la sensation ou la compréhension de la contradiction, est « le privilège des natures supérieures » (E., II, 632), le « privilège des vivants » (L., II, 424). Comme la vie – mais la vie est « l'existence même du spéculatif » – « la pensée spéculative consiste seulement à se montrer capable de contenir en soi la contradiction, et non à se laisser dominer par elle et à la laisser transformer les déterminations de la pensée ou les réduire à néant » (L., II, 60). Car, en tant que *première négation,* la contradiction est « le simple point du rapport négatif à soi-même, la source la plus intime de toute activité, de tout automouvement vivant et spirituel, l'âme dialectique qui contient toute vérité parce qu'elle est la seule vérité » (L., II, 496-497). Mais en tant que *deuxième négation,* négation de la négation, ou « dépassement de la contradiction », elle constitue « le moment le plus *intime,* le plus *objectif* de la vie et de l'esprit, en vertu duquel existent le *sujet,* la *personne,* l'être *libre* ».

C'était comme si la fièvre faustienne s'était emparée de l'âme du monde. Aussi bien le « Système » a-t-il, lui aussi, son « Prologue au Ciel » : la « *Logique* » – « présentation de Dieu, tel qu'il est dans son essence éternelle, antérieurement à la création de la nature et d'un esprit fini » (L., I, 31).

Chapitre VI

Dieu et le monde

Dieu

Spinoza avait représenté la Nature comme une profusion de modifications d'une substance infinie : notions et objets, pensée et étendue étaient pour lui des modifications de cette même substance infinie. Tout s'y fondait dans une seule et unique totalité saturée de Dieu, mais il manquait à ce Dieu la vie, la liberté, la subjectivité. Du même coup, étaient abolies l'autonomie de la conscience aussi bien que toutes ses propriétés qui paraissent hétérogènes ou irréductibles à l'Être : libre initiative, développement, évolution. Or, justement, la tâche qu'assigne Hegel à la *prima philosophia,* ou « théologie rationnelle » (Ae., 137), est d'appréhender et d'exprimer le vrai « non seulement comme substance, mais précisément comme sujet » (Ph.E., 19).

Le grand mérite de l'idéalisme subjectif a été de montrer que la subjectivité fait partie de la définition du monde, qu'elle est elle-même affranchie de toute sujétion à l'égard de l'Être, mais pour cet idéalisme il existe un *a posteriori* ou un Autre absolu qui aboutit à la conception d'une « chose en soi » inaccessible à la conscience. Or il n'y a pas de « chose en soi » séparée de l'homme, extérieure à la raison, réfractaire à la liberté. Hegel s'insurge, avec toute la force de sa confiance en la raison, contre le réalisme kantien de la chose en soi qui prétend enfermer la raison dans les limites d'une connaissance purement phénoménale et affirme que « le Concept est, et reste complètement séparé de la réalité » (L., II, 230).

Il est vrai que « de nos jours nul concept n'a eu moins de chance
que le Concept lui-même, le Concept en soi et comme tel » (Ae., 129) :
on entend généralement par concept quelque chose de « subjectif »,
une « unilatéralité abstraite de la représentation et de l'entendement ».
À cet égard, l'ancienne métaphysique avait de la pensée « un concept
plus élevé que celui qui est courant dans les Temps modernes » (L., I,
25). La philosophie grecque savait que la pensée et la véritable nature
des choses ont « un seul et même contenu ». Mais il lui manquait
l'expérience moderne de la « réflexion » et surtout le sens de la
subjectivité qui n'apparaît qu'avec le christianisme. Car c'est dans le
christianisme que l'« unité et l'identité de la nature divine et de la nature
humaine » devient pour la première fois objet de l'« intuition » (Ph.E.,
529) avant de trouver son expression adéquate dans la « philosophie
spéculative » (Ph.E., 530).

Aristote reléguait dans un Dieu séparé du monde, situé le plus
loin possible de l'homme, l'immobile perfection de la pensée qui se
pense : la seule action du Dieu aristotélicien est l'Éros qu'il inspire et
dont le mouvement circulaire du ciel est la seule expression adéquate.
Pour Hegel aussi Dieu est la pensée qui se pense, mais cette pensée
est inquiétude, mobilité, négativité infinie : seul l'homme manifeste
et réalise la vie divine. Même ses crimes, dit Hegel, comme pour
répondre à Platon et à Aristote, même les pires aberrations de l'homme
représentent « quelque chose d'infiniment plus haut que le cours
régulier des astres, car ce qui erre ainsi est toujours l'esprit » (E., II,
56). Dieu n'est pas comme chez Descartes ou Kant la source première
et la garantie inébranlable du système d'idées par lesquelles le sujet
comprend et maîtrise l'objet. Pour Hegel, Dieu est le mouvement même
dont procèdent à la fois les catégories de la pensée, les cadres du réel
physique et les forces créatrices de la vie historique : il est la vérité et
la réalité de la nature et de l'histoire réunies en une seule hypostase
dont l'inquiète perfection s'exprime par le cycle qui est en même
temps figure close et immobile et ligne infiniment mouvante.

Nous sommes à l'opposé des théodicées traditionnelles qui
immobilisent Dieu dans une perfection au-delà du monde. « De
l'Absolu il faut dire qu'il est essentiellement *résultat*, c'est-à-dire
qu'il est à la *fin* seulement ce qu'il est en vérité ; en cela consiste
proprement sa nature qui est d'être réalité, sujet ou développement

de soi-même » (Ph.E., 21) : c'est en dialoguant avec lui-même dans les *deserts of vast eternity* que Dieu *se fait* lui-même et devient sa propre réalité, la substance de toutes choses et le sujet qui émergera finalement de cette substance.

Le dialogue divin

« L'Éther parle avec lui-même » et ses paroles deviennent étoiles, écrivait Hegel dans sa *Logique d'Iéna* (p. 199-200) : « ce dialogue avec lui-même est sa réalité » ! De même, « dans l'Éther de la pensée pure », qui est l'élément de la *Science de la logique,* les catégories ne sont pas des concepts humains trop humains, mais les « paroles originelles » (*ursprüngliche Wort,* L., II, 485) que prononce l'Intelligence divine dans la « solitude sans vie » (Ph.E., 564) de l'état antérieur à la création de la nature et d'un esprit fini. Nous sommes à l'opposé de la doctrine kantienne des catégories : ici « les déterminations logiques sont des définitions de l'Absolu, des définitions métaphysiques de Dieu » (E., I, 201) ; « chaque nouvelle catégorie est une nouvelle définition de Dieu » (L., I, 125). La genèse fichtéenne de la conscience devient la logique de l'autodétermination de Dieu. Dieu se pose et se nie, se définit et se réfute et ce n'est qu'« après » avoir parcouru le cycle complet de ces positions, négations et négations des négations que Dieu « atteint » la plénitude de son être et « devient » adéquat à son concept.

Dans la série de ces mots originels (qui rendent possibles à la fois la réalité du monde et la vérité du discours humain), le mot *être* est le premier et donc le plus général et le plus pauvre de contenu. L'Être est la première autodéfinition de Dieu : *Ego sum qui sum,* dit le Dieu de l'Exode ; – et le premier concept humain : « Quel est l'individu qui n'a pas dans la bouche le mot être ? » Or chaque définition, en s'explicitant, aboutit à sa propre négation pour revêtir par là une forme supérieure. En se réfutant, la pensée divine ou humaine ne se résout pas en un « néant abstrait », mais met à jour un nouveau concept « plus riche que le précédent, supérieur à celui-ci » (L., I, 36). C'est en suivant cette voie que se forme le système des concepts : « le parcours logique est la présentation immédiate de l'autodétermination par laquelle Dieu parvient à l'Être » (L., II, 356).

Le processus logique est en même temps autodétermination de Dieu et constitution de la pensée humaine : c'est la « bonté » de l'Absolu de vouloir être « auprès de nous » (E., I, 130)...

« L'explication de l'Absolu est son propre acte » (L., II, 160) : c'est en se réfutant comme Être, en dépassant son « éléatisme », en devenant « héraclitéen » que l'Absolu explicite et dépasse l'un après l'autre tous les concepts qui se rattachent aux données premières de la représentation et qui remplissent la sphère de l'Être. Ainsi la parole *Ego sum qui sum* signifie : Je suis Être, Qualité, Quantité, Mesure. Chaque catégorie est un nom divin et un prédicat cosmique : la réflexion de ces prédicats sera la négation de la sphère de l'Être et le passage dans l'arrière-monde de l'« Essence » où l'immédiat disparaît pour devenir « apparence ».

« L'Absolu est Essence » (E., I, 261) : l'explicitation de cette proposition – « la partie la plus difficile de la Logique » (E., I, 267) – contient toutes « les catégories de la métaphysique et de la science en général » jusqu'à Hegel, c'est-à-dire toutes les philosophies qui pensent l'Absolu *objectivement* sans se poser la question de sa propre intelligibilité ou subjectivité. Dans cette « Logique objective » Dieu se pense objectivement, c'est-à-dire sans savoir qu'*Il* se pense. De cette sphère de la réflexion qui est comme la « conscience malheureuse de l'ontologie[11] », ou plutôt de l'Absolu lui-même, la pensée de la Nécessité absolue constitue le point culminant. Dans la pensée divine de la nécessité absolue (représentée dans l'ordre temporel par les religions panthéistes et les systèmes philosophiques de la substantialité), la paix avec soi-même signifie l'abolition de toute nostalgie, de toute aspiration vers un autre, de toute finitude. « Toutes les fins, tous les intérêts, tous les désirs, même le sentiment concret de la vie ont été éloignés et ont disparu » (XVI, 473). C'est pourquoi la religion antique du *fatum* « respire la tristesse ». C'est pourquoi aussi l'« intuition profonde » de Spinoza ne donne pas le véritable affranchissement. L'explicitation du « Rapport absolu » constitué par la Nécessité absolue (les catégories kantiennes de la relation) montre la transformation du rapport de substantialité en rapport de causalité et de celui-ci en rapport d'action réciproque. Dans ce dernier

11. J. Hyppolite, *Logique et existence,* Paris, PUF, 1953, p. 226.

rapport un nouveau concept apparaît, dans lequel toutes les définitions précédentes de l'Absolu sont à la fois contenues et dépassées. Nécessité et causalité ont « disparu » dans l'action réciproque (L., II, 203-204) ; la nécessité est « dévoilée » ; ce qui apparaissait comme contingence « devient liberté ».

Parvenu à ce degré d'intériorisation l'*itinerarium mentis ad Deum* qui est en même temps *itinerarium mentis divinæ,* signifie le passage de la nécessité à la liberté, de la substance au sujet, de la réalité au Logos. Dieu se délivre de la substantialité et incorpore la nécessité dans sa liberté, et cette délivrance « n'est pas un jeu de l'abstraction, mais repose sur cette puissance de la nécessité qui lie les unes aux autres toutes les réalités, et qui fait qu'une réalité n'a pas une existence distincte et isolée, mais qu'elle trouve son être et son fondement dans ses rapports avec les autres. Cette délivrance en tant qu'elle existe pour soi est le *Moi ;* développée jusqu'à sa totalité, elle est *l'esprit libre ;* en tant que sensibilité, c'est l'*amour ;* en tant que jouissance, c'est le *bonheur* » (E., I, 351). L'Absolu est Vie, subjectivité, liberté. Dieu est le Logos, le Verbe créateur.

Nicolas de Cues traduisait Logos par *Conceptus*[12], Hegel traduira à son tour par *Concept.* Dieu est le *Begriff* ; « le Concept est la puissance libre substantielle et qui n'existe que pour soi ». Son âme (le Concept subjectif : l'Universel, le Particulier, le Singulier, les formes du jugement, leur organisation dans les syllogismes) est le milieu de toute compréhension : « tout ce qui est rationnel est syllogisme » (L., II, 308), « toutes les choses sont un jugement » (E., I, 367). Son corps (le « Concept objectif » : mécanisme, chimisme, téléologie) est le développement même du réel. Maxime le Confesseur comparait Dieu au grain de sénevé qui grandissant devient l'arbre du monde[13]. La même image sert constamment chez Hegel pour désigner le développement du Concept : « Tout l'arbre est contenu dans le gland selon son idéalité. Quand le gland s'est développé pour devenir un arbre nous avons devant nous la *réalité* du gland. Le gland en tant que germe est le *Concept,* l'arbre est la *Réalité.* Tout le concept de l'arbre

12. *Traité de la vision de Dieu,* chap. 10, *op. cit.,* p. 398.
13. *Les Centuries gnostiques,* II, 10.

est représenté par ce qui est son germe ; l'arbre n'est que l'explication du Concept, l'identité du Concept et de la réalité » (Ae., 143).

Le Concept est la « vie pure » dont Hegel parlait dans sa jeunesse. Comme la Vie il unifie la pluralité, assume l'altérité et se manifeste essentiellement en s'affirmant dans son Autre. C'est pourquoi la nature inanimée est le « négatif », l'aliénation de Dieu.

Logos et Cosmos

« Sans le monde Dieu ne serait pas Dieu » (XV, 210) – mais Dieu n'est pas la nature. Dieu – le « Concept » – est vie, esprit, développement de soi, conscience de soi, liberté, alors que la nature est matière, inconscience, « nécessité extérieure et hasard déchaîné ». Le Concept est « tout » (L., II, 486), son activité est « l'activité universelle absolue » : tout le reste est « contingence extérieure, apparence superficielle, erreur, illusion », – mais la nature est la « déraison de l'extériorité » (E., II, 59) où le Concept est « hors de soi ». Le Concept est l'« âme omniprésente » (L., II, 416), l'« âme du monde » (Ph.E., 125), mais le monde est sans âme : c'est là la « contradiction non résolue » de la nature. Le Concept y est si profondément enfoncé dans l'objectivité qu'au lieu de s'affirmer comme son âme, « il se perd, pour ainsi dire inanimé, dans la matérialité sensible » (Ae., 150).

La matière « aspire », il est vrai, à trouver un « point d'union », à se donner un « centre », à constituer un « Soi ». C'est ainsi que la mythologie hégélienne interprète la pesanteur, la lumière – « Soi abstrait de la matière » (E., II, 163) ! – le soleil. Le système solaire pourrait être une totalité susceptible de figurer le Concept. Mais l'harmonie des sphères n'est pas le contrepoint du Concept ; les rapports entre les totalités physiques sont « extérieurs », mécaniques : les astres ne sont pas libres et le soleil ne peut pas être considéré comme l'« âme » du système solaire. Or « la vraie nature du Concept » est un continuel processus d'animation qui transforme les êtres indépendants en membres d'un Tout et ramène les différences en une unité subjective « en les dotant pour ainsi dire d'une âme ». Par contre, tout dans la « vie pétrifiée » de la nature (E., II, 453) évoque la mort, l'absence de vie. Ici la Vie est « hors d'elle-même » : elle existe mais comme « non-vie », uniquement comme « cadavre du processus vital » (E.,

II, 449). La matière est une vie morte avant de naître ; « l'organisme mort de la terre » (E., II, 481) est un « produit mort » (E., I, 458) d'une activité qu'il n'a jamais accomplie et qui se poursuit en dehors de lui.

C'est l'« impuissance de la nature » (L., II, 247) de ne pouvoir être ni vie ni esprit. Hegel parle aussi de la « faiblesse du Concept » (E., II, 677) qui n'arrive pas à vivifier la nature : c'est sa manière à lui d'indiquer qu'il n'y a pas de « dialectique de la nature », que la nature est la contradiction non résolue et le scandale de la dialectique telle du moins qu'il l'entendait. Aussi a-t-il fini par traiter l'univers physique tout entier comme une vaste « automystification » de Dieu (E., I, 422) : si Dieu s'est caché derrière ce masque étoilé qui le rend méconnaissable, « son action consiste en ceci qu'il supprime cette mystification », se dépouille progressivement de ses voiles pour se manifester finalement sous son vrai visage, qui est Esprit. C'est pourquoi le dernier mot de la nature est la mort : « son but est *sich selbst zu töten* » (E., II, 721), « se donner soi-même la mort » pour permettre au Concept de « briser la carapace » de la matière sous laquelle il est enseveli et de renaître comme Vie et Esprit.

Ainsi Dieu n'est pas la nature. Le cosmos n'est ni le modèle de rationalité ainsi que le pensait Platon, ni l'infini que vénérait Giordano Bruno : « Oui, tout le système solaire est quelque chose de fini [...] seul l'esprit exprime la véritable infinité » (E., II, 44). Dieu n'est pas le Dieu astronome des Anciens, ni le Dieu horloger de Newton et de Fontenelle, ni le Dieu mathématicien des modernes : la mathématique « n'atteint pas la chose même, ni l'essence, ni le Concept » (Ph.E., 37). Le Dieu hégélien est d'abord *biologiste* en ce sens que c'est dans la Vie organique que le Concept fait sa « première apparition » dans le monde (L., II, 224).

Logos et bios

Le Dieu vivant est prisonnier dans la matière morte. La Vie qui « foudroie » la matière (E., II, 466) est la première libération de Dieu, le commencement de son « retour à soi ». La Vie est le passage « de la prose à la poésie de la nature » (E., II, 445) et exige qu'on abandonne la pensée causale-analytique qui ne peut saisir

que « le mort et l'abstrait » (E., II, 65). La Vie ne peut être saisie
que « spéculativement » (E., II, 451), dialectiquement, parce que
la Vie est l'« existence même du spéculatif », l'incarnation de la
dialectique, la réalité de l'idéalisme. Car l'idéalisme n'est pas une
théorie philosophique subjective, mais le mode d'être et d'agir de
Dieu. « Ce n'est pas seulement la philosophie qui est idéaliste, mais,
en fait, la nature en tant que vie est la même chose que la philosophie
idéaliste » (Ae., 153). Penser spéculativement-dialectiquement, c'est
affirmer l'identité des contraires, ce que l'entendement considère
comme contradictoire et donc impossible et inexistant. Mais cela
est le fait même de la vie. La plus haute détermination de la vie (et
plus encore de l'esprit) est sa capacité de se maintenir soi-même dans
l'être-autre. Porter en soi la matière inanimée, courir perpétuellement
le risque de voir la mort transformer en parties indépendantes ce
que l'action de l'âme maintient dans une unité indivisible, poser et
résoudre la « contradiction » entre l'unité idéelle des membres et
des fonctions et leur séparation réelle, c'est justement en cela que
consiste l'« idéalisme de la vie » : « l'action continuelle de la vie est
l'idéalisme absolu » (E., II, 451) parce que la vie contient en soi la
non-vie et surmonte cette altérité.

Or, parallèlement à cette activité d'« idéalisation », le vivant se
livre à une continuelle « négation » du monde extérieur ; il ne peut
exister qu'en niant la choséité qu'il transforme en simple *moyen* de
satisfaction de ses besoins et d'affirmation de soi. Car la vie est la
première position et la première solution du problème sujet-objet.
Avec l'apparition du vivant, un sujet se constitue face aux choses
inertes qui se juxtaposent dans le monde physique. Sur ce plan aussi,
l'action continuelle de la vie est la réfutation permanente du réalisme
et du matérialisme. « Si la vie était réaliste, elle aurait du respect pour
le monde extérieur » (E., II, 451), et elle en serait morte, mais, en
réalité, elle se dresse contre l'objectivité, elle supprime son apparente
indépendance et la transforme en moyen. Le réalisme (aussi bien le
matérialisme classique que le réalisme kantien de la Chose en soi)
qui affirme la souveraineté de l'objet et la passivité du sujet (ou son
incapacité d'atteindre la chose même), serait vrai si le monde n'était
peuplé que de pierres. Mais cet objectivisme disparaît déjà au niveau
de l'animal. Car « le désir animal est l'idéalisme de l'objectivité,

la certitude que celle-ci n'est pas quelque chose d'étranger » (R., II, 160). Par sa mobilité et par ses désirs l'animal est *le premier idéaliste,* « l'angoisse concrète de Dieu » : « l'animal n'a déjà plus cette philosophie réaliste puisqu'il dévore les choses et prouve qu'elles ne sont pas absolument indépendantes[14] » (Ph.D., § 44).

L'animal désire les choses ; il les dévore et les détruit. Il prouve par là leur « nullité » et son action destructrice nous donne déjà une première approximation de la véritable action de Dieu dans le monde. Pour Hegel, comme pour Jacob Boehme, le rapport essentiel entre Dieu et le monde, le Créateur et la Créature, l'Infini et le Fini est un rapport de « Colère ». Hegel appelle « Négativité » cette « Colère de Dieu » que Boehme faisait peser sur la matière et la finitude. Le Dieu vivant est « hors de soi », captif dans la matière morte ; il retourne à soi, sa substance devient sujet dans et par l'action universelle des myriades d'êtres qui, en désirant et en consommant les objets, déchirent la dure carapace de la matière dans laquelle il est emprisonné. Mais si le désir animal est déjà une libération concrète de Dieu, celle-ci reste partielle et superficielle car l'activité négatrice de l'animal est cantonnée dans un cercle borné qu'il ne peut pas dépasser : seul l'homme peut transformer l'ensemble de la création en objet de son désir, seul l'homme peut donner à la négation un sens plus profond que les simples effets destructeurs du désir, seul l'homme peut donner la mesure véritable de la colère divine. L'homme, « la maladie de l'animal, est le devenir de l'Esprit » (R., I, 186).

14. C'est là l'origine de la réfutation engelsienne de la Chose en soi par *the proof of the pudding is in the eating…*

Chapitre VII

L'Esprit

L'homme : le Logos incarné

Seul l'homme peut nier la totalité du donné parce que l'homme est *der daseiende Begriff selbst,* le Concept même existant concrètement de manière « empiriquement perceptible » (L., II, 432). Le Moi humain est *der existierende Begriff* (L., II, 424), le Dieu vivant parvenu enfin à une « existence qui est elle-même libre » (L., II, 220), capable de réfléchir sa propre infinité. L'homme n'est pas *deus in terris* au sens traditionnel du terme qui laisse entendre qu'il y a un autre *deus in cœlis*. Au contraire, le Dieu qui « meurt » dans les galaxies et qui émerge – mais comme « aveugle » (L., II, 224) – dans le monde biologique, ressuscite en l'homme, se réveille dans les yeux de l'homme et trouve en lui une existence charnelle, active, réelle, consciente : l'homme est la Pâque du « Vendredi saint spéculatif ».

Ici la nature a « disparu » (E., III, 19), le Concept a dépassé son « aliénation » et est « revenu de la nature vers soi-même ». Ce « retour » *vers* soi du Concept divin est l'*Esprit,* « la plus haute définition de l'Absolu » (E., III, 35). Il n'y a là rien de transcendant, de caché, d'ineffable. Au contraire, « l'Esprit ne plane pas au-dessus de l'histoire, comme au-dessus des eaux, mais travaille en elle et est la seule force qui la met en mouvement » (E., III, 432). L'essence de l'Esprit est de se manifester, de révéler sa profondeur, d'extérioriser son intériorité, de s'objectiver et de se connaître. « La plus haute définition de l'Absolu n'est pas seulement qu'il est Esprit, mais qu'il est Esprit absolument manifeste, conscient de soi, infiniment créateur » (E., III, 38).

 Hegel citait volontiers la parole de Maître Eckhart : « L'œil avec lequel Dieu me voit est aussi l'œil avec lequel je le vois, mon œil et son œil ne font qu'un ; si Dieu n'était pas, je ne serais pas, si je n'étais pas, il ne serait pas » (XV, 228). L'œuvre de Hegel est pleine de formules analogues. « Ce qui connaît Dieu », dit-il, ce n'est pas la raison prétendument humaine, mais « l'esprit de Dieu dans l'homme » (XV, 398) ; « c'est la conscience de soi de Dieu qui se sait dans le savoir de l'homme ». Ou encore : « l'homme ne connaît Dieu qu'en tant que Dieu se connaît dans l'homme. Cette connaissance est à la fois conscience de soi de Dieu et connaissance que Dieu a de l'homme, et celle-ci est connaissance que l'homme a de Dieu. L'esprit qui dans l'homme connaît Dieu n'est que l'Esprit de Dieu lui-même » (XV, 496). Mais cette identité de l'homme et de Dieu ne se limite pas à la seule connaissance. L'Esprit divin se manifeste, se réalise et se connaît dans *toutes* les créations humaines, dans toute l'étendue du « deuxième monde » créé par l'homme : l'univers historique. « Le royaume de l'Esprit comprend tout ce qui est produit par l'homme. On peut se représenter de bien des façons le royaume de Dieu, mais il s'agit toujours d'un royaume de l'Esprit qui doit se réaliser dans l'homme et se créer par lui. Le domaine de l'Esprit englobe tout – tout ce qui a suscité et tout ce qui suscite encore l'intérêt de l'homme. L'homme y est actif : quoi qu'il fasse, c'est toujours l'Esprit qui agit » (V.G., 50-51).

 C'est l'Esprit qui agit dans l'homme. Et l'action de l'Esprit est liberté ou « négativité infinie ».

Négativité et travail

 « *Il est terrible de tomber entre les mains du Dieu vivant* », dit l'Apôtre : la « négativité » est la manière dont travaillent les mains de ce Dieu terrible. L'identité de l'homme avec le Concept fera de l'homme l'instrument par excellence de la colère divine : c'est pourquoi c'est une « nuit terrifiante » qu'on aperçoit « lorsqu'on regarde un homme dans les yeux » (R., II, 181). « C'est à la nuit du monde que nous faisons alors face » ; « c'est dans cette nuit que s'est retiré l'Être » ; c'est ici que s'est concentré ce qui est diffus et éparpillé dans l'univers ; c'est dans ce néant que l'immédiateté des choses va s'engloutir. Parce qu'il *est* le Concept, l'homme doit par sa nature même nier la nature, supprimer la matière, la fixité et la finitude jusqu'à ce qu'elles cessent de résister à l'Esprit, jusqu'à ce qu'elles entrent dans le tourbillon de sa vie mobile. Parce qu'il est le Logos incarné, l'homme est essentiellement l'ennemi de l'Être : il est « l'être négatif qui *est* uniquement dans la mesure où il supprime l'Être » (Ph.E., 236). L'homme doit transfigurer, mobiliser la matière inerte : la première définition de l'homme, c'est qu'il est essentiellement travailleur et technicien.

« C'est dans le système des besoins physiques que nous trouvons la première résorption de l'opposition sujet-objet » (Ae., 135). Le désir animal détruit l'objet mais reste prisonnier de la choséité : si la satisfaction signifie la destruction de l'objet (Sade !), la réapparition du désir perpétue l'altérité : seul l'être supranaturel qu'est l'homme peut nier adéquatement l'objet.

En général tout ce qui manifeste la spécificité de l'homme relève de cette négativité. Le langage par exemple n'est pas le lieu de la présence au monde, mais le premier acte de la *volonté de puissance :* « le premier acte par lequel Adam a constitué sa domination sur les bêtes est qu'il leur a donné un nom, c'est-à-dire qu'il les anéantit en tant qu'existants et en fit quelque chose d'idéal » (R., I, 211). Cette *idéalisation* par laquelle la conscience s'approprie les choses est déjà plus efficace que la négation formelle du désir destructeur, mais le dépassement de l'altérité que le désir n'arrive pas à surmonter ne s'effectue que par le « désir refoulé » qu'est le travail (Ph.E., 149 *sqq.*). C'est en travaillant que l'homme arrive à supprimer la « forme existante qui lui est opposée » comme une « essence étrangère », et c'est à cette « activité formatrice » que l'homme doit la première notion de la liberté véritable : même esclave, le travailleur « se retrouve lui-même » comme un être indépendant dans la forme qu'il a donnée à l'objet.

« Travailler signifie : anéantir le monde ou le maudire » (D., 360) : c'est ainsi que Hegel a interprété le *ora et labora* des moines défricheurs ! Mais si le travail est simplement « dirigé contre la matière morte, l'outil est essentiellement l'acte même de donner la mort » (R., I, 237) : c'est cette agression rendue « permanente » qui représente aux yeux de Hegel la « médiation » (*die Mitte*) par laquelle s'effectue la synthèse de l'objet et du sujet. Et c'est dans ce monde d'outils et d'objets fabriqués que l'esprit trouve le premier miroir fidèle de son être : « on est plus près de la raison lorsqu'on construit un outil que lorsqu'on fait un enfant », dit-il comme pour rendre agressive la « fierté des peuples au sujet de leurs outils » (P., 428-431).

La technique

Si l'outil est le prolongement de l'action du Moi, la *machine* en tant qu'outil autonomisé, émancipé des bornes physiques de la force humaine, rendu capable d'« autoactivité » (R., II, 198), est la pure traduction de l'essence négative du Soi. Ce qui dans le machinisme fascine Hegel, ce n'est pas la possibilité d'une diminution réelle du temps du travail (possibilité qu'il a expressément indiquée à plusieurs reprises), mais le rang élevé que la machine occupe dans l'action universelle de la négativité. La machine, dit-il, est « *l'inquiétude du subjectif, du Concept, posée en dehors du sujet* » (S.S., 434) ! Dans ces fils et dans ces roues (rien à l'époque ne présageait le réseau de forces subtiles qui allaient bientôt enserrer toute la planète), la dévorante inquiétude de l'homme et, ce qui revient au même, la coléreuse négativité divine acquièrent une existence objective autonome. Grâce à la machine, la négativité fonctionne toute seule : l'homme peut dormir – mais le monde sera en agonie jusqu'à la consommation des temps.

Ce *malleus maleficarum* perpétuellement suspendu sur la terre, perpétuellement martelant les choses de la terre, est en vérité un *malleus dei* : depuis la *Realphilosophie* (I, 237 ; II, 198) la machine est l'exemple constamment employé par Hegel pour illustrer la « ruse de la Raison » qui se sert des propriétés mécaniques, chimiques, etc., des choses pour les faire agir les unes sur les autres « sans intervenir directement, mais tout en accomplissant en même temps ses fins[15] ».

---

15. E., I, 420. Marx aussi se sert de ce concept pour désigner l'essence de l'instrument du travail. Voir *Le Capital,* Paris, Éditions sociales, 1950, I, p. 182.

Théorie et praxis

Si le travailleur découvre que le monde des choses n'est en rien une « substance différente de la conscience » (Ph.E., 151), son activité négatrice s'arrête à la « pure forme » sans pénétrer au fond des choses. L'*homo faber* est subordonné à l'*homo sapiens* : c'est au niveau de la Raison que le monde naturel cesse d'être étranger et extérieur à l'homme. Avant le rationalisme moderne, la conscience « ne comprenait pas le monde, mais elle le désirait et le travaillait » (Ph.E., 176). Maintenant elle veut se retrouver dans le monde, le monde sera pour elle son propre miroir : c'est au terme de la « réalisation de la conscience de soi rationnelle » que la réalité apparaîtra comme l'*œuvre* même de l'Esprit. Ainsi l'Idée pratique est placée plus haut que l'Idée théorique. L'action est le « vrai être de l'homme » (Ph.E., 236), le « Soi réel » (Ph.E., 331) ; l'homme est avant tout « désir de se réaliser » (L., II, 477) et son but est de « se donner par soi-même une objectivité dans le monde objectif ». Aussi dans l'action le sujet atteint-il une réalité plus haute que celle que lui confère la connaissance, puisque dans l'action il cesse de « se présupposer » un monde objectif extérieur à lui, mais le transforme et « fait de lui quelque chose de créé » (L., II, 413). Dans ce résultat la réalité n'apparaît plus telle qu'elle apparaissait au niveau de la connaissance pure : elle n'est plus un monde « objectif » conçu séparément de la « subjectivité du Concept » (L., II, 483), mais elle apparaît comme un « monde objectif dont le fondement intime et la subsistance réelle est le Concept[16] ».

C'est dans cette unité dialectique de la théorie et de la *praxis* que se réalise une exigence fondamentale de la liberté humaine. « La liberté signifie la conciliation du sujet avec le monde devenu source de satisfaction » (Ae., 134). C'est ici que se dissipe l'angoisse originelle de l'homme devant le monde des objets étrangers et hostiles. Mais la conscience ne peut pas atteindre sa satisfaction dans le seul mouvement de négation, de connaissance et de transformation pratique qui la relie

16. C'est dans ce passage de la *Logique* que Lénine a reconnu l'origine de l'idée marxiste de la *praxis*.

aux choses ; le monde qui doit devenir une source de satisfaction est essentiellement le monde des hommes. En termes hégéliens : « la conscience de soi ne peut atteindre la satisfaction que dans une autre conscience de soi » (Ph.E., 139).

La lutte pour la reconnaissance

Dans la mesure où la conscience de soi est encore « enfoncée dans l'être de la vie » (Ph.E., 143), elle exclut de soi « tout ce qui est autre ». L'autre homme lui apparaît comme un « objet ». Cette chosification étant réciproque, « ils ne sont l'un pour l'autre que de simples objets ». Ainsi sur le fond biologique de la lutte pour la vie s'engage une lutte à mort qui motivera la première négation des liens qui attachent l'homme à la nature : la lutte *naturelle* pour la vie devient lutte *spirituelle* pour la reconnaissance. De même que le désir destructeur de l'animal est nié, refoulé, sublimé dans le travail humain, de même le désir vital qui se rapporte à l'autre homme comme à un *objet,* se nie, s'humanise en devenant le désir d'être reconnu par l'autre. C'est dans ce désir que l'isolement et l'atomisation (*Vereinzelung*) de l'état de nature sont réellement transcendés. « Dans l'acte de reconnaître, le Moi cesse d'être isolé [*Einzelne*] ; c'est précisément ce mouvement qui supprime son état de nature : l'homme est reconnaissance ; l'être naturel existe seulement ; il n'est pas spirituel » (R., II, 206). « L'Esprit absolu, dira plus tard Hegel, est la reconnaissance mutuelle » (Ph.E., 471). Mais cette reconnaissance qui est déjà la première manifestation de l'universalité réelle de la Raison, ne se fait pas pacifiquement. Elle ne peut se fonder ni sur l'instinct biologique (l'amour physique) ni sur la communication en général : le *langage* par exemple « disparaît comme il apparaît, ce n'est pas une reconnaissance permanente, réelle » (R., I, 226). C'est seulement en visant la mort d'autrui et en assumant sa propre mort que l'homme peut réellement se faire reconnaître comme un être indépendant au sens fort du terme, c'est-à-dire comme un être « doué de raison » (R., I, 228) : c'est le « néant de la mort » qui fonde la première coexistence authentiquement humaine.

La « robinsonnade » hégélienne du maître et de l'esclave décrit précisément cette première étape du processus d'hominisation. Le maître et l'esclave sont les deux premières figures individuelles

authentiquement humaines : les deux premières figures de la
« conscience de soi », qui ont émergé de l'animalité primitive. Le
maître est devenu homme et existe « pour soi » parce qu'il a assumé
totalement le néant de la mort et s'est donc élevé au-dessus de la
vie. L'esclave qui a risqué « des plaies, non la vie elle-même » (R.,
I, 229), a conservé la vie en arrêtant le combat : il est devenu la chose
de l'autre qui l'a laissé en vie parce qu'il l'a reconnu comme son
maître. Mais Hegel n'est pas Nietzsche : le maître n'est pas le créateur
nietzschéen des valeurs ; il consomme sans travailler et dépend de
l'esclave. Celui-ci a cessé d'être la chose inerte et l'objet de la volonté
de puissance. L'angoisse qu'il a éprouvée « non au sujet de telle ou
telle chose durant tel ou tel instant, mais au sujet de la totalité de son
être » (Ph.E., 148), l'a affranchi de la vie dont il a été l'esclave. Libéré
par l'expérience de l'angoisse des déterminations naturelles de son
être, l'esclave conquiert finalement son statut d'homme par le travail :
c'est en lui que se dévoile la signification libératrice du travail.

Ainsi s'ouvre une nouvelle dimension de l'Être : l'*histoire*. Dans
le monde naturel la lutte pour la vie finit avec l'anéantissement du
vaincu. Dans le monde historique, la guerre de tous contre tous ne
finit pas avec l'institution de quelque « contrat social », mais avec
la domination et la servitude derrière lesquelles apparaît l'âme du
développement social : le désir de la reconnaissance, et le *but* de
l'histoire humaine ; la création d'une cité libre où tous sont reconnus
comme personnes libres et valeurs absolues. « Ce but, qui est le
Concept » (Ph.E., 256), est la communauté où « la conscience de soi
est reconnue et a la certitude de soi-même dans l'autre conscience de
soi libre, et y trouve ainsi sa vérité ».

La collectivité

C'est donc dans la cité libre que le drame *préhistorique* de la
domination et de la servitude trouve sa catharsis. « Il n'y a rien ici
qui ne soit pas réciproque » (Ph.E., 257), « chacun est aussi certain
des autres qu'il est certain de soi-même » (Ph.E., 258) : « je vois
Eux comme Moi, Moi comme Eux ». C'est dans la communauté que
la conscience de soi trouve sa « vérité », c'est-à-dire son existence
réelle. L'homme n'est pas un spécimen indifférent de l'espèce,

ni une pure existence singulière, mais un universel concret, une
intersubjectivité : c'est cette intersubjectivité organique qui « est
le Concept ».

Dans la nature, le Concept émerge comme la « substance fluide
de la Vie, le sang universel qui, omniprésent, n'est ni troublé ni
interrompu par aucune différence » (Ph.E., 125). À ce niveau, le
Concept est la « substance simple de la vie » (Ph.E., 137) : une
« vie unique et identique » (Ph.E., 211), un fleuve auquel « est
indifférente la nature des roues qu'il fait tourner ». Entre la Vie
(*natura naturans*) et les vivants (*natura naturata*), il n'y a aucune
interaction. C'est pourquoi la Vie « n'a pas d'histoire » (Ph.E.,
220) : l'absence de médiation entre la Vie et ses figures particulières
condamne les vivants à ne pouvoir produire qu'un pur « mouvement
contingent ». Génératrice d'histoire, la dialectique de l'universel et
du particulier est la prérogative du seul être où le Concept « existe
comme Concept » : de l'homme, ou plus précisément de la conscience
de soi (Ph.E., 221). Ici la substance est substance spirituelle et
son propre mouvement est de devenir sujet. La communauté est
à la fois la substance des individus et leur œuvre propre : l'œuvre
de tous et de chacun. Le lien substantiel, organique, inconscient,
indestructible entre les individus s'accorde avec leur « parfaite
liberté et indépendance », est élaboré par leur action et constitue
« un Moi qui est un Nous et un Nous qui est un Moi » (Ph.E., 140).
La réalité de la Raison, la présence de l'Esprit vivant n'est pas
l'individu « abstrait » mais le Peuple.

C'est ainsi que, traduisant de plus en plus efficacement et
objectivement la négativité du Logos, les besoins physiques, la
pensée et la volonté obtiennent effectivement satisfaction dans le
monde et se produisent comme liberté. « Mais le contenu de cette
liberté et de cette satisfaction n'en reste pas moins limité, ce qui fait
que l'une et l'autre possèdent encore un caractère *fini*. Or, toutes les
fois qu'il y a finitude, l'opposition et la contradiction réapparaissent,
et la satisfaction reste purement relative » (Ae., 135). Certes, l'État
est une « totalité accomplie », un « organisme complet, achevé,
arrondi » (Ae., 136), mais son « principe » même n'en reste pas
moins « unilatéral et abstrait en soi ». La sphère de l'État est une
« sphère *particulière* de l'existence » : l'« étatiste » Hegel n'a jamais

cessé de protester contre les prétentions totalitaires de l'État[17]. La véritable satisfaction, la véritable prise de possession du Logos, se situe au-delà de l'action négative de l'esprit subjectif et de l'esprit objectif, dans la sphère de l'art, de la religion et de la philosophie où le Concept cesse de s'opposer à l'objectivité et la choséité, et devient « adéquat » à lui-même.

La paix de l'Idée

Dans « ce monde du quotidien et de la prose » (Ae., 177), l'homme ne peut pas s'extérioriser « tout entier » ; ses activités ne constituent pas une « émanation de sa totalité ». Sans doute, la réalité humaine est-elle « un système et une totalité d'activités, mais le tout n'apparaît que comme une multiplicité de détails » (Ae., 178) de sorte que chaque individu n'est qu'une « parcelle du tout » : « telle est la prose du monde » à laquelle l'individu ne peut pas se soustraire. L'homme est un être dépendant et limité ; son destin est « la pauvreté, les soucis, la colère, la froideur et l'indifférence, la frénésie des passions, la poursuite opiniâtre de fins unilatérales » (Ae., 179) ; sa vie dépendante et jamais complète est « inquiétude, agitation, mobilité, avidité, angoisse et crainte » (Ae., 182). Bref, « pressé de toutes parts par le fini » (Ae., 136), l'homme recherche une région de « vérité substantielle » où « l'opposition et la contradiction en général, quelle qu'en soit la forme, perdent toute leur valeur et toute leur force ».

Les actions négatives du désir, du travail, de la pensée, de la reconnaissance et de la volonté rationnelle incarnée dans l'État, bref les facultés et les concrétisations de l'Esprit sont les manifestations du travail qu'accomplit le Concept « pour se libérer soi-même » (E., III, 301) et les « étapes de cette libération ». Si l'action négative « libère » la « substance spirituelle » qui est emprisonnée dans le monde, le Logos tel qu'il est en soi dans sa vie divine, est liberté absolue, conciliation absolue de l'« opposition par excellence » qui est celle de la liberté et de la nécessité, de l'esprit et de la nature, du sujet et de l'objet. Le « Concept adéquat » : l'Idée, est au-delà de la

---

17. Voir ses discours du 28-10-1816 à l'Université de Heidelberg et du 22-10-1818 à l'Université de Berlin.

négation et apparaît, c'est-à-dire illumine le monde et le dépouille totalement de son apparence chosifiée et finie, au moment même où la négation se nie elle-même et devient artistique, sanctification religieuse et compréhension philosophique.

Art, religion et philosophie

L'Idée est le Concept adéquat, l'unité du Concept et de la réalité, l'identité de l'âme et du corps du monde : « l'art et la religion sont ses manières différentes de se concevoir et de se donner une existence adéquate ; la philosophie a le même contenu et le même but que la religion et l'art, mais elle est le mode le plus haut de saisir l'Idée car son mode est le plus haut, le Concept » (L., II, 484). Dans l'art, par exemple, la négativité ne se dirige plus contre un seul objet, mais contre la totalité du donné pour se nier soi-même et devenir affirmation pure du monde illuminé par l'Idée. D'une part, l'art « creuse un abîme entre l'apparence et l'illusion de ce monde mauvais et périssable et le vrai contenu des phénomènes et donne à ceux-ci une réalité supérieure, née de l'esprit » (Ae., 55). La matière est « purifiée » (Ae., 183), « tout ce qui n'est qu'extérieur est détruit et anéanti » (Ae., 186). Ainsi l'architecture « ouvre la voie à la réalité adéquate de Dieu et s'acquitte de ses devoirs envers lui en travaillant sur la nature objective » (Ae., 120). D'autre part, l'élément sensible ne disparaît pas ; seulement il est « libéré de la carcasse de sa matérialité » (Ae., 81), « tiré hors de la broussaille de la finitude et des difformités de l'accidentel » (Ae., 120), élevé à une réalité supérieure « apparentée à l'esprit » (Ae., 120) où la matière se dématérialise et devient la lumière de l'Idée.

Plus on avance dans la hiérarchie des arts (architecture-sculpture-peinture-musique-arts de la parole), plus la matière devient transparente, plus l'esprit s'intériorise et s'exprime dans son propre élément. Le tournant s'opère avec la musique où l'« objectivité spatiale » est entièrement niée (Ae., 806) : « À l'expression musicale convient uniquement l'intériorité entièrement dépouillée de tout ce qui est objectif, la subjectivité abstraite qui est le Moi vide sans aucun contenu. La tâche principale de la musique consiste non à reproduire les objets réels, mais à faire entendre la manière dont le moi le plus intime et l'âme idéelle se meuvent en eux-mêmes » (Ae., 807-808). Mais ce processus de dématérialisation et de « subjectivisation » atteint son achèvement dans la poésie « car ici le visible et l'audible sont également réduits à n'être que de simples signes de l'esprit » (Ae., 124).

Ainsi l'art est le « premier anneau intermédiaire » (Ae., 55) par lequel s'opère la « réconciliation » entre la nature et la réalité finie et la liberté infinie du Logos. « Art, religion et philosophie ont ceci de commun que l'esprit fini s'exerce sur un objet absolu, qui est la vérité absolue » (Ae., 131). L'Absolu n'est pas un « Être abstrait situé au-delà du monde objectif, mais se trouve à l'intérieur même de ce monde et rappelle à l'esprit fini la véritable essence de toutes choses » (Ae., 138) : l'art, la religion et la philosophie sont les trois formes de cette *anamnêsis* de la véritable essence de l'univers. Dans l'art, l'Absolu se laisse appréhender dans l'élément de l'intuition sensible ; dans la religion, l'Absolu « se déplace de l'objectivité de l'art dans l'intériorité du sujet et s'offre à la représentation » (Ae., 140) ; enfin, dans la philosophie, la religion « se purifie », l'Absolu cesse d'être représenté comme un « objet extérieur » et se manifeste dans son vrai élément, qui est la pensée : la philosophie « est essentiellement théologie rationnelle et service divin » (Ae., 137).

Ainsi s'articule l'indissoluble unité du divin et de l'humain. Le Logos qui est aliéné dans la nature, retourne à soi et se libère dans et par l'action humaine telle qu'elle se concrétise dans le monde de l'esprit subjectif et de l'esprit objectif. C'est ce monde *essentiellement historique* qui constitue la réalité de l'Absolu et la condition de sa connaissance. Si l'art, la religion et la philosophie « libèrent » l'Esprit de son emprisonnement dans la finitude et le restituent « à son éternité et à sa vérité » (Ae., 131), l'Éternel et le Vrai ne peuvent être saisis qu'à travers l'errance temporelle de l'homme. « Tant que l'Esprit ne s'est pas accompli en soi, réalisé comme Esprit du monde [*Weltgeist*], il ne peut atteindre sa perfection comme Esprit conscient de soi » (Ph.E., 559). Si l'homme est en soi le Logos, il ne l'est pas « pour soi » : le Concept ne peut apparaître qu'à la *fin* et uniquement comme *résultat* du « travail que l'esprit accomplit dans l'histoire réelle ». C'est dans ce « second univers » créé artificiellement par la négativité humaine que nous devons chercher à la fois la réalisation temporelle et la présence intemporelle de l'esprit : l'historicité est le *modus essendi* de l'homme aussi bien que de l'Absolu. L'Esprit divin-humain est comme le Griffon dantesque qui « sans cesser d'être le même se change perpétuellement en image ».

Temporalité et historicité

Les animaux « sont » le Concept sans « avoir » le Concept (XVI, 544). C'est pourquoi ils ne peuvent être que ce qu'ils sont et comme ils sont. L'animal vit en dehors du temps parce qu'il ignore l'angoisse, le désir de dépasser sa limite et de devenir autre que soi-même : seule l'inquiétude anéantissante de l'infini peut temporaliser l'être. L'homme, le Logos incarné, est seul à connaître l'angoisse et l'exigence de la transcendance. C'est pourquoi il vit dans la terreur du temps et il est fait à l'image du temps : il est l'être qui « *est ce qu'il n'est pas et n'est pas ce qu'il est* » (E., II, 79). L'homme et le temps sont identiques : le temps est, lui aussi, le « Concept existant » (Ph.E., 38, 559). C'est pourquoi les principes purement quantitatifs, « sans vitalité », des mathématiques « ne sont pas en mesure de s'occuper de cette pure inquiétude de la vie » qu'est le temps (Ph.E., 39).

L'homme est le Concept « existant comme Concept » – mais, immédiatement, il est ignorant, esclave, borné. Si l'homme est le seul animal qui ne peut pas être classé, le seul animal *historique,* c'est parce qu'il a *besoin* du temps pour réaliser le Concept et se connaître soi-même comme Concept. C'est pourquoi le temps est le « destin » de l'Absolu aussi bien que de l'homme. « La perfection et l'accomplissement de l'Esprit consiste à savoir intégralement ce qu'il est, sa substance » (Ph.E., 563). Cela veut dire qu'aussi longtemps que l'homme n'aura pas réalisé « dans l'histoire réelle » la totalité de ses forces substantielles – et celles-ci « sont le Concept » –, la conscience ne pourra pas saisir le Concept et celui-ci restera inadéquat à la conscience, caché à lui-même.

Le temps est le signe et le rappel de l'incomplétude commune de l'homme aussi bien que de l'Absolu, du Concept aussi bien que de la conscience. Le temps « se manifeste donc comme le destin et la nécessité de l'Esprit qui ne s'est pas encore achevé au-dedans de soi-même » (Ph.E., 558). Le Temps n'est pas le « temps mort » des mathématiciens et des astronomes, mais la « pure inquiétude » de l'Absolu qui habite au plus profond de l'âme et la pousse à transcender ses expériences bornées et à tendre « sans halte et sans repos » vers sa réalisation intégrale. Le temps est « la nécessité de mettre en mouvement l'immédiateté de l'en-soi, la nécessité de réaliser ce qui n'est d'abord qu'*intérieur* et de le révéler » – la nécessité de *l'expérience* historique. Le Concept, « le Vrai qui est le Tout », est entièrement contenu dans la conscience : « dans la conscience, le Tout, mais non conçu, précède ses moments » (les étapes de son développement). C'est de cette immanence du Tout à la conscience que découle l'historicité de l'existence humaine, le « travail du négatif » dont nous avons déjà parlé, et le caractère téléologique du développement historique.

En faisant l'histoire, l'homme se fait lui-même. Pour se connaître, il doit d'abord s'extérioriser, s'objectiver par l'action : « […] l'action est le devenir de l'esprit comme conscience. Ce qu'elle est en soi, elle l'apprend seulement de sa propre réalité. Ainsi l'individu ne peut savoir ce qu'il est avant de s'être réalisé par l'action » (Ph.E., 287). Cette action est une perpétuelle transcendance de soi-même : l'homme n'est pas seulement l'animal insatisfait, il est aussi le seul à pouvoir traduire son insatisfaction dans son action négative. « Ce qui est limité à une vie naturelle, n'a pas pour soi-même le pouvoir d'aller au-delà de son existence » (Ph.E., 69) : il ne cesse d'être ce qu'il est que par sa mort. « Mais la Conscience est pour elle-même son propre Concept » : la présence du Tout dans les figures partielles, fragmentaires, limitées de la conscience qui n'a pas encore objectivé la totalité de ses forces substantielles, l'oblige à dépasser son objet, et puisque cet objet n'est autre qu'elle-même devenue objective, à se dépasser soi-même. Insatisfaite de son objet, elle voit disparaître ce qu'elle tenait jusque-là pour le vrai, mais cette disparition n'est pas l'« abstraction du néant », le faux absolu que dénonce le scepticisme traditionnel. L'histoire n'est pas une longue et interminable série d'erreurs, mais une expérience cumulative qui sera un jour complète. Ainsi dans la disparition de sa vérité, la conscience voit en même temps apparaître un objet différent : « ce nouvel objet contient l'anéantissement du premier, il est l'expérience faite sur lui » (Ph.E., 73) et cette expérience conduit la conscience à revêtir une forme supérieure.

Chaque objet nouveau, chaque nouvelle figure de la conscience, chaque nouveau contenu spirituel forme un moment du développement du Tout et ce développement ne se perd pas dans un progrès infini, mais doit aboutir à la réalisation intégrale du Tout, à l'identification intégrale du Logos, de la conscience et de sa réalité. Ce but, qui est en même temps « principe ou commencement » de l'expérience historique, sera atteint lorsque « le Concept correspondra à l'objet et l'objet au Concept » (Ph.E., 69). Le Concept correspondra à l'objet, cela veut dire que le Logos sera complètement réalisé dans le monde produit par l'homme. Alors la conscience « n'aura plus besoin d'aller au-delà de soi-même », l'homme ne cherchera plus sa vérité au-delà de son œuvre, mais demeurera auprès de lui-même dans le monde qu'il a lui-même produit. Car le sens de l'histoire est « la révélation de la profondeur qui est le Concept absolu » (Ph.E., 564) : la réalisation de la force infinie qui habite cachée dans le tréfonds d'un être qui originellement n'est rien et doit devenir tout. Ce but est inclus dans la définition même de l'homme comme Logos incarné ; il est fixé « aussi nécessairement que la série de la progression ». La progression vers ce but ne comporte « aucune halte possible et ne se satisfait d'aucune station antérieure ». Mais en même temps il faut louer la « patience de l'histoire » (Ph.E., 563) : si elle se meut « avec tant de lenteur », c'est que l'Esprit doit expérimenter, extérioriser et réintérioriser (*Er-innern*) toute sa richesse, répandre sa substance sur le monde, travailler avec les matériaux impropres que lui offrent les passions et les intérêts humains, pour pouvoir atteindre à la fin la certitude triomphante de soi.

Ainsi la Raison universelle et impersonnelle qu'on braquait jusque-là contre la diversité et la « positivité » de l'histoire, plonge elle-même dans le devenir pour s'incarner dans des figures concrètes. Peuples et héros, formes politiques et organisations économiques, monuments artistiques ou religieux, passions et intérêts : toutes les formes dans lesquelles s'est objectivée l'expérience humaine ne représentent plus une apparence bariolée ou une « déviation » par rapport à de prétendues normes « naturelles », mais elles figurent la réalité de l'Esprit et constituent la vie même de l'Absolu : le « calvaire de l'histoire » est à la fois théophanie, théogonie et théodicée.

Chapitre VIII

Le calvaire de l'histoire

Herder avait conçu l'histoire comme la création d'un Dieu shakespearien ; dans le « Vendredi saint spéculatif » hégélien, elle apparaît plutôt comme le mystère du *Christos paskhôn :* de même que le Fils de Dieu fut jeté « dans le temps, soumis au jugement, mourant dans la douleur de la négativité » pour ressusciter comme « Esprit éternel, mais *vivant* et présent dans le monde » (E., III, 456), de même l'Absolu, l'Infini, l'Éternel doivent « se sacrifier » au fini et à l'éphémère pour que l'Esprit puisse acquérir « la réalité, la vérité et la certitude de son trône » (Ph.E., 564).

Pour devenir soi-même, l'Absolu doit s'aliéner dans le monde que font et défont les passions, les illusions et les fautes humaines. Ce jeu apparemment superficiel des aspirations et des passions accidentelles – « soi-disant *seulement* humaines » (Ph.D., § 343) – est « la tragédie que l'Absolu joue éternellement avec soi-même : il s'engendre éternellement dans l'objectivité, se livre dans cette figure (objective) qui est la sienne propre, à la passion et à la mort, et s'élève de ses cendres à la majesté » (N.R., 380). L'histoire est la « vallée des ossements » où nous voyons les fins « les plus grandes et les plus élevées rabougries et détruites par les passions humaines » (XVI, 533), l'« autel où ont été sacrifiés le bonheur des peuples, la sagesse des États et la vertu des individus » (V.G., 80). L'histoire est tragique, mais la tragédie « exprime la condition absolue » (N.R., 384) : de même que le héros tragique ne peut pas fuir son destin, de même l'Infini doit s'incarner et porter la croix de la finitude et de la déraison.

Raison et passion

Le panthéisme de l'histoire se substitue au *Deus sive natura* du spinozisme. Toute chose historique est une révélation, une manifestation théophanique, un degré de l'évolution de la seule et même essence divine. Ceci aboutit à une sanctification massive, presque indiscriminée de tout ce qui a suscité l'action de la passion, car « rien de grand n'a été accompli dans le monde sans passion » (V.G., 85). La Raison impersonnelle abstraite méprise la passion « comme une chose qui n'est pas bonne, qui est plus ou moins mauvaise ; l'homme ne doit pas avoir des passions », mais en réalité la passion et l'intérêt sont les véritables véhicules de l'Esprit. Une abstraction « aussi vide que le bien pour l'amour du bien n'existe pas dans la vivante réalité » ; les hommes font l'histoire en poursuivant des « buts finis et des intérêts particuliers » : « rien ne s'est fait sans être soutenu par l'intérêt de ceux qui y ont collaboré », et cet intérêt est au-delà du bien et du mal de même qu'il transcende absolument les représentations ordinaires du bonheur et du malheur. Valables à l'échelle de la vie privée, celles-ci disparaissent au niveau plus élevé de l'histoire : « L'histoire universelle n'est pas le lieu de la félicité. Les périodes de bonheur y sont ses pages blanches. »

Les personnages historiques n'ont pas vécu pour le bien ou pour le bonheur, mais pour réaliser leur passion, c'est-à-dire l'intérêt porté au degré d'incandescence. « Cette consolation lugubre que les grands hommes n'ont jamais été ce qu'on appelle "heureux" […], cette consolation, que ceux qui en éprouvent le besoin la cherchent dans l'histoire : les envieux, que blesse toute grandeur, et qui s'efforcent, partout où ils la trouvent, de la diminuer. » Ainsi l'histoire est mise à l'abri des critiques des « valets psychologiques » et des « maîtres d'école » : « cette masse immense de vouloir, d'intérêts, d'activité constitue les instruments et les moyens de l'Esprit du monde ». En poursuivant leur propre intérêt, leur passion, les hommes font l'histoire et sont en même temps « les outils et les moyens de quelque chose de plus élevé, de plus vaste, qu'ils ignorent, qu'ils réalisent de façon inconsciente ». C'est la « ruse de la raison » qui utilise la déraison pour se produire dans le monde : « de l'action des hommes il résulte autre chose que ce qu'ils projettent et atteignent, que ce qu'ils savent et veulent immédiatement ; ils réalisent leurs intérêts, mais il se produit avec cela quelque autre chose qui y est cachée à l'intérieur, dont leur conscience ne se rendait pas compte et qui n'était pas dans leurs vues » (V.G., 87). Ainsi, poursuivant ses fins particulières, « un plan tout d'abord négatif », César accomplit une œuvre positive d'envergure mondiale et réalisa d'« instinct » ce que le temps réclamait. « Tels sont les grands hommes dans l'histoire : leurs fins particulières renferment le facteur substantiel qui est la volonté de l'Esprit du Monde » ; ils sont les génies anticipateurs qui réalisent ce qui est objectivement nécessaire et qui parlent et agissent au nom de la « race prochaine qui existe déjà en germe » (V.G., 89-90).

Mais les véritables acteurs de l'histoire ne sont pas les grands hommes, ni les masses qui reconnaissent en eux « leur propre esprit intérieur venant à leur rencontre », ni l'humanité – concept abstrait qui ne désigne qu'une espèce biologique parmi d'autres. L'Esprit n'est pas un universel abstrait mais s'incarne dans des peuples particuliers qui expriment, chacun à sa manière et selon l'étape du développement historique, l'humanité et l'universalité.

Les peuples

« Comme la totalité de la vie est aussi bien contenue dans la nature des polypes que dans celle du rossignol et du lion, ainsi l'Esprit du Monde a dans chaque figure particulière son sentiment de soi ; il est plus obscur ou plus développé, mais il est toujours absolu et dans chaque peuple, dans ses mœurs et ses lois, il trouve son essence et jouit de soi-même » (N.R., 404). Le véhicule de l'Absolu est donc le peuple, « l'individu qui est un monde » (Ph.E., 315) : une langue, une sensibilité, une vision du monde particulière et irréductible, un système organique de mœurs, de mythes, de symboles, bref, une réalité spirituelle qui n'est pas la création consciente des individus, mais le produit inconscient de générations entières œuvrant comme un seul individu. Le « Génie du peuple » (*Volksgeist*) est précisément le lien substantiel qui unit les individus et transforme le peuple en un tout organique. Ce que le Peuple adore comme Dieu, dit Hegel en anticipant sur Durkheim, est une expression de la « divinité du peuple » (S.S., 467) ou une projection de la collectivité, sa propre universalité « contemplée dans la forme idéelle d'un être singulier » : le « Dieu du Peuple » est la « manière idéelle dc contempler le Peuple ».

À chaque époque domine le peuple qui a saisi « le plus haut concept de l'Esprit », qui a réalisé le plus haut degré de liberté – « et chaque peuple ne peut faire époque qu'une seule fois. Vis-à-vis de son droit absolu, qui vient de ce qu'il est le représentant du degré le plus haut de l'Esprit du Monde, les esprits des autres peuples sont sans droits, et comme ceux dont l'époque est déjà passée, ils ne comptent plus dans l'histoire » (Ph.D., § 347). Ainsi les empires précolombiens « dont la civilisation était entièrement naturelle » (!) s'effondrèrent « dès que l'esprit s'en approcha » (V.G., 200) !… Grâce à cette généralisation de la notion biblique du « peuple élu », l'histoire apparaît comme un vaste mouvement de progrès allant de l'est vers l'ouest et présentant les différents degrés de la réalisation de la liberté : « L'Orient savait et sait seulement qu'*un* seul est libre, le monde grec et romain que *quelques-uns* sont libres, le monde germanique sait que *tous* sont libres » (H., 154).

Progrès rectiligne et mouvement circulaire

Dans la dernière phase de la philosophie hégélienne (à partir de l'*Encyclopédie*), la marche de l'histoire apparaît comme un progrès rectiligne de la conscience de la liberté et de sa réalisation à travers les quatre mondes successifs de l'Esprit : le despotisme oriental (« l'enfance de l'histoire »), la démocratie grecque (« l'âge de l'adolescence »), l'empire romain (« l'âpre labeur sans joie ni allégresse de l'âge viril ») et le monde germanique-chrétien de la « vieillesse » (« la vieillesse naturelle est faiblesse, mais la vieillesse de l'esprit est sa maturité ») où l'esprit connaît sa liberté et imprègne peu à peu le monde de sa substance.

Tout autre est le schéma de la *Phénoménologie* : l'histoire ne commence pas en Orient, mais en Grèce, et le développement historique ne figure pas un progrès rectiligne d'accroissement « quantitatif » de la liberté, mais un mouvement *circulaire et tragique*. Dans les deux interprétations, l'histoire apparaît comme la première des sciences humaines, comme le chemin le plus court pour comprendre la présence de Dieu dans le monde : la conscience historique est l'unique forme possible de la conscience de soi de l'homme aussi bien que de l'Absolu. Le thème est le même : il s'agit de déterminer le lieu de la réalité humaine à partir de la connaissance totale de l'histoire universelle. Mais l'éclairage change radicalement.

Ayant déblayé le terrain de toute morale et de tout eudémonisme, le vieux Hegel voit l'histoire comme sa propre généalogie et accepte tout avec sa foi inébranlable dans la rationalité de l'événement. Ainsi le servage était nécessaire pour dresser les barbares, dompter la sauvagerie et façonner « ce noueux cœur de chêne qu'était l'âme germanique » (H., 509) : « l'humanité a été affranchie moins *de* la servitude que *par* la servitude » !… De même l'Église « a soutenu le combat contre la barbarie de la sensualité grossière d'une manière aussi barbare et terroriste » : la terreur de l'au-delà était nécessaire pour « émousser l'esprit déchaîné et le dompter jusqu'à ce qu'il devienne calme ». C'est le calme de Spinoza devant les accidents de la substance, le savoir imperturbable que « ce qui est arrivé et arrive quotidiennement n'est pas en dehors de Dieu, mais est essentiellement son œuvre propre » (H., 563). Mais derrière ce calme et la témérité désabusée du regard avec lequel le vieux Hegel contemple le mouvement ascendant du progrès, percent la tristesse, la fatigue et la résignation : « lassée des agitations déclenchées par les passions immédiates dans la réalité, la philosophie s'en dégage pour se livrer à la contemplation… »

Tout autre est la perspective de la *Phénoménologie* : on sent ici toutes les fièvres du temps où l'Europe dansait autour de l'arbre de la Révolution et alla presque jusqu'à diviniser Napoléon. De la *Phénoménologie* on peut dire ce que Nietzsche disait de la musique de Beethoven : « elle baigne dans la double lueur d'un deuil éternel et d'une éternelle et extravagante espérance ». Le deuil est celui de la « belle totalité » grecque, le malheur de la scission chrétienne et de l'aliénation moderne ; l'extravagante espérance – qui fut aussi celle de Hölderlin et plus tard de Nietzsche – est de faire renaître la Grèce par un renouvellement spirituel de l'Europe fécondée par la Révolution française et éclairée par la philosophie allemande…

La Grèce

Comme pour Hölderlin, comme pour Nietzsche, la Grèce – et la Grèce est avant tout celle des présocratiques – n'est pas une étape du développement progressif, mais le système de référence absolu, le point crucial de l'histoire, la première incarnation authentique de l'Esprit tel qu'il est dans sa vérité. La Grèce, c'est l' « Esprit vrai » et le but de l'histoire est de retrouver cette vérité. L'Esprit n'est pas transcendant, il est entièrement dans le monde. C'est pourquoi la Grèce ignorait l'au-delà : le monde grec est « un monde immaculé qui n'est altéré par aucune scission » (Ph.E., 330) ; « le monstre de la scission ne faisait encore que sommeiller » (Ae., 218). L'Esprit n'est pas un universel abstrait mais la mise en forme de la reconnaissance de l'homme par l'homme. Or c'est dans la *polis* grecque que le drame préhistorique du maître et de l'esclave a trouvé sa catharsis : ici les individus sont les citoyens qui existent et qui agissent dans le milieu de la reconnaissance de l'homme par l'homme. C'est dans la *polis* grecque qu'est apparue pour la première fois la vérité et la réalité de la raison. Car la raison hégélienne n'est pas le monde supracéleste ou transcendantal de Platon et de Kant : « c'est dans un peuple libre que la raison est en vérité effectivement réalisée ; elle est la présence de l'esprit vivant » (Ph.E., 258).

La cité démocratique est la réalité du Logos : l'œuvre commune, l'action de tous et de chacun au sein de la vie organique de la cité libre, n'est pas une œuvre parmi d'autres, mais « la Chose même » (*die Sache selbst*), la présence active de l'Esprit. L'absence d'une telle œuvre commune, depuis le déclin des cités grecques et jusqu'à la Révolution française, est à l'origine de tout le « malheur » du monde chrétien. Mais dans la *polis* grecque la « conscience de la Chose même » était entièrement « satisfaite » (Ph.E., 328), et l'individu était « heureux » parce qu'il s'identifiait avec l'œuvre commune. « Ce qu'on nomme bonheur » n'est pas la platitude de l'eudémonisme, mais l'« unité » avec le monde, l'acte de « se retrouver soi-même dans l'être » (Ph.E., 259-260). Depuis la Renaissance, l'homme a cherché frénétiquement à trouver ce bonheur et il a fatalement échoué parce qu'il l'a cherché dans l'« abstraction » de la vie privée. Par contre, l'homme grec avait « atteint cette condition heureuse » qui consiste à se trouver dans l'œuvre collective, « à être la substance éthique, l'esprit du peuple » : il avait « atteint sa destination et vivait en elle » (Ph.E., 258). Depuis la Renaissance, l'homme européen aspire à réaliser la « conscience rationnelle de soi ». Or la cité seule peut donner un contenu réel à ce concept : « c'est dans la vie d'un peuple que le concept de la réalisation de la raison consciente de soi trouve sa parfaite réalité » (Ph.E., 256-257). Bref, dans la *polis* grecque « nous voyons atteintes les fins que se proposaient » tous les types humains qui se sont succédé dans l'histoire depuis les stoïciens romains jusqu'aux révoltés du XVIIIe siècle (Ph.E., 328).

Ainsi la nostalgie hölderlinienne devient politique et totale – seulement elle change complètement de signification. Hölderlin regardait en arrière vers la Grèce comme vers le paradis perdu, la vraie partie de l'humanité. Hegel savait du commencement que la « substantialité » hellénique était irrémédiablement perdue : il n'y a plus d'autre mouvement possible qu'en avant, plus d'autre dimension que celle de l'histoire, du devenir, de la « scission » au terme de laquelle, après un formidable circuit de deux mille ans, l'homme pourra retrouver le point de départ, enrichi par toutes les conquêtes du parcours. Il fallait quitter la « belle totalité » grecque, « briser l'harmonie », connaître tout le malheur chrétien et passer par toutes les oppositions modernes pour pouvoir envisager la possibilité d'une reconstitution de la totalité « dans la suprême vitalité ».

Nécessité de la scission

Comme dit Hegel dès 1801, « la scission est une nécessité, un facteur de la vie qui se façonne en s'opposant éternellement à elle-même, et la totalité dans la suprême vitalité n'est possible qu'en se reconstituant au sein de la suprême division » (I, 46). Toute la philosophie de l'histoire de la *Phénoménologie* est une explicitation de cette proposition. Le devenir de l'esprit est un mouvement circulaire à trois temps : le premier moment est le moment de la vérité immédiate, de la substantialité qu'il faut nier ; le deuxième moment est le moment du tragique, du malheur et de la perte de la substance ; le troisième moment est le moment de la réconciliation, du retour à l'unité primitive,

du bonheur retrouvé. La Révolution française sera interprétée comme
le commencement de ce retour à soi ; ainsi la conscience tourmentée
du xvIII^e siècle sera définie comme la conscience « qui est sortie
de la condition heureuse » de l'esprit grec et qui « n'a pas *encore*
atteint cette félicité : ces deux propositions reviennent au même »
(Ph.E., 258).

L'Esprit a dû « détruire la belle vie éthique » de la *polis* grecque
(Ph.E., 315) parce que celle-ci ignorait la subjectivité, l'individu. Dans
l'ordre apollinien des citoyens égaux et unis dans l'œuvre commune,
la personne humaine, le Soi, n'avait pas encore émergé ; il n'était
qu'une « ombre irréelle » (Ph.E., 331). C'était, dit Hegel, comme si
« aucune *action* n'avait *encore* été accomplie » : un monde qui ignore
la subjectivité, ignore la problématique de l'action car l'action est
« le Soi réel », « le vrai être de l'homme ». L'action traduit l'essence
la plus intime de l'individu, ce qui le différencie absolument des
autres. L'action est déjà la « scission » (Ph.E., 334) : agir, c'est « se
poser soi-même pour soi-même » et s'opposer à la réalité considérée
d'emblée comme « extérieure et étrangère ». Comme les dieux grecs
présupposent et expriment l'absence totale de « situation », de même
la Justice (Dikè), l'ordre impersonnel de la cité, ignore la signification
profonde de l'action qui est de mettre au jour l'« exclusivisme » et
la « réalité négative » du Soi (Ph.E., 335). Ce cosmos d'individus
libres et égaux présuppose la Justice et l'innocence universelle,
mais « innocente est seulement l'inaction, l'inaction d'une pierre et
pas même d'un enfant » (Ph.E., 334). C'est pourquoi l'esprit grec
a vu l'action comme le *tragique* absolu et en a péri : la « réalité »
inéluctable de l'action a « révélé la contradiction et le germe de
corruption que recélaient la belle harmonie et l'équilibre tranquille »
de l'esprit grec (Ph.E., 342). C'est la *tragédie* qui a été la première
prise de conscience de la subjectivité après les temps préhistoriques
du maître et de l'esclave, et cette tragédie s'est achevée en *comédie :*
la négativité du Soi a fini par arracher le « masque » du héros tragique
(Ph.E., 517-518) et montrer la « nullité » des hommes et des dieux.
Telle fut la fin fatale de l'« esprit immédiat ».

Ainsi la « belle totalité » a succombé à sa propre immaturité.
L'homme a perdu la félicité et l'esprit sa vérité. Sous le césarisme il
n'y a plus de place pour la « Chose même » ; la réalité sociale qui est

la vérité de l'Esprit, n'est plus l'œuvre de tous et de chacun, l'Esprit est donc devenu étranger à sa vraie nature et l'homme, condamné à l'isolement, sera malheureux. « Mais maintenant le Soi est sorti de son irréalité » (Ph.E., 343). Sa réalisation sera désormais l'unique contenu de l'histoire, mais comme il a perdu le lien « substantiel » avec les autres et la conscience de la Chose même, l'histoire sera celle du malheur de l'individu et de l'aliénation de tous.

Malheur et aliénation

Cette notion d'aliénation n'a pas été le moindre des explosifs que Hegel a légués à la postérité. La grandeur de Hegel, dira Marx en 1844, a été de saisir l'histoire comme réalisation de l'homme et d'avoir montré que l'homme ne pourra se réaliser que sous la forme de l'aliénation. Toute l'histoire depuis la fin de la démocratie grecque et jusqu'à la Révolution française est le récit de la réalisation et de l'aliénation humaine. Dans tous les domaines de la vie et de l'esprit : dans sa conscience de soi (esprit subjectif), dans l'œuvre collective (esprit objectif) aussi bien que dans la saisie de l'Absolu (esprit absolu), l'homme s'est posé hors de soi, s'est fait étranger à soi-même, s'est progressivement créé un monde objectif qui l'écrase. Le monde a désormais la « détermination d'être une extériorité, le négatif de la conscience de soi » (Ph.E., 347). Il est « l'œuvre de la conscience de soi », mais sa « réalité immédiatement présente » lui est « étrangère » : « elle ne s'y reconnaît pas ». Dans la *polis* grecque, la Chose même était tout et l'individu n'était qu'une « ombre irréelle ». Maintenant, après deux mille ans de « malheur » et d'« insatisfaction » l'individu est devenu tout : comme Faust, il s'est réalisé et développé dans toutes les directions. C'est pourquoi la Chose même, l'Œuvre commune qu'il va reconstituer, sera l'Œuvre vraie, la « Chose absolue ».

Dans la *polis* grecque, la Chose même était l'unité simple et fruste de la substance communautaire qui « ne possédait pas cette force vraiment infinie » (Ph.D., § 185) de l'« unité qui permet à l'opposition de la raison (à l'individuation) de se développer dans toute sa force, mais la domine, se maintient elle-même en elle et la contient en soi ». Par contre, le monde moderne possède cette « force infinie ». Dans ce monde qui a lâché la bride à l'individu, la conscience de la Chose même a été perdue, mais son contenu – l'œuvre de tous et de chacun – a acquis toute l'« objectivité » qui lui manquait au sein de la belle totalité. Libéré de toute entrave religieuse, politique, traditionaliste, l'individu s'est « traduit lui-même » dans l'élément de l'objectivité : il est passé « de la nuit de la possibilité au jour de la présence » (Ph.E., 290). L'individu s'est développé omnilatéralement et a objectivé la totalité de ses forces substantielles dans un réseau d'institutions politiques et économiques objectives qui expriment une « compénétration » de plus en plus profonde, de plus en plus objective de l'être et de l'action ou de l'être et de l'individualité (Ph.E., 288, 295, 347).

Dans la *polis*, la Chose même était enfoncée dans la substantialité inactive, non objective de la cité et de la famille. Maintenant, l'individu isolé s'oppose aux puissances sociales qu'il a lui-même créées mais qui se présentent comme des puissances indépendantes : ce sont le pouvoir d'État et la richesse. L'État centralisé et l'économie capitaliste sont des « résultats » de l'œuvre collective, du « travail et de l'action de tous » (Ph.E., 355). Mais comme ils sont le produit de l'aliénation de tous, ils apparaissent comme des « moments objectifs ». Ainsi dans l'objectivité de l'État « disparaît le fait qu'il tire son origine de leur opération ». De même dans la richesse, le sujet se voit lui-même « en dehors de soi » (Ph.E., 368), dans une objectivité extérieure démoniquement pourvue d'une « volonté propre » : « il voit son Soi au pouvoir d'une volonté étrangère ».

L'aliénation a été le moyen par lequel ce monde objectif a été construit et dans ce monde tout a été un instrument d'aliénation. Ainsi le beau langage qui fut imposé à la cour de Louis XIV a été l'aliénation qui a déféodalisé les féodaux en transformant l'« héroïsme du service silencieux » en « héroïsme de la flatterie » (Ph.E., 364) ! De même l'économie acquisitive « a désintégré et jeté au gouffre tout ce qu'on nomme loi, bien, droit » (Ph.E., 368) : on pense aux premières pages du *Manifeste communiste*…

Ce monde de l'aliénation universelle est le moment où la crise cosmique atteint son paroxysme : « il est l'absolue et universelle perversion de la réalité et de la pensée. Ce qu'on expérimente dans ce monde, c'est que ni l'État ni la richesse, ni leurs concepts déterminés n'ont la moindre vérité » (Ph.E., 371) : « tous ces moments se renversent et se convertissent l'un dans l'autre, et chacun est le contraire de soi-même ». Tous ont été aliénés, tous ont été dépouillés de leur indépendance et transformés en membres solidaires de l'œuvre collective, mais cette multitude de Soi singuliers ne constitue pas un « Soi universel ». L'œuvre collective n'est pas animée et contrôlée par un Moi collectif : l'œuvre de tous et de chacun n'est l'œuvre de personne. Le peuple – « Briarée » (S.S., 464), le « Briarée collectif » de Proudhon, le « travailleur collectif » de Marx, est un géant à cent bras et sans tête. En termes hégéliens, la Chose même est le *prédicat* universel : tout est devenu œuvre commune, mais la Chose même « n'est pas *encore* le sujet » (Ph.E., 295).

Cette œuvre n'est plus l'équilibre tranquille de l'ordre apollinien, mais l'action universelle de la négativité, le produit de toutes les actions négatives par lesquelles l'homme s'est rendu maître et possesseur de la nature. L'univers entier a été « fouillé » par la raison et transformé par l'action : la chose n'est plus la chose opaque de la perception, mais l'objet façonné par le travail du négatif, « posé » par l'homme, devenu l'objectivation de l'homme. À ce niveau l'œuvre sociale est devenue l'« Œuvre vraie », la compénétration totale du sujet et de l'objet, mais le créateur de cette œuvre est « encore » le géant acéphale qui opère aveuglément dans et par la multitude des individus isolés dans lesquels il s'est « dispersé de même que la nature disperse sa vie en figures d'une infinie variété sans qu'y soit présent leur genre » (Ph.E., 413).

Ce moment, où l'œuvre sociale apparaît comme une chose soumise à la même aveugle nécessité que la vie pétrifiée de la nature, est le moment de la plus extrême aliénation. Mais c'est à partir de cette suprême déréliction que la conversion devient possible car « l'Esprit est d'autant plus grand qu'est plus grande l'opposition à partir de laquelle il retourne en soi-même » (Ph.E., 250) : c'est au point extrême du déchirement que le salut devient accessible.

Chapitre IX

La rose de la Raison
et la croix du présent

Il fallait briser la « belle totalité », s'aliéner dans la richesse et l'État, aspirer à un bonheur individuel impossible, connaître les déchirements chrétiens, passer par la perversion universelle pour que l'individu puisse réaliser ses potentialités, donner le maximum d'objectivité et de consistance à l'œuvre sociale et songer à nouveau à constituer « un Moi qui soit un Nous, un Nous qui soit un Moi » : le « Soi universel ». Dans le monde de l'aliénation, l'œuvre collective, la réalité concrète du Logos, « la présence de l'Esprit vivant », était dénaturée à cause de la dispersion des individus. La Révolution française sera la suppression de cette dispersion et la constitution du « Soi universel » (Ph.E., 415) dans la figure du citoyen.

Révolution et réconciliation

Le but de l'homme est désormais « le but universel, son langage la loi universelle, son œuvre l'œuvre universelle » (Ph.E., 416). Le monde de l'aliénation avait créé les conditions objectives du « Soi universel » (de l'« homme socialisé » dont parle Marx ou de la « société socialisée » pour employer les termes de Weber et de Simmel), mais l'œuvre de tous et de chacun, la « Chose même », la réalité concrète du Concept était aliénée parce que la société se fragmentait en individus isolés et se divisait en ordres et en états qui interdisaient aux hommes de se concevoir comme partenaires dans l'œuvre commune. Le Concept était réifié « et ce qui faisait du Concept un objet, c'était sa division en masses subsistantes séparées » (Ph.E., 416) n'appartenant pas au même monde social. Avec la Révolution, la négativité « transperce » les individus isolés et les ordres séparés : « [...] chaque conscience singulière se soulève de la sphère qui lui était assignée ; elle ne peut se réaliser que dans un travail qui soit l'œuvre totale. »

La Révolution a échoué, l'œuvre totale n'a pas pu se réaliser ; elle a dégénéré dans la « furie » de la terreur, mais avec la Révolution nous entrons dans les temps eschatologiques où l'homme retrouve la conscience de la Chose même en même temps que la satisfaction de l'homme antique qui ne se cherchait pas dans l'au-delà mais se trouvait dans le rapport harmonieux avec le tout. Enrichie par le développement omnilatéral de l'individu, devenue une réalité objective, l'œuvre commune sera la « Chose absolue » où le Logos sera entièrement réalisé dans le monde, où le but de l'histoire sera atteint, où « le savoir n'aura plus besoin d'aller au-delà de son objet » parce que « le Concept correspondra à l'objet et l'objet au Concept[18] ». Dans l'œuvre sociale, le Concept est devenu objet et cet objet a été restitué au « Soi universel ». Maintenant la substance est devenue sujet : l'œuvre de tous et de chacun est « la substance pénétrée et imprégnée par l'individualité » (Ph.E., 300). Ce qui apparaît maintenant à l'horizon humain n'est pas seulement la Chose même, mais la « Chose absolue » qui « ne pâtit plus de l'opposition de la certitude et de sa vérité, de l'universel et du singulier, du but et de sa réalité, mais est la Chose absolue dont l'existence est la réalité et l'action de la conscience de soi » (Ph.E., 301-302). Ici la satisfaction substantielle perdue depuis deux mille ans redevient possible au niveau le plus élevé : l'œuvre commune « vaut » désormais « comme l'Absolu parce que la conscience de soi ne peut plus et ne veut plus aller au-delà de cet objet, car en lui elle se sent chez elle. Elle ne *peut* pas, car il est tout être et toute puissance – elle ne *veut* pas, car il est le Soi ou la volonté de ce Soi ».

18. Voir *supra*, p. 73.

La « nouvelle religion »

Pour Hegel, disait Rudolf Haym, « Dieu est la Cité parfaite[19] », absence totale de transcendance et enracinement complet de l'esprit dans l'œuvre terrestre. Ce rêve d'immanence et de transparence totale, Hegel le caressait depuis toujours. Dans une annexe du *System der Sittlichkeit* écrit mais non publié (et pour cause !) vers 1802-1803, il déclare que l'Esprit est déjà mûr pour « se consacrer sous sa propre figure et *oser* rétablir son unité primitive [grecque] avec soi-même dans une *nouvelle religion* dans laquelle la souffrance infinie et toute la gravité de son déchirement [chrétien] seront à la fois assumées et sereinement supprimées » (D., 324-325). Cet espoir n'a rien d'utopique « puisqu'il existe un *peuple libre* et puisque la raison a retrouvé sa réalité sous la forme d'un Esprit éthique [*sittlich :* la communauté politique] lequel saura être assez *hardi* [*sic*] pour *se donner sa propre figure religieuse* sur son propre terrain et de par sa propre majesté » !

Nous connaissons ce « peuple libre » qui, « de par sa propre majesté », devait saisir la couronne bénite et la sainte ampoule. Ce sacre du peuple a précédé mentalement la cérémonie de Notre-Dame et la « figure religieuse » de la « majesté » du peuple fait le pont entre le paganisme romantique des « dieux nationaux » et l'idée de Napoléon de faire escorter le pape par une meute de Mamelouks enturbannés... Mais quelle pouvait être cette « nouvelle religion » sinon le pandémonium hégélien de l'histoire ? Le « peuple libre » devait recevoir le saint chrême des mains de la philosophie, seule capable de prononcer les « mots magiques » qui dévoileraient la « grande nécessité » de l'histoire dans laquelle les masses étaient « aveuglément » emportées. Seule la philosophie pourrait administrer « la connaissance de la nécessité absolue qui façonne le monde » parce que seule la philosophie peut « assumer et en même temps s'élever au-dessus de toute la puissance de la douleur et de l'opposition qui a dominé le monde pendant deux mille ans » : la « majesté » du peuple (français) doit être complétée ou éclairée par la philosophie (allemande) devenue « savoir absolu »

19. R. Haym, *Hegel und seine Zeit,* 1857, 2ᵉ éd., Leipzig, Heims, 1927, p. 164.

(hégélien) et celui-ci se substitue à la religion (on pense au « nouveau christianisme » de Saint-Simon ou au mandarinat fichtéen), non pour l'abolir mais pour la « purifier » et l'accomplir.

De la tragédie à la théodicée : le savoir absolu

Le christianisme a coupé le monde en deux, déprécié l'ici-bas au profit de l'au-delà, rendu l'homme malheureux, mais, par là-même, il a approfondi l'Esprit dans sa « subjectivité infinie », révélé « l'identité de la nature divine et de la nature humaine » (Ph.E., 529), et surtout il a résolu le tragique de l'action, remplissant ainsi les conditions majeures de la réconciliation spéculative. La belle totalité a été détruite parce qu'elle a vu l'action comme le tragique puis le comique absolus (Ph.E., 331-337, 508-520). Mais la dialectique chrétienne du bien et du mal et de la rémission des péchés (Ph.E., 537-543) transcende la sphère du tragique, purifie l'action de sa finitude et préfigure symboliquement la « théodicée » spéculative (V.G., 48) : la philosophie de l'histoire « comprend le mal et réconcilie l'esprit pensant avec le négatif ».

Au niveau de l'histoire, le négatif est « subordonné, transcendé » par l'affirmatif et « s'évanouit en lui » : dans l'innocence du devenir divin, le Bien (le « but final du monde ») est réalisé et le mal ne conserve aucune « validité propre ». Incarnation de Dieu, l'histoire est par-delà le bien et le mal : « la justice et la vertu, la faute et l'innocence, la violence, le vice, le bonheur et le malheur » sont des perspectives valables uniquement dans la sphère de la vie immédiate. « Mais l'histoire universelle reste en dehors de ces points de vue » (Ph.D., § 345). Et même, à regarder de plus près, on voit que le moralisme des philosophes (Kant, Fichte), qui à la plénitude de l'action opposent leur rigorisme et leurs protestations impuissantes, n'est au fond qu'une philosophie du ressentiment : « le sens et le contenu » de leurs récriminations « sont l'envie qui se couvre du manteau de la moralité » (Ph.E., 440).

L'envie, l'impuissance et l'hypocrisie sont les ressorts de la moralité abstraite qui se sépare de l'action parce qu'« il lui manque la force pour s'aliéner, la force de se faire soi-même une chose et de supporter l'être » (Ph.E., 462). Ainsi la « belle âme » ne veut pas s'engager parce qu'elle « vit dans l'angoisse de souiller la splendeur de son intériorité par l'action et l'existence » ; « pour préserver la pureté de son cœur elle fuit le contact avec la réalité » ; mais devant le feu de la vie « sa lumière s'éteint et elle s'évanouit comme une vapeur informe qui se dissout dans l'air ». D'une manière générale, la pureté morale « est conservée dans sa pureté, car elle *n'agit pas ;* elle est *l'hypocrisie* qui veut qu'on tienne ses jugements pour une action *réelle* » (Ph.E., 466). Mais le jugement ne peut être séparé de l'action. Sous la lumière quiritaire du « savoir absolu », juges et combattants s'unissent dans le « Oui de la réconciliation » (Ph.E., 472) ; la philosophie s'adjuge (ou usurpe) le pouvoir le plus mystérieux du Rédempteur : la rémission des péchés ; le tragique de l'action est surmonté ; « les blessures de l'Esprit guérissent sans laisser de cicatrices » (Ph.E., 470) ; Dieu est saisi comme le Dieu de l'Histoire et celle-ci aboutit à une véritable épiphanie : Dieu même devient *præsens*, θεὸς ἐπιφανής, et « apparaît au milieu de ceux qui se savent comme pur savoir » (Ph.E., 472) !...

Jamais plus Hegel ne retrouvera ces accents. À l'« espoir extravagant » de cette philosophie alcyonienne succède l'ambiance crépusculaire de la fin du napoléonisme et de la Restauration. Il n'est plus question d'une philosophie de la « nouvelle religion » du « peuple libre » : la philosophie ne fait désormais que « répandre sa grisaille » dans le « crépuscule » du monde. Derrière le masque de la résignation et de l'*amor fati* perce le pessimisme le plus glacé et la perspective d'un tarissement spirituel général.

Le monde du crépuscule

Philosophie et Révolution avaient pour Hegel la même signification. La philosophie, dit-il, est « une tentative de marcher sur la tête » (Ph.E., 25). Ce qu'il voulait dire par cette image qui devait créer un malentendu lourd de conséquences, on peut s'en rendre compte en lisant sa description de la Révolution française : « Depuis que le soleil se trouve au firmament et que les planètes tournent autour de lui, on n'avait pas vu l'homme se placer la tête en bas, c'est-à-dire se fonder sur l'Idée et construire d'après elle la réalité » (H., 552). Ce fut, ajoute-t-il, un « superbe lever du soleil […] l'enthousiasme de l'esprit a fait frissonner le monde, comme si on était arrivé à la véritable réconciliation du divin avec le monde ». Encore une fois : cette réconciliation qui était le but de sa philosophie, il avait cru la percevoir dans la Révolution. « Vérité, présence et réalité sont réunies », dit-il dans la *Phénoménologie,* toujours à propos de la Révolution : « les deux mondes sont réconciliés ; le ciel est descendu et transporté sur terre » (Ph.E., 413).

La réalité devait infliger un cruel démenti à ses espoirs. Le monde postrévolutionnaire lui apparaît comme le paroxysme du dualisme qu'il voulait surmonter : l'homme reste toujours « une sorte d'amphibie, vivant dans deux mondes contradictoires » (Ae., 95) et, en plus, il est menacé d'une dévastation totale. Le doute et la stérilité rongent les trois « formes absolues » de l'Esprit : la philosophie, la religion et l'art. Toutes les fois que Hegel parle du « caractère prosaïque du présent », il proclame si clairement que le temps n'est plus celui de l'abondance spirituelle qu'on est tenté de penser que son « panlogisme » de vieillesse n'était que l'apparence sereine d'un sombre désespoir. Dès la préface à la première édition de la *Logique* (1812) on voit déjà le soleil noir de la mélancolie. On a cru, dit-il, « avoir transformé l'existence en un monde serein jonché de fleurs, parmi lesquelles, nous assurait-on, il n'y en a pas de *noires* ». Pourtant le noir abonde. « Où perçoit-on encore des échos de l'ancienne ontologie, de la psychologie rationnelle et même de la théologie naturelle de jadis ? » C'est un « fait incontestable » que « tout intérêt » métaphysique a disparu. Maintenant « la formation pratique constitue la seule chose nécessaire » et on voit le « curieux spectacle d'un peuple cultivé privé de métaphysique », devenu comme un temple « magnifiquement paré, mais privé de sanctuaire ». S'il peut arriver à un peuple de « renoncer à ses mœurs, à ses habitudes et à ses vertus parce que tout cela serait devenu inutilisable », il peut arriver également, « et le fait n'est pas moins curieux », qu'un peuple s'éloigne de sa métaphysique, « parce que l'esprit à la recherche de son essence pure n'y trouve plus de possibilités d'existence réelle ».

Les mêmes fleurs noires apparaissent à la fin de ses cours de *Philosophie de la religion* (XVI, 354-355). Nous vivons comme à l'époque des empereurs romains où le divin était « profané », l'unité générale dans la religion avait « disparu » et même la vie politique s'était vidée de sa substance et était devenue « sans espoir, sans action et sans dignité ». De même aujourd'hui « le sel s'est affadi » ; « à l'ordre du jour » il n'y a plus que « les droits privés et la jouissance » : nulle part le « noyau substantiel du peuple » ne peut trouver l'apaisement.

De même « les conditions générales du temps présent ne sont guère favorables à l'art. L'art reste pour nous, quant à sa suprême destination, une chose du passé […]. Il a perdu pour nous ce qu'il avait d'authentiquement vrai et vivant, sa réalité et sa nécessité de jadis, et se trouve désormais relégué dans notre représentation » (Ae., 57). « Aucun Homère, aucun Sophocle, aucun Dante, aucun Shakespeare ne peuvent plus être produits par notre époque » (Ae., 570). « On peut déplorer que notre attention soit absorbée par de mesquins intérêts et des points de vue utilitaires, ce qui a fait perdre à l'âme la sérénité et la liberté qui seules rendent possible la jouissance désintéressée de l'art » (Ae., 57). Mais « notre culture n'est justement pas caractérisée par un débordement de vie et notre esprit et notre âme ne peuvent plus retrouver la satisfaction que procurent les objets animés d'un souffle de vie ». Cette vie appauvrie et desséchée ne trouve la satisfaction que dans la « réflexion, les abstractions, les représentations abstraites et générales. De ce fait, l'art n'occupe plus la place qu'il occupait jadis, et ce sont les représentations générales et les réflexions qui y ont pris le dessus. C'est pourquoi on est porté de nos jours à se livrer à des réflexions, à des pensées sur l'art. Et l'art lui-même, tel qu'il est de nos jours, n'est que trop fait pour devenir un objet de pensées ».

Dans le monde crépusculaire où « la chouette de Minerve prend son vol », l'individu est enlisé dans un réseau d'institutions objectives et abstraites qui interdisent la perception de l'ensemble et rétablissent l'ancienne opacité de l'œuvre commune. « Quoi qu'il fasse, de quelque côté qu'il se tourne », le sujet « appartient à un ordre social établi et, loin d'être une idée totale, individuelle et vivante de cette société, il n'en est qu'un membre aux possibilités très limitées » (Ae., 216). Loin d'être le « Soi universel » dont Hegel rêvait en 1807, l'homme moderne vit derechef dans un monde cloisonné et fragmenté à l'infini et ses « intérêts », ses « buts » et ses « actions » sont d'un « particularisme infini ». C'est que l'œuvre de tous et de chacun n'est pas homogène ; la Chose même ne peut pas devenir transparente ; la *polis* est impossible ; l'État sera transcendant par rapport à la société. Aveuglée par les automatismes de l'économie capitaliste, soumise à son « mouvement élémentaire et aveugle » (R., II, 231), déchirée par la division du travail et l'opposition de la richesse et de la pauvreté, la société civile est incapable de constituer un sujet universel et doit se soumettre à l'État. Dès ses premières années d'Iéna, Hegel avait rencontré la « bête sauvage » de l'économie (R., I, 240). L'« extravagant espoir » de la *Phénoménologie* l'avait reléguée dans l'ombre. Elle réapparaîtra dans la *Philosophie du droit* pour donner le coup de grâce au rêve hellénique de 1807.

La société bourgeoise et l'État

Dès 1805, à une époque donc où triomphaient les « harmonies économiques », Hegel, qui a lu Adam Smith et Steuart, décrit avec une stupéfiante perspicacité les contradictions qui déchirent le monde de l'industrialisme naissant. Si sa philosophie du travail et de la technique fonde et explicite celle de Saint-Simon, Proudhon et Marx, ses réflexions sur la division du travail, l'accumulation des richesses, le paupérisme, l'argent et l'aliénation du monde des marchandises, décrit dans le meilleur style marxien comme « *ein sich in sich bewegendes Leben des Toten*[20] », annoncent à plus d'un titre la problématique du socialisme tout en explicitant le primat que Hegel accordera plus tard à l'État bureaucratique.

Le monde industriel se présente d'emblée comme le monde de la déshumanisation du travailleur. La division du travail limite le travailleur « à un point, et le travail est d'autant plus parfait qu'il est plus monotone » (R., II, 232). Le travail devient « absolument mort, l'habileté de l'individu est infiniment limitée et la conscience de l'ouvrier est dégradée jusqu'au plus extrême abrutissement » (R., I, 239). « Par l'abstraction de son travail, l'ouvrier devient de plus en plus mécanique, indifférent, sans esprit. L'élément spirituel devient acte vide. La force du Soi réside dans une riche perception de l'ensemble. Celle-ci disparaît » (R., II, 232). « Par hommes cultivés,

---

20. R., I, 240 : « la vie mouvante en soi-même de la matière morte ». Ce sont presque les termes de Marx parlant du « monde ensorcelé » des marchandises.

dira-t-il plus tard (Ph.D., § 187), on doit entendre ceux qui peuvent faire tout ce que font les autres. » Le système industriel détruit la possibilité de toute culture et « condamne la masse à un travail tout à fait indifférent, malsain et sans sécurité, ne faisant plus appel à l'habileté et aux capacités personnelles » (R., II, 232-233).

Cette « grande classe » est ensuite livrée à la pauvreté et à l'insécurité. « Plus le travail devient mécanique, moins de valeur il a et plus l'individu doit travailler » (R., I, 237). « La baisse de la valeur du travail est proportionnelle à l'augmentation de la productivité du travail » (R., I, 239). Ainsi « les fabriques et les manufactures fondent leur existence sur la misère d'une classe » (R., II, 257), et « cette inégalité de la richesse et de la pauvreté devient le plus grand déchirement de la volonté, la révolte intérieure et la haine » (R., II, 233). Ce qui apparaît ici, dit-il dans la *Philosophie du Droit* (§ 245), c'est que « malgré son excès de richesse, la société civile n'est pas assez riche, c'est-à-dire que dans sa richesse elle ne possède pas assez de biens pour payer tribut à l'excès de misère et à la plèbe qu'elle engendre ».

Formellement, ce monde est le produit de la liberté, mais ce laisser-faire est en réalité la manifestation exotérique d'une « aveugle nécessité » et d'une « dépendance universelle » : tous aliènent leur indépendance et s'intègrent dans l'économie du marché. L'argent est le signe objectif de cette socialisation de l'économie. Comme dit Hegel en anticipant les réflexions de Moses Hess et de Marx sur l'argent comme « vie générique matérialisée », l'argent est « le concept existant matériellement de la forme de l'unité ou de la possibilité de tous les objets des besoins » (R., I, 239). Dans ce monde où l'on « est réel dans la mesure exacte où l'on a de l'argent » (R., II, 257), l'argent est le médiateur universel qui brise l'isolement naturel et donne structure et consistance au « second univers » produit par l'homme.

Comme la « masse des besoins » est « complètement inconnaissable » (R., I, 239), ce système de « dépendance aveugle » court perpétuellement le risque de la crise et du chômage : son « mouvement élémentaire et aveugle » (R., II, 231) s'élève au-dessus des hommes comme un *fatum* « qui les soutient ou les supprime spirituellement et matériellement ». Bref, le monde économique est comme « une bête sauvage qui réclame la main puissante qui la domptera » (R., I, 240). L'aveugle nécessité qui règne dans la société civile « signifie le hasard déchaîné pour l'individu. Le pouvoir d'État intervient ; il doit voir si chaque sphère a les moyens de subsister, il doit chercher des débouchés dans des pays étrangers, etc. » (R., II, 233).

Hegel savait parfaitement que son État administratif avec son monarque dépersonnalisé, ses corporations et ses communes n'était pas le dernier mot de l'histoire. L'Amérique lui offrait l'« exemple durable d'une constitution républicaine », et l'Amérique était pour lui « le pays de l'avenir », le pays « où dans les temps futurs se manifestera la gravité de l'histoire universelle » (H., 132-134). Ici l'État est résorbé dans la société civile ; centrée sur « l'homme privé et sa propension à acquérir et à gagner », la société américaine est « dominée par l'intérêt particulier qui ne s'occupe du général qu'en vue de sa propre jouissance ». Mais il ne faut pas chanter victoire. Tandis qu'un Marx par exemple verra dans la démocratie américaine « l'exemple le plus achevé de l'État moderne » (c'est-à-dire de l'État en voie de « dépérissement »), Hegel note cette primauté de l'économique pour montrer que le « pays de l'avenir » n'est encore qu'au seuil de la véritable vie politique. L'État moderne : l'État bureaucratique élevé au-dessus de la société civile présuppose l'action de trois facteurs qui n'existent pas encore en Amérique : la lutte des classes, la domination de la ville sur la campagne et la tension internationale. Or la lutte des classes « ne menace pas encore » l'Amérique car l'écoulement de la population dans les plaines du Mississipi fait disparaître « la source principale du mécontentement » (« si les forêts de la Germanie étaient encore existantes, la Révolution française ne se serait pas produite » !). Ensuite, l'Amérique était un pays essentiellement agricole ; les Américains ne « ressentiront le besoin d'un État organique » que lorsqu'ils seront « repliés en masse sur eux-mêmes vers les industries et le commerce urbains » (ce qui arriva un siècle plus tard). Enfin, si l'Amérique a pu donner pendant si longtemps l'image d'une société civile à l'état pur, c'est aussi à cause de son isolement économique et politique : il n'existe pas d'État voisin « contre lequel les États libres d'Amérique auraient à entretenir une armée permanente ». Dans la perspective hégélienne, les rapports internationaux sont et seront toujours des rapports politiques, et c'est la primauté des relations extérieures, qu'elles soient de nature militaire, diplomatique ou économique, qui rend nécessaire la subordination de la société civile à l'État.

Quoi qu'il en soit, l'Amérique est « le pays de l'avenir » ; or, justement, « en tant que pays de l'avenir, elle ne nous intéresse pas », car « en philosophie » nous n'avons affaire qu'à ce qui « *est* » : « reconnaître la Raison comme la rose dans la croix du présent et se réjouir d'elle, c'est la vision rationnelle que procure la philosophie et qui réconcilie avec la réalité » (Ph.D., Préface).

Jetée le 25 juin 1820 à la face du monde crépusculaire de la Restauration, cette image du présent comme crucifixion de la Raison n'était pas le moins ambigu des symboles hégéliens. Sa conception – non moins goyesque – du « calvaire de l'Absolu », avec son cortège « bacchique » de concepts « fluidifiés » et de catégories « mobilisées », autorisait à la fois une attitude profondément révolutionnaire qui tient l'inquiétude pour l'essence du réel et reporte le moment de la satisfaction à la fin des temps, et une attitude de consentement et d'enracinement dans le présent qui, telle son image favorite du cercle fermé, pourrait interdire toute perspective d'avenir. Hegel connaissait trop bien ce danger d'immobilisation, ce « péché de la torpeur » dont parlent les Pères. C'est le péché d'*oubli* qu'il dénonce à la fin de son cours sur l'histoire de la philosophie (XIX, 685) : « Souvent il semble que l'esprit s'oublie, se perde ; mais à l'intérieur il est toujours en opposition avec lui-même. Il est progrès intérieur – comme Hamlet dit de l'esprit de son père : "Bien travaillé, vieille taupe !" – jusqu'à ce qu'il trouve en lui-même assez de force pour soulever la croûte terrestre qui le sépare du soleil […]. Alors l'édifice sans âme, vermoulu, s'écroule et l'esprit se montre sous la forme d'une nouvelle jeunesse. »

Un temps d'arrêt n'est pas l'arrêt du temps. Le creux de la vague n'est pas l'Océan. Le « Tout » hégélien n'était pas le « Vrai » et sa vérité n'était pas le Tout. Le résultat n'était pas la fin. La taupe n'avait pas fini son travail. La négativité s'appellera désormais Révolution. Lorsque la Révolution aura accompli son travail souterrain, alors, dit Marx, « l'Europe sautera de sa place et jubilera : "Bien creusé, vieille taupe !" »…

L'Esprit ne s'était pas oublié.

Kostas Papaïoannou

CHOIX DE TEXTES

Traduits par Kostas Papaïoannou

Chapitre I

Écrits de jeunesse

ÉLEUSIS

À Hölderlin, août 1796

Autour de moi, en moi, c'est la paix. Des hommes affairés
Les incessants soucis dorment, me laissant liberté
Et loisir. Je te remercie,
O nuit, ma libératrice ! D'une blanche brume
La lune enveloppe les contours incertains
Des lointaines collines, et gentiment vient vers moi, brillante,
La traînée lumineuse du lac.
Des bruits fastidieux du jour le souvenir s'éloigne,
Comme si des années le séparaient du moment présent.
Ton image, ô ami, se présente à moi,
Et aussi les plaisirs des jours lointains. Mais bien vite ils cèdent la place
Au bien plus doux espoir de te revoir.
Déjà, mes yeux voient l'image des embrassements ardents
Si longtemps attendus. Puis les questions et le secret
Regard inquisiteur pour voir si
L'attitude, l'expression, les sentiments de l'ami
Ont changé avec le temps, mais aussi la joie de constater
Que la fidélité à la vieille alliance s'est affermie, a mûri encore,
Fidélité à l'engagement, qu'aucun serment ne scella,

*De ne vivre que pour la libre vérité et de ne jamais, jamais, faire
la paix*
Avec le dogme, qui régit opinions et sentiments.
*L'espoir qui légèrement m'emporte vers toi par dessus les monts et
les fleuves*
Fait maintenant des marchandages avec l'inerte réalité.
Bien vite, hélas, un soupir trahit leur désaccord, et avec lui
Des douces fantaisies le rêve s'évanouit.
Mon regard s'élève vers la voûte du ciel éternel,
Vers toi, ô astre brillant de la nuit,
Et de tous les souhait, de toutes les espérances,
L'oubli descend sur nous de ton éternité.
L'esprit se perd dans cette contemplation,
Ce que j'appelais « mien » s'évanouit,
À l'incommensurable je m'abandonne,
Je suis en lui, suis tout, ne suis que lui.
La pensée revenue est dépaysée,
Frissonnante devant l'infini, frappée de stupeur.
Elle ne comprend pas la profondeur de cette contemplation.
L'imagination met l'éternité à la portée de l'esprit,
L'enrobe de formes. Soyez donc les bien-venus,
Sublimes esprits, nobles ombres,
Dont le front rayonne de perfection !
Maintenant l'esprit ne se trouble pas. Je le sens : l'éther de ma patrie
Est la grave splendeur qui vous entoure.
*Ah ! si elles pouvaient maintenant s'ouvrir d'elles-mêmes, les portes
de ton sanctuaire,*
O Cérès, qui trônais à Éleusis !
Ivre d'exaltation, j'éprouverais maintenant
Le frisson de ton approche,
Je comprendrais tes révélations
Et interpréterais le sens sublime des images ; j'apprendrais
Les hymnes chantés aux banquets des dieux,
Les nobles arrêts de leur conseil.
Hélas, tes demeures sont devenues silencieuses, ô Déesse !
Désertant les autels consacrés,
Le cercle des dieux est retourné à l'Olympe,

Car le génie de l'innocence, dont la magie les avait attirés ici,
A fui la tombe de l'humanité profanée.
La sagesse de tes prêtres se tait. Pas un mot des saintes initiations
Ne nous a été conservé. En vain la curiosité du savant
Cherche ce qui est plus que l'amour de la sagesse
(Car c'est cet amour que ces savants possèdent, toi, ô sagesse
Ils te méprisent). Pour le posséder, ils creusent à la recherche des
mots
Où ta haute signification serait gravée ! En vain !
Ils n'ont trouvé que poussière et cendres,
Où il leur est à jamais impossible de faire revenir ta vie !
Mais ils se plaisaient dans la boue et dans la matière vidée de toute
âme,
Ces hommes éternellement morts. En vain d'ailleurs, car il n'y
restait plus
Le moindre signe de tes fêtes, la moindre trace d'image.
Pour le fils initié elles étaient trop sacrées,
La plénitude des hautes doctrines et la profondeur des sentiments
ineffables,
Pour qu'il eût jugé dignes d'elles les signes arides.
Déjà la pensée est incapable de comprendre l'âme qui,
Transportée hors du temps et de l'espace, plongée dans le
Pressentiment de l'Infini, s'oublie, puis à la conscience de nouveau
S'éveille. Quelqu'un voudrait-il en parler aux autres,
Disposât-il même de la langue des anges, il sentirait la pauvreté
des mots ;
Il serait horrifié d'avoir pensé le sacré si pauvrement,
De l'avoir rapetissé par la pensée, à tel point que toute parole lui
apparaîtrait comme un péché,
Et que, vivant, il se fermerait la bouche.
Ce que l'initié s'interdisait à lui-même : de révéler
Ce qu'il avait vu, entendu, ressenti, dans la sainte nuit,
Une sage loi l'interdisait aux esprits plus pauvres
Pour que le vacarme de leur désordre ne trouble pas l'homme meilleur
dans son recueillement,
Pour que leur creux verbiage ne le dresse pas contre le sacré,
Pour que le sacré ne tombe pas dans la boue,

Sauvé par la seule mémoire,
Pour qu'il ne devienne pas le jouet et la marchandise du sophiste,
Qui le monnayerait, pour quelques oboles,
Pour qu'il ne devienne pas le manteau de l'hypocrite disert,
Ou le fouet qui frappe l'enfant joyeux,
Pour qu'il ne perde pas finalement sa substance
Au point de ne plus trouver les racines de sa vie
Que dans l'écho de langues étrangères.
Tes fils à toi, ô Déesse, se montraient avares ;
Ils ne promenaient pas ta majesté dans les rues ou sur les marchés,
Mais la gardaient au plus profond du sanctuaire de leur cœur.
C'est pourquoi tu ne vivais pas dans leur bouche,
C'est leur vie qui t'honorait. C'est dans leurs actes que tu vis
toujours.
En cette nuit également, ô Déesse sainte, tu m'es apparue,
Toi qui m'as révélé la vie de tes enfants,
Toi que je pressens comme l'Âme de leurs actes !
Tu es l'esprit profond, la foi fidèle, qui, telle une divinité,
Même quand tout s'effondre, ne chancelle pas.

                                                    (D., p. 380-383)

Le moment du Christ

(*Le judaïsme.*) L'individu était complètement exclu de toute participation active aux affaires de l'État. L'égalité des citoyens était le contraire de l'égalité républicaine, elle n'était que l'égalité dans l'insignifiance. Sous les rois, en dépit de l'inégalité nécessairement introduite en même temps que le régime monarchique, un rapport s'établit entre l'État et de nombreux sujets : certains eurent quelque importance par rapport aux classes inférieures et un certain nombre eut tout au moins la possibilité de l'acquérir. Plus tard, lorsque les maîtres ou les ennemis du peuple juif ne se montrèrent plus indifférents à l'égard de la foi qu'il abandonnait si volontiers tant qu'on ne lui opposait aucune résistance, une petite partie se jeta dans le fanatisme obstiné qui caractérisa ce peuple par la suite. Pourtant cette petite partie du peuple ne pouvait pas, elle aussi, parvenir à constituer un Tout.

L'époque des visions, des théophanies et des prophètes était depuis longtemps révolue et la nation en était au stade de la réflexion. À certains moments, elle dirigea son activité vers le dehors pour sauver l'indépendance de l'État, mais lorsque celle-ci fut complètement détruite, elle refoula son énergie et la dirigea contre elle-même donnant naissance à des sectes, des opinions, des partis…

C'était une activité qui s'exerçait uniquement à l'intérieur de l'homme et sur lui-même ; une vie intérieure qui n'avait pas son objet hors d'elle-même comme l'activité qui intéresse les citoyens (d'une cité libre). Elle ne pouvait pas se déployer au grand jour et se manifester comme l'activité politique : elle ne pouvait s'exprimer que par des signes. Aussi toutes ses tentatives pour atteindre la réalité vivante, ou pour la créer, aboutirent le plus souvent à un échec. La réalité morte de ce monde provoquait le plus souvent l'indignation parce qu'elle montrait directement le chemin de la vie dont elle était pourtant l'opposé.

Dans une telle époque, l'homme ne peut pas s'unir aux objets qui l'entourent, il ne peut qu'être leur esclave et vivre en contradiction avec le meilleur de lui-même, il est traité par les objets comme un ennemi et il les traite de même. À celui qui a soif de vie intérieure, à celui qui cherche une réalité meilleure où il pourrait vivre, on n'offre que les privilèges d'une existence froide et morte, et l'on dit : Ceci est la vie ! C'est à une telle époque que les Esséniens, qu'un Jean, qu'un Jésus créèrent la vie en eux-mêmes et marchèrent au combat contre l'éternelle réalité morte.

(N., p. 371)

Le Christ

L'expression la plus fréquente et la plus caractéristique du rapport de Jésus à Dieu, est celle de Fils de Dieu : c'est ainsi que Jésus se désigne par opposition à lui-même comme fils de l'homme.

Cette désignation au moyen du rapport filial est une des rares dénominations naturelles qui aient par hasard subsisté dans la langue juive ancienne et on doit la compter parmi ses expressions heureuses. En effet, le rapport d'un fils à son père n'est pas une unité conceptuelle, comme par exemple l'unité des opinions, leur accord, l'identité des principes, etc. C'est un rapport vivant d'êtres vivants, une identité vitale : père et fils sont des modifications de la même vie ; il n'y a pas (entre eux) opposition d'essence, ni pluralité de substantialités absolues. Ainsi le Fils de Dieu a le même être que son père ; il ne constitue un être séparé que sur le plan de la réflexion et uniquement pour la réflexion. L'expression par exemple : « un fils de la tribu Korech » par laquelle les Arabes désignent un individu membre de cette tribu, signifie que cet individu n'est pas seulement une partie du tout, que le tout n'est donc pas quelque chose d'extérieur à lui, mais qu'il *est* justement lui-même le tout qu'est la tribu. Ceci apparaît clairement dans les conséquences qui en résultent pour la manière dont ces peuples naturels non divisés font la guerre : tout individu est massacré de la façon la plus cruelle. Au contraire, dans l'Europe d'aujourd'hui où les individus ne portent pas en eux la totalité de l'État, où leur lien est purement conceptuel et se ramène au fait que tous vivent sous le même droit, la guerre n'est pas menée contre l'individu, mais contre le tout situé en dehors des individus. Comme dans tous les peuples vraiment libres, chaque individu chez les Arabes est une partie, mais en même temps il est le tout.

C'est seulement à propos d'objets, de choses inanimées qu'on peut vraiment dire que le tout est autre que les parties. Dans le vivant, au contraire, la partie et le tout sont un seul et même être. Si différents objets sont réunis en tant que substances, chacun gardera son individualité […] et leur caractéristique commune, leur unité ne sera qu'un concept, non pas un Être, ni une réalité existant réellement. Les vivants aussi sont des êtres séparés, mais leur unité est, elle aussi, un être. Ce qui est contradictoire dans le royaume des choses mortes ne l'est plus dans le royaume de la vie.

(N., p. 308-310)

La foi

L'essence de Jésus, c'est-à-dire son rapport à Dieu comme rapport de Fils au Père, ne peut être réellement comprise que par la foi, et c'est la foi en lui-même que Jésus demandait à son peuple. Cette foi est caractérisée par son objet, le divin. Avoir foi en une réalité de ce monde c'est connaître un objet, c'est connaître un être limité, mais entre un tel objet et Dieu il y a la même différence qu'entre cette reconnaissance et la foi dans le divin. « Dieu est un esprit et ceux qui le prient doivent le prier en esprit et en vérité. » Comment ce qui n'est pas soi-même un esprit pourrait-il connaître un esprit ? Le rapport d'esprit à esprit est un sentiment d'harmonie, d'union : comment le différent pourrait-il trouver l'unité ? La foi dans le divin n'est possible que parce que le divin est dans le croyant lui-même : dans l'objet de sa foi, celui-ci se retrouve lui-même, retrouve sa propre nature. Car en tout homme est la lumière et la vie ; tout homme appartient à la lumière. Il n'est pas éclairé par la lumière comme un corps obscur qui ne revêt qu'un éclat emprunté, mais c'est sa propre substance inflammable qui s'embrase, et il brûle de sa propre flamme.

La foi dans le divin est un état intermédiaire entre les ténèbres : l'éloignement du divin, la captivité dans le réel, et une vie tout entière divine, spontanée, assurée d'elle-même. La foi est le pressentiment, la connaissance du divin et le désir de s'unir avec lui, le désir d'une vie divine. Mais il lui manque encore la puissance que donne la divinité lorsqu'elle pénètre toutes les fibres de la conscience humaine, ordonne tous ses rapports avec le monde et se déploie à travers tout son être. La foi dans le divin naît donc de la divinité de la propre nature du croyant. Seule une modification de la divinité peut connaître la divinité.

(N., p. 312-313)

Le Logos

Des deux manières extrêmes de concevoir le début de l'Évangile de Jean, la plus objective consiste à considérer le Logos comme une réalité, comme un individu ; la plus subjective, à le considérer comme la raison. Dans le premier cas, on l'envisage comme un être particulier, dans le second comme l'universalité ; dans le premier, comme la réalité la plus singulière, la plus exclusive, dans le second comme l'être purement pensé. Dieu et le Logos se distinguent parce que l'Être peut être considéré à deux points de vue […] : d'une part, comme l'Un qui a en lui la possibilité de la séparation, de la division infinie. Dieu et le Logos ne sont distincts que dans la mesure où le premier est la matière sous la forme du Logos : le Logos lui-même est en Dieu, tous les deux sont une seule et même réalité.

La diversité, l'infini du réel est l'infinie divisibilité réalisée. Tout n'est pas le Logos ; le monde n'est pas une émanation de la divinité ; autrement le réel serait entièrement divin. Mais, comme réel, il *est* une émanation, une partie dans la division infinie. Il est en même temps vie dans la partie […] ou dans ce qui partage à l'infini. L'individuel, le limité en tant qu'opposé, l'être mort, est en même temps un rameau de l'arbre de la vie infinie. Chaque partie, hors de laquelle est le Tout, est en même temps un Tout, une vie. Et selon que la réflexion l'envisage comme sujet ou comme prédicat, cette vie est aussi bien la vie (ζωή) que la vie comprise (φῶς, lumière), la vérité.

Ces êtres finis comportent des oppositions ; l'opposé de la lumière est les ténèbres. Jean-Baptiste n'était pas la lumière ; il témoignait seulement pour elle ; il pressentait l'Unité, mais celle-ci ne parvint pas à sa conscience à l'état pur, mais seulement limitée dans des rapports déterminés. Il y croyait, mais sa conscience n'était pas égale à la vie ; seule une conscience égale à la vie […] est φῶς (lumière). Bien que Jean ne fût pas lui-même la lumière, celle-ci était pourtant en tout homme qui vient au monde des hommes. Ce n'est pas seulement lorsque l'homme vient au monde qu'il est φωτιζόμενος (recevant la lumière) ; le φῶς est aussi dans le monde lui-même ; le monde tout entier, avec toutes ses relations, toutes ses déterminations, est l'œuvre de l'ἀνθρώπου-φωτός, de l'homme qui est lumière, l'œuvre de l'homme qui se développe soi-même. Mais le monde n'a pas reconnu qu'en lui (le Christ) la totalité de la nature parvenait à la conscience de soi. La nature devenue consciente de soi était dans le monde, mais cela n'atteignait pas la conscience du monde. Le monde des hommes est une propriété de sa nature (ἴδιον), ce qui lui est le plus apparenté, et pourtant les hommes refusent de l'accueillir, le traitent comme un étranger. Ceux, au contraire, qui se reconnaissent en lui, reçoivent de ce fait une puissance qui ne signifie pas une force nouvelle, une nouvelle réalité vivante, mais seulement un degré de la vie, l'égalité ou l'inégalité de la vie. Ils ne deviennent pas autres, mais ils connaissent Dieu et se reconnaissent comme enfants de Dieu, plus faibles que lui, mais de même nature, dans la mesure où ils prennent conscience du rapport désigné par le fait que l'homme est nommé φωτιζόμενος φωτί ἀληθινῷ (illuminé par la lumière véritable). Aussi découvrent-ils leur essence non dans une réalité étrangère, mais en Dieu [...].

Si sublime que puisse être (cette) idée de Dieu, il subsiste toujours le principe judaïque de l'opposition de la pensée et de la réalité, de la raison et de la sensibilité, le déchirement de la vie, une relation morte entre Dieu et le monde – relation qu'on doit pourtant tenir pour une relation vivante et dont on ne peut parler qu'en termes mystiques.

(N., p. 306-308)

L'amour chrétien

Dans l'amour, l'homme se retrouve en un autre. Parce que l'amour est une unification de la vie, il présuppose la scission, il présuppose que la vie s'est développée et diversifiée. Plus il y a de figures dans lesquelles la vie est vivante, plus il y a de points où elle peut s'unir et se sentir, et plus l'amour peut être profond. Plus les relations et les sentiments des amants sont divers, plus la concentration de l'amour est profonde et plus l'amour est exclusif et indifférent à la vie des autres [...].

L'amour réciproque d'un grand nombre d'hommes ne peut, par conséquent, se permettre qu'un certain degré de force et de profondeur et exige à la fois la similarité des esprits, des intérêts, des conditions de vie (des deux groupes), et la restriction de l'individualité. Mais, comme cette communauté de la vie, cette similarité des esprits n'est pas l'amour, elle ne peut devenir consciente (pour la collectivité) que dans certains actes déterminés, solennellement marqués[21] : il ne peut être question d'un accord dans la connaissance ou d'opinions similaires.

(En général) l'union de plusieurs individus repose sur des besoins identiques à tous. Elle se concrétise dans les objets qui peuvent être communs, dans les rapports qui en découlent, puis dans l'effort commun pour les acquérir, dans l'action commune [...]. Un ensemble

21. Hegel fait allusion aux rites rapportés par G. Keate dont les *Relations sur les îles Pelew* avaient été traduites en allemand.

de buts similaires, la sphère entière des besoins physiques, peuvent faire l'objet d'une activité solidaire où se manifeste un même esprit, et cet esprit aime à se faire reconnaître dans la paix et jouit de lui-même et de sa force unifiante dans les fêtes et les jeux.

Les amis de Jésus restèrent ensemble après sa mort, mangèrent et burent en commun, quelques-unes de leurs confréries supprimèrent tout droit de propriété dans leurs rapports mutuels ; d'autres l'abolirent partiellement par de larges aumônes et des cotisations à la caisse commune. Ils parlaient ensemble de leur ami et maître absent, priaient ensemble et se confirmaient réciproquement dans leur foi et leur courage. Leurs ennemis accusèrent certaines de leurs sociétés de pratiquer aussi la communauté des femmes, mais ils n'étaient pas assez hardis ni assez purs pour mériter cette accusation ni pour n'en pas rougir. Beaucoup émigrèrent en commun, pour faire partager leur foi et leur espérance à d'autres peuples, et comme c'est là l'unique activité de la communauté chrétienne, le prosélytisme demeure sa caractéristique essentielle. Or, par-delà ces jouissances, ces prières, ces repas, ces joies, cette foi et cette espérance communes, cette unique activité de diffusion de la foi et d'élargissement de la communauté cultuelle, subsiste un immense domaine objectif qui réclame toutes sortes d'activités (et qui se dressera contre la communauté) comme un destin dont l'emprise s'exerce dans toutes les directions et dont le pouvoir est souverain.

Cependant, dans sa mission d'amour, la communauté méprise toute union qui n'est pas la plus intime, tout esprit qui n'est pas le plus élevé. On n'a pas à mentionner ici l'idée mirifique, plate et vraiment contre nature de l'amour universel, car telle n'était pas l'aspiration de la communauté. Mais la communauté ne peut pas aller au-delà de l'amour. Tout ce qui n'entre pas dans la foi commune et les actes religieux qui s'y rapportent, lui est étranger. Tout ce qui, dans la réalité objective, peut constituer une union pour l'accomplissement de buts (terrestres), pour le développement d'autres aspects de la vie, pour une action commune, lui est étranger. Elle est également étrangère à tout esprit qui demanderait une action concertée en vue d'une fin autre que la diffusion de la foi […]. Elle ne se reconnaîtrait pas dans un tel esprit : le reconnaître serait pour elle renoncer à l'amour et à son propre esprit, devenir infidèle à Dieu. Ce serait non seulement renoncer à l'amour, mais aussi le menacer de destruction, car ses membres risqueraient de heurter leurs individualités et ce risque eût été d'autant plus certain que leur culture était diverse et qu'ils seraient placés sur le terrain des différences de caractère, soumis au pouvoir de leurs différents destins ; pour des intérêts minimes, à cause de légères différences dans les déterminations, l'amour pourrait se changer en haine, provoquant l'apostasie.

Ce danger ne pouvait être écarté que par un amour inactif, non développé, par un amour qui tout en étant la vie la plus haute resterait sans vie. Aussi l'extension contre nature de sa sphère enlise l'amour dans une contradiction, dans une tentative chimérique qui produiront le plus effroyable fanatisme dans la passivité aussi bien que dans l'action. Cette réduction de l'amour à lui-même, sa fuite devant toutes les formes déterminées de la vie, même celles que son esprit animait déjà, même celles qu'il avait créées, cet éloignement de tout destin est justement son suprême destin, et c'est ici que Jésus s'est trouvé lié au destin de la façon la plus noble certes, mais non point sans en souffrir.

(N., p. 322-324)

Le royaume de Dieu et le monde

L'épanouissement du divin dans les hommes, un rapport avec Dieu où, par la présence du Saint-Esprit, ils deviennent ses fils et vivent dans l'harmonie de toutes leurs facultés, de tout leur être et de tout leur caractère – une harmonie dans laquelle non seulement la diversité des consciences et la multiplicité des formes de la vie s'accordent en *un* esprit et *une* vie, mais aussi les cloisons tombent qui séparent les hommes des autres créatures proches de Dieu et le même esprit vivant anime tous les êtres –, une union de tous les êtres où ceux-ci ne sont pas seulement égaux, ne forment pas une multitude assemblée mais une communauté, parce qu'ils sont unis, non dans une généralité, dans un concept, comme c'est encore le cas pour les croyants, mais par la vie, par l'amour : cette harmonie vivante des hommes, leur communion en Dieu est ce que Jésus nomme le Royaume de Dieu.

(N., p. 322)

Le royaume de Dieu n'est pas de ce monde… Cette relation (passive) avec l'État a entraîné la perte d'une forme très importante d'union vivante ; un lien important pour les membres du Royaume de Dieu fut coupé. Ils ont perdu une partie de la liberté […] et un grand nombre de rapports actifs, de relations vivantes. Les citoyens du Royaume de Dieu s'excluent de l'État et deviennent des personnes privées opposées à un État hostile. D'ailleurs, pour ceux qui n'ont jamais agi dans une telle union vivante, qui n'ont jamais connu la saveur de l'association et de la liberté, pour ceux surtout pour qui la citoyenneté se ramène principalement à la propriété, cette limitation de la vie n'apparaît pas comme une frustration, mais plutôt comme l'effet de la violence exercée par une puissance étrangère qui ne domine que sur des choses extérieures auxquelles on peut renoncer librement. Tout ce qui est perdu lorsque de relations multiples, de liens beaux, joyeux et pleins de diversité sont perdus, est remplacé par les gains de l'individualité isolée, les gains de la conscience étroite des particularités personnelles. De l'idée du Royaume de Dieu se trouvent sans doute exclus tous les rapports de l'ordre politique qui désormais sont méprisés parce qu'ils sont de beaucoup inférieurs aux relations vivantes de l'alliance divine. Mais puisque l'État existait et que ni Jésus ni sa communauté ne pouvaient le supprimer, le destin de Jésus et de sa communauté […] fut une perte de la liberté, une limitation de la vie, une attitude passive envers la puissance étrangère que l'on méprisait, mais qui pourtant accordait à Jésus le peu qu'il lui demandait : vivre parmi son peuple […].

À cause de la souillure de la vie, le Royaume de Dieu ne pouvait exister que dans le cœur de Jésus. Lui-même n'entrait en rapport avec les hommes que pour les édifier, pour développer le bon esprit qu'il croyait être le leur, afin de créer les hommes dont le monde serait le sien. Mais dans le monde réel, il devait fuir tous les rapports vivants, parce que tous étaient soumis à la loi de la mort […]. Ainsi il ne pouvait trouver la liberté que dans le vide. Toutes les formes de la vie étaient en esclavage. C'est pourquoi Jésus s'est séparé de sa mère, de ses frères et du reste de sa famille. Il ne devait aimer aucune femme, engendrer aucun enfant, il ne devait pas être un chef de famille ou un citoyen qui pût jouir avec les autres de la vie commune. Le destin de Jésus était de souffrir du destin de sa nation. Ou bien il devait le faire sien, supporter sa nécessité, partager ses plaisirs et réconcilier son esprit avec celui de ce destin, et alors il sacrifierait sa beauté, son attachement au divin ; ou bien il devait rejeter loin de lui le destin de son peuple et se replier dans une vie non développée, privée de plaisir. En aucun cas, il ne pourrait accomplir sa nature. Dans la première hypothèse, il n'en aurait senti que quelques aspects, et encore souillés. Dans la seconde, il pourrait en prendre totalement conscience, mais il n'y verrait qu'un splendide reflet de l'Être qui est la suprême vérité, et renoncerait à le sentir et à lui donner vie dans la réalité.

Jésus choisit le second destin, la scission entre sa nature et le monde, et il l'exigea de ses amis : « celui qui aime son père ou sa mère, son fils ou sa fille plus que moi, est indigne de moi ». Mais plus il ressentit profondément cette scission, moins il put la supporter pacifiquement, et son action fut la courageuse réaction de la nature contre le monde. Son combat était pur et noble parce qu'il connaissait dans toute son ampleur le destin auquel il s'opposait. La lutte que lui et la communauté fondée par lui menèrent contre la corruption a eu comme résultat d'apporter la conscience de la corruption à la corruption elle-même aussi bien qu'à l'esprit encore immaculé, et de diviser son destin. La lutte du pur et de l'impur offre un spectacle sublime, mais il devient bientôt atroce quand le sacré lui-même se trouve atteint par l'impie et qu'un mélange des deux, prétendant à la pureté, se déchaîne contre le destin : dans ces conditions le sacré lui-même devient prisonnier du destin et tombe sous son empire.

(N., p. 327-329)

Le destin

Le destin a un domaine plus étendu que le châtiment. La faute non criminelle le provoque également et c'est pourquoi il est infiniment plus rigoureux que le châtiment. Sa rigueur paraît souvent se transformer en l'injustice la plus criante et d'autant plus effrayante qu'il s'acharne aussi contre la faute la plus haute, la faute de l'innocence. En effet, les lois ne sont que des conciliations purement conceptuelles des oppositions ; leurs concepts sont loin d'épuiser la pluralité des aspects de la vie. Le châtiment n'exerce sa domination qu'à l'intérieur de la sphère consciente de la vie, dans la région où les oppositions ont été conciliées dans le concept ; mais sur les relations vitales qui n'ont pas été dissoutes, sur les aspects de la vie qui sont donnés dans une unité vivante, au-delà des limites des vertus, il n'exerce aucun pouvoir. Au contraire, le destin est incorruptible et illimité, comme la vie ; il ne connaît pas de rapports donnés, pas de distinctions de points de vue, de situations, pas de sphère propre à la vertu. Dès que la vie est blessée, quelles que soient les conditions d'équité dans lesquelles l'événement s'est produit ou le sentiment de satisfaction qui l'a accompagné, le destin apparaît, et c'est pourquoi l'on peut dire que jamais l'innocence n'a souffert, toute souffrance est une faute. Mais plus une âme pure a blessé *sciemment* la vie pour conserver le bien suprême, plus son honneur est grand. De même, la noirceur d'un crime dépend du degré de conscience avec laquelle l'âme impure a, elle aussi, blessé la vie.

Il semble qu'un destin naisse seulement d'une action d'autrui ; elle n'est pourtant que l'occasion. Ce qui le fait naître, c'est la façon d'accueillir l'action d'autrui et d'y réagir. Celui qui subit une attaque injuste peut se défendre, s'affirmer et soutenir son droit, ou bien ne pas se défendre. Avec sa réaction, souffrance résignée ou combat, commence sa faute, son destin. En aucun cas il ne subit de châtiment, ni davantage d'injustice : dans le combat, il s'accroche à son droit et le défend, mais dans la résignation il ne renonce pas non plus à son droit ; sa douleur est la contradiction consistant à connaître son droit sans avoir la force de le défendre dans la réalité ; il ne lutte pas et son destin est son absence de volonté. Celui qui combat pour ce qui est en danger, n'a pas encore perdu ce pour quoi il lutte. Mais du fait qu'il s'expose au danger, il se trouve soumis au destin, car il descend dans l'arène où on lutte force contre force, et il ose se mesurer avec un autre que lui-même. Toutefois, la bravoure est plus grande que la douleur résignée, parce que même si elle succombe, elle connaissait d'avance cette éventualité, elle a donc assumé consciemment la faute ; au contraire la passivité douloureuse reste seulement attachée à sa déficience, sans lui opposer toutes ses forces […].

(N., p. 283-284)

La belle âme

Celui qui renonce à l'objet dont un autre s'approche en ennemi, celui qui cesse de nommer sien ce sur quoi l'autre porte la main, échappe à la douleur de le perdre. Il échappe à l'action d'autrui ou de l'arbitre, il échappe à la nécessité d'agir à son tour contre autrui. Quel que soit le côté où il se sent touché, il se retire et n'abandonne à autrui qu'une chose qui lui est devenue étrangère dès l'instant de l'attaque. Or, ce renoncement à ses propres relations, qui est une abstraction de soi-même, n'a pas de limites déterminées. Plus vivants sont les rapports dont une noble nature doit se retirer parce qu'ils sont souillés, parce qu'elle ne peut plus y demeurer sans se salir, et plus grand est son malheur. Mais ce malheur n'est ni juste ni injuste ; il ne devient son destin que parce que de son plein gré elle dédaigne librement ces rapports. Toutes les douleurs qui en résultent sont légitimes ; elles constituent maintenant le destin malheureux qu'elle s'est préparé en toute connaissance de cause et c'est sa gloire de souffrir justement, car elle est bien trop au-dessus de ces droits pour vouloir voir en eux des ennemis. Et parce que ce destin réside en elle-même, elle peut le supporter face à face, car ses douleurs n'expriment pas une pure passivité, la supériorité d'une puissance étrangère, mais elles sont le fruit de sa propre action. Pour se sauver, l'homme se donne la mort ; pour ne pas voir son bien en des mains étrangères, il ne le nomme plus son bien et ainsi il s'anéantit en voulant se conserver, car ce qui serait au pouvoir d'un étranger ne serait plus lui. Mais il n'y a rien qui ne puisse être attaqué, et on peut renoncer à tout.

Le malheur peut devenir si grand que son destin, ce renoncement à la vie, le pousse à se retirer dans un vide total. Mais en s'opposant ainsi le plus complètement au destin, il s'élève simultanément au-dessus de tout destin. La vie lui est devenue infidèle, mais lui n'a pas été infidèle à la vie. Il l'a fuie mais non offensée. Il peut bien soupirer après elle comme après un ami absent, mais elle ne saurait le poursuivre comme un ennemi. Nulle part il n'est vulnérable, mais, comme la plante pudique, il se retire en lui-même à chaque contact, et avant de se faire de la vie un ennemi, avant de susciter un destin contre lui, il fuit de la vie. Ainsi Jésus exigeait de ses amis qu'ils abandonnent leur père, leur mère et tout le reste, pour ne pas accepter de lien avec un monde avili, ni, par suite, la possibilité d'un destin. Bien plus : « À celui qui te prend ta tunique, donne aussi ton manteau ; si un membre te gêne, coupe-le. » La liberté suprême est l'attribut négatif de la belle âme, à savoir la possibilité de renoncer à tout pour se conserver. Mais « celui qui veut sauver sa vie la perdra ». Ainsi, la faute suprême peut s'allier à la suprême innocence, le destin suprême, le plus malheureux, à l'élévation au-dessus de tout destin.

(N., p. 285-286)

L'amour

L'idée que l'amour doit s'étendre à tous, même à ceux qu'on ne connaît pas, et avec qui on n'a aucun rapport, cet amour universel est une invention insipide, mais caractéristique des époques qui, précisément parce que leur réalité est pauvre, se plaisent à poser des exigences idéales […]. Mais un être idéal (l'homme en général) ne peut être un être aimé. Certes, « l'amour ne peut être ordonné », c'est une « passion », une « inclination[22] » – mais il ne perd rien de sa grandeur, il n'est nullement diminué du fait que son essence ne consiste pas à maîtriser ce qui lui est étranger. Cela ne signifie nullement qu'il occupe un rang inférieur par rapport au devoir et au droit. Au contraire, sa gloire est plutôt de n'exercer aucune domination, de ne dresser aucune force hostile contre personne. « L'amour est vainqueur » ne signifie pas, comme dans le cas du devoir : il a vaincu l'ennemi, mais : il a vaincu la haine. C'est déshonorer l'amour que d'ordonner d'aimer […]. On peut seulement dire : tu dois aimer. Mais l'amour lui-même n'énonce aucun devoir. Il n'est pas un universel opposé à un particulier ; il n'est pas unité conceptuelle, mais unité spirituelle, divinité. Aimer Dieu, c'est se sentir dans le Tout de la vie, sans limites, à l'infini : dans ce sentiment de l'harmonie il n'y a aucune universalité abstraite, car dans l'harmonie il n'y a pas conflit mais accord avec le particulier. « Aime ton prochain comme toi-même » ne veut pas dire : aime-le autant que toi, car s'aimer soi-même est

22. Citations de Kant.

une expression dépourvue de sens, mais « aime-le en tant qu'il est toi ». L'amour est le sentiment de l'égalité de la vie, non de sa force ou de sa faiblesse. C'est seulement par l'amour qu'on peut briser la puissance de l'être objectif parce que l'amour détruit la totalité de son domaine. Les vertus, en raison de leurs limites, laissent toujours un être objectif en dehors de leur sphère [...] l'amour seul n'a pas de limites.

(N., p. 265-266)

Il n'y a de véritable union, d'amour proprement dit qu'entre des vivants de puissance égale, qui sont donc entièrement vivants les uns pour les autres, qui ne présentent aucun aspect mort les uns pour les autres à aucun point de vue. L'amour exclut toutes les oppositions. Il n'appartient pas à l'entendement dont les relations laissent toujours subsister le divers en tant que tel et dont l'unité est elle-même faite d'oppositions. L'amour n'est pas comme la raison dont le pouvoir déterminant s'oppose au déterminé. L'amour ne limite rien, n'est rien de limité, rien de fini. C'est un sentiment, mais non un sentiment particulier. Le sentiment particulier n'est qu'une vie partielle, non la vie totale. Dispersée à travers la diversité des sentiments particuliers, la vie totale tente en vain de se retrouver dans l'ensemble de la diversité. Dans l'amour, cette vie totale n'est pas contenue comme dans une somme de sentiments multiples, particuliers et séparés. Dans l'amour, la vie se retrouve elle-même comme un redoublement d'elle-même et comme l'unité avec elle-même. La vie a ainsi parcouru un cycle de développement depuis l'unité non développée jusqu'à l'union accomplie : à l'unité non développée s'opposait la possibilité de la séparation et le monde ; au cours du développement, la réflexion a produit toujours plus d'oppositions conciliées par la satisfaction des désirs jusqu'à ce qu'elle eût opposé la totalité même de l'homme à l'objectivité. Finalement l'amour anéantit l'objectivité, supprime et dépasse la réflexion, annule tout ce qui donne à l'opposé le caractère d'un être étranger, et la vie se retrouve elle-même, mais exempte désormais de toute incomplétude. Dans l'amour, ce qui était séparé subsiste non plus comme séparé, mais comme uni, et la vie (comme sujet) sent la vie (comme objet).

L'amour étant un sentiment de la vie, les amants ne peuvent se distinguer que dans la mesure où ils sont *mortels,* où ils pensent à cette *possibilité* de la séparation, sans que cela signifie qu'il y ait eu *réellement* séparation, sans que cela signifie que le possible uni à l'être fût devenu une réalité. Il n'y a pas de matière dans les amants, ils sont un tout vivant. Dire que les amants gardent une indépendance, ont chacun leur propre principe de vie, signifie seulement : ils peuvent mourir. Dire que la plante contient du sel et des éléments terreux portant en eux les propres lois de leur mode d'activité, c'est la réflexion d'un être étranger à elle. Cela signifie seulement que la plante peut se décomposer. Mais l'amour tend à supprimer cette distinction (entre les amants), à supprimer cette possibilité même comme simple possibilité, et à assumer l'union même de ce qui est mortel, à le rendre immortel.

Tant que la scission garde sa réalité propre avant l'union complète, elle embarrasse les amants. Entre l'abandon total – qui est la seule suppression possible de l'opposition, son anéantissement dans l'union – et l'indépendance encore existante il y a un conflit : l'union est entravée par l'indépendance. L'amour s'indigne si une partie de l'individualité est tenue en réserve comme sa propriété privée, et cette irritation de l'amour à l'égard de l'individualité est la pudeur. La pudeur n'est pas une réaction de l'élément mortel, n'est pas une expression de la liberté de se conserver, de subsister. En présence d'avances faites sans amour, un cœur plein d'amour se sent blessé par cette véritable marque d'hostilité. Sa pudeur devient la colère qui défend son bien et son droit. Si la pudeur n'était pas un effet de l'amour, l'expression de sa révolte à l'égard d'une réalité hostile, si elle était par sa nature même un mouvement haineux de défense d'un bien vulnérable, alors il faudrait dire que la pudeur est le trait le plus caractéristique des tyrans – et aussi des filles qui n'abandonnent leurs charmes que contre argent ou des coquettes qui les utilisent comme des moyens de séduction. Mais aucun de ces êtres n'aime réellement. La façon dont elles défendent leur corps mortel est le contraire de l'indignation qu'il peut susciter : elles lui accordent une valeur propre et sont sans pudeur.

Un cœur pur n'a pas honte d'aimer, mais il a honte à la pensée que l'amour n'est pas parfait. L'amour se sent fautif à l'idée qu'une puissance, qu'une réalité hostile, fait encore obstacle à son accomplissement. La pudeur n'intervient qu'au souvenir du corps, ou du fait de la présence d'une personne qui se ferme, ou dans le sentiment de ce qu'une individualité a d'exclusif. Elle n'est pas une peur *pour* ce qui est mortel, personnel, mais elle est la crainte *de* ce qui est mortel, une peur qui disparaît à mesure que l'amour réduit la scission. L'amour est plus fort que la crainte. Il ne craint pas sa crainte, mais guidé par elle, il met fin à la séparation, appréhendant de rencontrer une résistance, voire une barrière infranchissable. C'est un accueil et un don réciproque ; timide, dans la crainte que ses présents ne soient dédaignés, qu'une opposition ne résiste à son accueil, il essaie de voir si son espoir ne sera pas déçu, s'il se trouve lui-même tout entier. L'être qui reçoit n'en devient pas par là plus riche que l'autre ; il s'enrichit sans doute, mais enrichit l'autre d'autant. De même celui qui donne ne s'appauvrit pas ; en donnant à l'autre, il accroît d'autant son propre trésor ; comme dit Juliette dans *Roméo,* « plus je donne et plus je possède »… Cette richesse de vie, l'amour l'acquiert dans l'échange de toutes les pensées, de toutes les diversités des âmes, en recherchant d'infinies distinctions et en trouvant des conciliations à l'infini, en s'adressant à toute la diversité de la nature, pour puiser l'amour dans chaque vie. Ce qu'il a de plus personnel dans chaque amant s'unit avec le tout par le contact avec l'autre, jusqu'à la suppression de toute conscience individuelle, de toute distinction entre les amants. L'élément mortel, le corps, a dépouillé le caractère de la séparabilité, et un germe d'immortalité, un germe de la vie qui se développe et se produit sans cesse à partir d'elle-même : un enfant est venu au monde. Ce qui est uni [dans l'enfant] ne se sépare plus à nouveau ; la divinité a agi et créé.

Mais cette union [l'enfant] n'est qu'un point [un être indifférencié] un germe. Les amants ne peuvent rien lui adjoindre de façon à produire en lui un divers, leur union est affranchie de toute division, elle n'a plus affaire à un opposé. Tout ce qui rend possible une vie diversifiée, une existence individuelle, l'être nouvellement créé [l'enfant] doit le tirer de lui-même, l'opposer et le concilier en lui-même. Dans son éclosion, le germe quitte son unité primitive, se dirige toujours plus vers l'opposition et commence son développement. Chaque degré de son développement est une scission, et son but est de regagner toute

la richesse de la vie elle-même. Ainsi le processus est le suivant :
l'être un, les êtres séparés et l'être de nouveau unifié. Les êtres unis
se séparent de nouveau, mais dans l'enfant, l'union elle-même est
devenue indissoluble.

L'union de l'amour est bien totale, et elle le demeure dans la
mesure seulement où les êtres distincts s'opposent comme l'amant
s'oppose à l'aimé, où, par conséquent, chaque opposé est un organe
d'un tout vivant. Par ailleurs les amants se trouvent en rapport avec
beaucoup de réalité morte ; chacun possède beaucoup de choses,
se rapporte à des opposés qui demeurent à ses yeux des opposés,
des objets. Ainsi les amants peuvent toujours s'opposer de diverses
manières dans l'acquisition et la possession de biens et droits divers.
La réalité morte qui se trouve au pouvoir de l'un d'eux est opposée à
tous les deux, et il semble qu'ils ne puissent s'accorder sans la faire
tomber sous la domination des deux. L'amant qui voit l'autre en
possession d'un bien doit se sentir en présence d'une individualité
séparée qui a voulu cette possession. De lui-même il ne peut supprimer
la domination exclusive de l'autre, car ce serait de nouveau une
opposition à la puissance de l'autre, puisqu'on ne peut se mettre en
rapport avec un objet autrement qu'en le dominant ; il opposerait
ainsi une domination à la souveraineté de l'autre et supprimerait une
modalité de l'autre, c'est-à-dire sa volonté d'exclure les autres de sa
propriété. Puisque la possession et la propriété ont tant d'importance
pour l'homme, et tiennent tant de place dans ses soucis et ses pensées,
les amants ne peuvent pas non plus s'abstenir de réfléchir sur cet
aspect de leurs rapports. Même si l'usage de la chose est commun, le
droit de posséder reste seulement en suspens, mais l'idée de ce droit
n'est pas oubliée, car tout ce que les hommes possèdent a la forme
juridique de la propriété. Si le possesseur accorde à l'autre un droit
égal à posséder, la communauté des biens n'est pourtant que le droit
de chacun sur la chose […].

(N., p. 382)

Le destin de la propriété a pris pour nous trop d'ampleur pour
que nous acceptions d'en faire l'objet de réflexions, pour que nous
puissions imaginer la séparer de nous. Encore faut-il savoir que la

possession de la richesse, avec tous les droits et aussi tous les soucis qu'elle comporte, introduit dans l'homme des déterminations dont les limites fixent aux vertus leurs frontières, leur imposant des conditions et des assujettissements. À l'intérieur de ces limitations il y a sans doute place pour les devoirs et les vertus, mais elles n'autorisent aucune totalité, aucune plénitude de vie, parce que la vie y est liée à des objets et trouve ses conditions hors d'elle-même, parce que les choses qui lui sont accordées, en propre, ne peuvent jamais devenir sa propriété. La richesse trahit immédiatement son opposition à l'amour, à la totalité, dans le fait qu'elle est comprise comme un droit, à l'intérieur d'une pluralité de droits, d'où résulte que la vertu qui se rapporte immédiatement à elle, l'honnêteté aussi bien que les autres vertus possibles dans sa sphère, sont nécessairement liées à des exclusions [excluent d'autres vertus].

(N., p. 213-214)

Chapitre II

Fragments d'un système
(1800)

La vie et les vivants

Parmi les oppositions, il y a la multiplicité des vivants. Les vivants doivent être considérés comme des organisations. La multiplicité de la vie doit être conçue comme un être opposé à soi-même. Chaque partie de cette multiplicité (et cette partie est elle-même une multiplicité infinie, puisqu'elle est vivante) a la détermination d'être union avec soi-même. Le reste (également une multiplicité infinie) doit être considéré uniquement dans son opposition à la partie [détachée de l'ensemble], comme étant uniquement par sa séparation d'avec elle. Or la partie est, elle aussi, déterminée comme étant uniquement par sa séparation d'avec le reste. Elle s'appelle une organisation, un individu. Or la connexion entre ces individus séparés est aussi essentielle que leur séparation. Il s'ensuit que la diversité de la Vie peut être considérée également comme la Vie elle-même se divisant et se présentant comme une pure multiplicité. En effet, toute organisation vivante a la possibilité d'entrer en connexion avec ce qu'elle exclut et avec ce qui l'exclut, la possibilité donc de perdre son individualité. Chaque tout organique exclut le divers et existe en opposition avec lui. Or ce divers n'est pas une diversité absolue, mais possède, lui aussi, des connexions internes et est également lié au vivant qu'il exclut.

Le concept d'individualité implique donc à la fois une opposition à la diversité infinie et une liaison avec elle. Un homme est une vie individuelle pour autant qu'il maintient son *altérité* par rapport à tous les éléments et à toute l'infinité des vies individuelles en dehors de lui. Mais en même temps il n'est une vie individuelle que dans la mesure où il fait un avec tous les éléments et avec toute l'infinité de la vie en dehors de lui. Il n'existe que pour autant que le tout de la vie est divisé en parties, lui-même étant une partie, et tout le reste une autre partie ; mais en même temps il n'existe que pour autant qu'il n'est pas seulement une partie et que rien n'est séparé de lui.

Si nous employions comme point de départ la vie indifférenciée, nous pourrions considérer les vivants comme des extériorisations, comme des manifestations de cette vie indivise. Or ce qui se pose en même temps que ces extériorisations est l'infinie multiplicité des êtres vivants ; mais alors la réflexion solidifie cette multiplicité (fluide) et la transforme en points fixes, permanents, stables : en individus.

Si au contraire nous partons des vies individuelles et plus précisément de nous-mêmes qui réfléchissons, la vie en dehors de nous apparaît comme une vie infinie d'une diversité infinie, avec des oppositions et des liaisons infinies. En tant que multiplicité, c'est une multiplicité infinie d'organismes, d'individus ; en tant qu'unité, c'est un tout organique unique, fait de séparations et d'unions : la Nature. La Nature est un produit de la Vie. Car c'est la réflexion qui a introduit dans la Vie ses concepts de liaison et de séparation ; c'est elle qui a distingué au sein de la vie le particulier existant pour soi-même de l'universel unifiant, le limité de l'illimité. Ce faisant, elle a transformé la Vie en Nature.

Vie et divinité

En elle-même, la Vie est une infinité de vivants, une infinité de formes. Comme nature, elle est un fini infini, un limité illimité : l'union et la séparation du fini et de l'infini sont immanentes à la Nature. Il s'ensuit que la Nature n'est pas la Vie, mais la Vie solidifiée par la réflexion. Même la réflexion la plus valable [Schelling] ne peut pas donner un autre résultat. Or toutes les fois qu'elle se rapporte à la nature par la pensée, la contemplation ou quelque autre moyen, la vie éprouve toujours la contradiction, l'opposition qui existe entre elle-même et la vie infinie. En d'autres termes, la raison se rend compte combien cette manière de poser, de considérer la Vie est unilatérale. C'est pourquoi, des formes mortelles et passagères qui s'opposent et se combattent à l'infini, la vie pensante extrait le vivant et le libère de la mort. De la multiplicité, elle extrait le lien qui l'unifie et le dépouille de tout ce qu'il y a de mort et de meurtrier dans le multiple. Ce lien qui n'est pas seulement unité, une abstraction, mais Vie infinie, toute-vivante et toute-puissante, elle le nomme *Dieu*. Ce faisant, elle cesse d'être seulement pensée ou contemplation car son objet ne comporte en soi rien de réfléchi, d'inanimé.

Cette élévation de l'homme non du fini à l'infini (car ces deux termes sont des produits de la réflexion et indiquent une séparation infinie), mais de la vie finie à la vie infinie, c'est la *religion*. Cette vie infinie, nous pouvons l'appeler *Esprit* par opposition à la multiplicité abstraite, parce que l'Esprit est l'unité vivante du divers qui s'oppose au divers pour autant que celui-ci est lui-même une forme de l'Esprit, non pas une multiplicité morte, séparée de l'Esprit. Car, dans ce cas, l'Esprit serait seulement l'Unité qu'on appelle loi, c'est-à-dire une abstraction sans vie. L'Esprit est la loi vivifiante dans son union avec le divers, lequel est alors lui-même animé de vie. Quand l'homme considère cette diversité animée comme une pluralité, mais comme une pluralité liée avec l'esprit vivifiant, les vies individuelles deviennent des organes d'un tout et le tout devient une infinie totalité de vie. Quand, en même temps, il pose cette vie infinie, qui est l'Esprit qui anime le tout, en dehors de lui-même (car il n'est lui-même qu'un être limité), et quand, en même temps, il pose son propre être hors de sa limitation et s'élève ainsi jusqu'au vivant, s'unissant intimement à lui, *alors il adore Dieu*.

Mais du fait que le divers n'est pas considéré comme séparé, mais se présente comme entièrement lié à l'Esprit vivant, vivifié par lui, comme un organe, quelque chose est exclu : la matière morte, et il en résulte une incomplétude et une opposition. En d'autres termes, quand on pose le divers uniquement dans sa liaison avec l'Esprit, comme organe, l'élément même de l'opposition se trouve exclu. Or la Vie ne peut pas être considérée uniquement comme union, comme liaison ; elle se présente aussi comme opposition[23]. Si je dis qu'elle est *union* d'opposition et de liaison, on peut de nouveau isoler cette *union* et objecter que *union* s'oppose à *non-union*. Je devrais donc m'exprimer ainsi : *la vie est union de l'union et de la non-union.* Toutes ces expressions sont des produits de la réflexion, et c'est pourquoi dès qu'un terme est posé, on peut toujours montrer qu'un autre terme est par là même non posé, exclu. Or il faut arrêter une fois pour toutes ce chassé-croisé interminable d'une expression à l'autre en faisant remarquer que ce qui, par exemple, a été désigné plus haut[24] par l'expression *union de la synthèse et de l'antithèse* n'est pas un produit de la réflexion, de l'entendement : au contraire, sa seule caractéristique aux yeux de la réflexion est précisément d'être en dehors de la réflexion. Dans le tout vivant sont posés en même temps la mort, l'opposition et l'entendement, parce que le divers est vivant et peut, en tant que vivant, se poser comme un tout. Il ne cesse pas pour autant d'être une partie, c'est-à-dire un être butant sur la matière morte et étant traité de matière morte par les autres. Le fait que la vie est essentiellement fragmentaire est transcendé dans la religion. La vie limitée s'élève à la vie infinie : si le fini porte en lui la possibilité de s'élever à la vie infinie, c'est parce que le fini lui-même est vie.

La philosophie doit donc s'arrêter devant la religion parce qu'elle est une pensée et implique, par conséquent, une opposition soit entre la pensée et la non-pensée, soit entre la pensée et les objets de la pensée. Sa tâche est de montrer la finitude des choses finies et d'exiger qu'elles trouvent leur plénitude et leur perfection par la raison.

Cette élévation du fini à l'infini, considérée comme une élévation de la vie finie à la vie infinie, nous l'appelons religion parce que la religion ne traite pas l'infini comme un produit subjectif ou objectif de la réflexion et ne l'obtient pas en additionnant le limité et ce qui le limite. Si elle procédait ainsi, l'illimité serait aussitôt reconnu comme un produit de la réflexion et donc comme quelque chose de limité qui de nouveau se mettrait en quête de ce qui le limite, et

---

23. L'opposition entre la vie et la non-vie, l'organique et l'inorganique est la condition même de la vie (N.d.T.).
24. Dans une partie perdue du manuscrit (N.d.T.).

ainsi de suite jusqu'à l'infini. Certes, cette activité de la raison est-elle déjà une élévation à l'infini, mais cet infini est (un faux infini : le faux infini)[25].

Transfiguration des choses dans la religion

(*Le Temple.*) Pour toutes les nations, le temple placé face à l'Orient était le centre. Pour les adorateurs du Dieu invisible (les Juifs) ce temple n'était qu'un espace sans forme, un lieu. Mais ce pur opposé, cette chose purement objective, purement spatiale, ne demeure pas nécessairement enfoncée dans l'imperfection de l'objectivité matérielle. (La construction du temple donne une forme et une signification spirituelles à la matière) et en recevant la forme, l'objectivité (matérielle) retourne à sa propre subjectivité (spirituelle). Le sentiment du divin, l'Infini senti par le fini n'atteint donc sa plénitude et sa perfection que dans la mesure où la réflexion s'y introduit et s'y installe. Mais aux yeux de la réflexion le sentiment est quelque chose de purement subjectif ; la réflexion ne peut que prendre conscience du sentiment ; sa relation au sentiment est une réflexion séparée sur le sentiment séparé. Par contre, l'objectivité spatiale pure fournit un point d'union à la foule, et lorsque, par surcroît, cette objectivité reçoit une forme, elle se transforme, grâce à la subjectivité qui lui est adjointe, en une objectivité qui n'est plus réelle, mais (idéelle), seulement possible : elle peut être pensée comme objectivité, mais elle ne l'est pas nécessairement, n'étant pas une objectivité pure.

De même que nous avons posé plus haut[26] la nécessaire antinomie du temps et plus précisément celle de l'instant et du temps (total) de la vie, nous voyons ici l'antinomie de l'objet et de l'espace. Car ici, l'être infini qui remplit l'espace incommensurable se trouve en même temps en un lieu déterminé, un peu comme il est dit dans l'hymne :

Celui que tous les cieux des cieux ne peuvent contenir,
Voilà qu'il repose dans le sein de Marie.

25. Le manuscrit s'arrête ici.
26. Dans une partie perdue du manuscrit.

Comportement religieux à l'égard des objets

Traitant plus haut de la vie religieuse, nous disions que la relation de l'homme aux objets, son activité, est une conservation en vie ou une vivification de ces objets. Nous disions aussi que son destin l'oblige à laisser subsister l'objectif comme objectif, à réduire même le vivant à l'état d'objet. Il se peut que cette chosification ne soit pas perpétuelle et que la vie se retire de l'objet, le libère de sa domination et abandonne ce qu'elle opprime à sa propre vie et résurrection. Mais il est nécessaire que la vie se mette en une relation permanente avec les objets et qu'elle les maintienne dans leur objectivité, allant même jusqu'à les détruire complètement.

C'est pourquoi même l'union religieuse la plus accomplie (ne supprime pas complètement l'opposition entre le sujet et l'objet, mais) laisse subsister une certaine hypocrisie due au fait, précisément, que l'on retient pour soi certains biens particuliers. Cet *avoir* stable des choses empêche l'homme de remplir les conditions négatives préalables de la religion, à savoir d'être libre de toute objectivité absolue, de s'être élevé au-dessus de toute vie finie. Ayant gardé quelque chose pour lui, étant toujours impliqué dans un rapport de domination et de dépendance, il est incapable de s'unir à la vie infinie. C'est pourquoi il offre en sacrifice une partie de ses biens, mais une partie seulement, car le destin lui interdit de s'en détacher complètement et son destin est inéluctable et ne peut être supprimé. De ses offrandes, il sacrifie une partie devant la divinité ; le reste, il le détruit en lui enlevant le caractère d'être sa propriété privée : en le partageant avec ses amis. L'inutilité et la superfluité de cette destruction est d'ailleurs une négation supplémentaire de la propriété privée. C'est seulement grâce à cette destruction gratuite, grâce à cette destruction pour la destruction, qu'il rachète les destructions qu'il a causées pour ses intérêts particuliers. En même temps il a nié l'objectivité des objets en se livrant à une destruction qui ne lui rapporte rien et qui apporte cette négation complète de tous les rapports qu'on appelle *mort*. Si la nécessité d'un anéantissement intéressé des objets demeure, cette destruction gratuite des objets se produit périodiquement et se révèle être la seule façon religieuse de se comporter à l'égard des objets absolus.

La vie liturgique

Disons aussi brièvement que (dans le temple) tout le reste de l'environnement spatial doit moins attirer le regard sur lui-même par une beauté inutile, que le diriger, par des enjolivements appropriés, sur autre chose ; et ensuite, que c'est l'essence même du culte de supprimer la considération intellectuelle ou intuitive du Dieu objectif, ou plutôt de l'amener à une fusion avec la subjectivité dans une joie vivante, grâce au chant et au mouvement corporel. Ce dernier est en effet un type d'expression de la subjectivité qui peut, comme l'oraison solennelle, être rendu objectif et beau par la soumission à certaines règles : en se transformant en danse. Le même résultat peut être obtenu ainsi par l'introduction d'une certaine variété dans les démarches, par toutes sortes d'ordonnances concernant la manière d'apporter des offrandes, de faire les sacrifices, etc. Or la variété des rites et le nombre des participants exigent qu'il y ait de l'unité, un certain ordre, c'est-à-dire quelqu'un pour mettre de l'ordre et pour commander : un prêtre. Quand, sous la pression des besoins, les hommes diviseront (le travail et) leur vie extérieure, le prêtre aura nécessairement, lui aussi, une position à part.

Degrés de l'union religieuse

Une élévation complète de la vie finie à la vie infinie laisserait aussi peu de place que possible au fini et au limité, c'est-à-dire au subjectif et à l'objectif proprement dits. En outre, elle impliquerait une résorption complète de toutes les oppositions qui surgissent chaque fois que le fini s'élève et s'intègre dans l'infini. Mais cette union religieuse plus parfaite n'est pas une condition absolument nécessaire. *Toute* élévation du Fini jusqu'à l'Infini considéré comme Vie est Religion. Mais le degré de l'opposition et de la réconciliation, dont une époque est capable, est chose contingente. La plénitude la plus parfaite est accessible aux peuples dont la vie est aussi peu déchirée et divisée que possible, c'est-à-dire aux peuples heureux [les Grecs]. Les peuples moins heureux [les Juifs, les Chrétiens, les contemporains de Hegel] ne peuvent atteindre un tel degré de plénitude, car, vivant dans un état de séparation, les hommes sont obligés de porter toute leur attention sur le maintien d'un des termes (de l'opposition), à savoir de leur propre autonomie. Ils ne peuvent pas aspirer à la perdre ; leur plus grande fierté est de s'attacher fermement à la séparation tout en sauvegardant l'unité suprême.

La situation de l'époque

Peu importe en ce cas que l'on cherche cette unité du côté de la subjectivité [Fichte] qu'on investit d'une parfaite autonomie, ou qu'on cherche cette unité dans la direction opposée [le christianisme traditionnel] et qu'on la trouve dans un Être étranger, lointain, inaccessible. Les deux attitudes semblent d'ailleurs pouvoir se combiner, car il est fatal que le Moi soit de plus en plus pur et l'Objet de plus en plus lointain et élevé au-dessus de l'homme, au fur et à mesure que la séparation entre le Moi et l'Objet devient de plus en plus forte. Plus l'intérieur grandit et se sépare, et plus à son tour l'extérieur grandit et se sépare. Et plus aussi, quand ce dernier est posé comme l'absolument indépendant, l'homme doit paraître asservi. Or c'est précisément cet *esclavage* sous l'Objet immensément grand qu'on affirme être la condition humaine. Il importe peu de savoir quel est l'aspect de cet esclavage qui frappe le plus la conscience humaine : l'un craint un Dieu qui, infiniment élevé au-dessus des cieux, au-dessus de toute liaison (à l'homme) et de toute appartenance (au monde), plane dans sa toute-puissance au-dessus de toute nature ; tandis que l'autre (Fichte) se pose au contraire lui-même comme Moi pur au-dessus des « ruines de ce corps », au-dessus des « brillants soleils », au-dessus des « myriades de corps célestes et de systèmes solaires »[27] !

Quand la séparation est absolue, il importe peu de savoir si c'est le subjectif ou l'objectif qui sera fixé. Dans les deux cas, l'opposition demeure de l'absolument fini et l'absolument infini. Dans les deux cas, l'élévation de la vie finie à la vie infinie est conçue comme une élévation *au-dessus* de la vie finie. Dans les deux cas, ce qui est censé être la plénitude parfaite de l'Infini est son opposition à la totalité,

27. Les mots entre guillemets sont tirés de l'ouvrage de Fichte, *Appel au public* (1799).

c'est-à-dire à l'infinité du Fini : non la suppression de cette opposition en une belle unification, mais la suppression de cette unification. Ainsi l'opposition signifie que le Moi plane au-dessus de toute nature, ou bien que tout dépend, ou mieux : se rapporte à un Être qui se situe au-dessus de toute nature.

Cette religion (fichtéenne) peut être sublime, effroyablement sublime, mais elle n'est pas belle et humaine. Et notamment, la (doctrine fichtéenne de la) félicité, conçue comme un état dans lequel le Moi s'oppose à tout et tient tous sous ses pieds, est un phénomène bien caractéristique de notre temps. Au fond, cette doctrine est en tout point semblable à la doctrine (chrétienne) qui enseigne la dépendance à l'égard d'un être étranger (Dieu), qui ne peut pas devenir homme ou qui, s'il l'est devenu dans le temps, reste toujours, au sein même de cette union avec l'humanité, un être absolument particulier, absolument Unique (Jésus). Quoi qu'il en soit, cette attitude serait la plus digne et la plus noble s'il s'avérait que l'union avec le temps ne peut être que vile et infâme.

Le 14 septembre 1800

(N., p. 345-351)

Chapitre III

Situation du Système dans l'histoire
de la philosophie

(Chaque système philosophique est une nouvelle et plus profonde définition de l'Absolu. Signification de l'histoire de la philosophie.)

Les divers degrés de l'Idée logique nous les rencontrons dans l'histoire de la philosophie sous forme de systèmes philosophiques successifs dont chacun a pour fondement une définition particulière de l'Absolu. Ainsi, de même que le développement de l'Idée logique consiste en un passage de l'abstrait au concret, de même dans l'histoire de la philosophie, les systèmes qui sont venus les premiers sont les plus abstraits et donc les plus rudimentaires. Mais le rapport des systèmes philosophiques antérieurs à ceux qui leur ont succédé est en général le même que celui qui existe entre les premiers degrés de l'Idée logique et ceux qui les suivent ; autrement dit, les systèmes postérieurs contiennent ceux qui les ont précédés comme des moments supprimés et dépassés.

C'est là la véritable signification méconnue de la réfutation d'un système par un autre et plus précisément d'un système antérieur par un système postérieur, telle qu'elle a lieu dans l'histoire de la philosophie. La réfutation d'une doctrine philosophique, on l'entend ordinairement dans un sens abstrait et négatif, qui implique que la doctrine réfutée n'a pas de valeur et doit être mise de côté comme une doctrine vieillie et épuisée. S'il en était ainsi, l'étude de l'histoire de la philosophie serait une bien triste occupation, puisqu'elle nous apprendrait comment, dans le cours du temps, tous les systèmes philosophiques successifs ont trouvé leur réfutation. Mais si, d'un côté, il est vrai que toutes les philosophies ont été réfutées, de l'autre côté, on doit, avec tout autant de raison, soutenir qu'aucune philosophie n'a été réfutée, et même qu'elle ne peut être réfutée. Cela est vrai pour deux raisons : d'abord, parce que toute philosophie qui mérite ce nom a pour contenu l'Idée en général, et ensuite, parce que chaque système philosophique représente un moment ou un degré particulier dans le développement de l'Idée. Par conséquent, réfuter une philosophie veut dire uniquement qu'on a franchi ses limites, et que son principe a été dépassé et ramené au rôle d'un moment. Ainsi l'histoire de la philosophie, pour ce qui concerne son contenu essentiel, ne se déploie pas dans le passé, mais dans l'éternel et l'absolument présent : en la considérant dans ses résultats, on ne doit pas se la représenter comme un tableau où viennent se dérouler les erreurs de l'esprit, mais plutôt comme un Panthéon de formes divines.

(E., § 86, add. 2, I, p. 204-206)

L'artisan qui se met à l'œuvre (dans l'histoire de la philosophie) est, depuis des millénaires, le même esprit vivant qui, par son activité pensante, prend conscience de ce qu'il *est* et qui dans la mesure où il devient son propre objet le dépasse et s'élève à un plus haut degré d'existence. Dans les divers systèmes qui ont paru dans le temps, l'histoire de la philosophie montre une seule et même philosophie dans différentes étapes de sa formation ; et elle montre que les principes particuliers de chaque système ne sont que des parties d'un seul et même tout. La dernière philosophie dans l'ordre du temps est le résultat de toutes les philosophies précédentes, et doit, par conséquent, en contenir les principes.

(E., § 13, I, p. 59)

Le panthéisme

La sublimité de la vision du monde oriental est de donner une portée illimitée à l'individualisation dans des formes concrètes singulières [...] car en toutes choses elle voit l'Un, et cet Un, qui à le considérer pour soi est abstrait, elle le revêt de toute la magnificence et la splendeur de l'univers naturel et spirituel. L'âme de leurs poètes se plonge dans cet océan, y noie tous les besoins, les buts et les soucis d'une vie mesquine, terre à terre, et savoure à longs traits tous les délices que procure cette liberté à laquelle toute la beauté du monde sert d'ornement et de parure.

Le terme panthéisme, ou plutôt l'expression allemande dans laquelle on le traduit lorsqu'on dit que Dieu est Un et Tout (*En kai Pan*) conduit à la fausse représentation que dans la religion, ou la philosophie panthéiste, tout, c'est-à-dire chaque existence considérée dans sa finitude et dans son isolement, serait Dieu ou considéré comme Dieu. On aurait ainsi divinisé le fini dans son être immédiat. Une telle supposition ne peut venir qu'à un entendement borné [...] dont l'horizon ne dépasse pas la sagesse scolaire [...]. Une telle absurdité n'est venue à l'esprit d'aucun homme, sauf de ceux qui en accusent le panthéisme. Celui-ci est plutôt l'opposé de la manière de voir qu'ils lui attribuent. Le fini, le contingent *n'est pas* ce qui subsiste pour soi. Il est affirmé uniquement dans la mesure où il est la manifestation, la révélation de l'Un, l'apparition de celui-ci, apparition qui n'est pour soi que contingence. Mais ce qui prédomine est son *côté négatif* : son évanouissement dans la force qui l'anime, bref, l'idéalité de tout être particulier qui n'existe qu'en tant que point de départ. S'opposant à cette manière de voir, l'entendement tient que les choses sont pour soi, qu'elles ont leur être en elles-mêmes, et conclut que, selon le panthéisme, ce sont ces choses essentiellement finies qui sont divines et même doivent être Dieu. Les critiques du panthéisme tiennent la finitude des choses pour absolue ; ils ne peuvent pas la penser comme quelque chose qui est transcendé et disparaît dans l'union avec le divin ; c'est pourquoi ils croient que dans l'union avec le divin la finitude des choses se maintient toujours à l'existence. Aussi disent-ils que grâce au panthéisme le fini devient infini. La vérité est plutôt qu'il n'a plus aucun être.

L'expression « systèmes philosophiques de la substantialité » est préférable à celle de « système du panthéisme » à cause de la fausse représentation qui est attachée à ce terme. Parmi les anciens systèmes on doit mentionner le système éléatique, parmi les modernes le système spinoziste. Ces systèmes sont plus cohérents que les religions (qui leur correspondent) puisqu'ils demeurent dans l'élément de l'abstraction métaphysique.

> (*Preuves de l'existence de Dieu*,
> *Jubiläumsausgabe*, XVI, p. 508-510)

La substance spinoziste

Spinoza est un point crucial dans la philosophie moderne. L'alternative est : spinozisme ou pas [de] philosophie […]. Quand on commence à philosopher on doit tout d'abord être spinoziste. L'âme doit se baigner dans cet éther d'une substance unique dans laquelle tout ce qu'on a cru vrai a disparu. Chaque philosophe doit arriver à cette négation de tout ce qui est particulier ; c'est la libération de l'esprit et son fondement absolu.

> (*Histoire de la philosophie*,
> *Jubiläumsausgabe*, XIX, p. 374-376)

On a reproché au système spinoziste d'être un panthéisme et un athéisme. Sans doute, la substance absolue de Spinoza n'est-elle pas encore l'Esprit absolu, et l'on a raison de demander que Dieu soit défini comme tel. Mais lorsqu'on prétend que Spinoza a confondu Dieu avec la nature et les choses finies, on suppose que celles-ci possèdent une réalité positive. En partant de cette supposition on est facilement conduit à l'unité de Dieu et du monde, à rabaisser l'existence de Dieu à l'existence des choses extérieures, multiples et finies. Mais indépendamment du fait que Dieu, chez Spinoza, n'est pas l'unité de Dieu avec le monde, mais l'unité de la pensée et de l'étendue (le monde matériel), on pourrait remarquer que lors même qu'on se ferait, comme dans le premier cas, une notion inexacte, cette unité prouverait que dans le système de Spinoza le monde est plutôt une existence phénoménale qui ne possède aucune vraie réalité. Ce système, où l'on pose en principe que Dieu seul existe, ne devrait pas être accusé d'athéisme, mais bien plutôt d'acosmisme.

Les peuples qui adorent les singes, les vaches, des statues de bronze comme des dieux, passent pour avoir une religion. C'est que l'homme ne se défait pas aisément de la présupposition même de la représentation sensible : de l'idée que l'agrégat des choses finies qu'on appelle le monde a une vraie réalité. Entre Dieu et le monde, on se décidera bien plus difficilement pour la réalité de Dieu que pour la réalité du monde. On admettra plus facilement – ce qui ne fait pas notre éloge – un système qui nie Dieu qu'un système qui nie le monde, et on trouvera qu'il est bien plus compréhensible de nier Dieu que de nier le monde.

(E., § 50, I, p. 147-148)

La substance est un degré essentiel dans le développement de l'Idée. Cependant elle n'est pas l'Idée elle-même, l'Idée absolue, mais l'Idée sous la forme encore limitée de la nécessité. Or Dieu est bien la nécessité, ou, comme on pourrait aussi dire, la *Chose absolue,* mais il est en même temps *Personne,* et c'est là le point auquel ne s'est pas élevé Spinoza […]. Sa conception orientale de l'unité de la substance forme bien le fondement de tout développement ultérieur véritable ; seulement on ne doit pas s'y arrêter. Ce qui y fait défaut, c'est le principe occidental de l'individualité qui fit sa première apparition sous la forme philosophique, en même temps que le spinozisme, dans la monadologie de Leibniz.

Si nous examinons maintenant le reproche d'athéisme adressé à la philosophie de Spinoza, nous verrons combien peu il est fondé, en se rappelant que Dieu non seulement n'y est pas nié, mais qu'il y est reconnu comme le seul être véritable […]. Vu de plus près, ce reproche se réduit à ceci : c'est que dans cette philosophie on ne fait pas sa part légitime au principe de la différence ou de la finitude. Comme, pour elle, il n'y a pas à proprement parler de monde, de monde qui possède une réalité positive, ce système ne devrait pas être désigné par le nom d'athéisme, mais bien plutôt d'acosmisme […]. Or, c'est à cause de son acosmisme que cette doctrine est panthéiste […]. La substance telle qu'elle est saisie par Spinoza, c'est-à-dire d'une manière immédiate et sans aucune médiation dialectique préalable, est, en tant que puissance négative universelle, le gouffre ténébreux et informe où va s'engloutir, comme s'il n'avait point de réalité, tout contenu déterminé, et qui ne produit rien qui ait une réalité propre et positive.

(E., § 151, add. I, p. 339-341)

La monade leibnizienne

L'absence de réflexion-sur-soi qui caractérise l'explication spinoziste de l'Absolu […] a trouvé sa compensation dans la monade de Leibniz. Tout principe philosophique unilatéral provoque généralement un principe opposé et, comme en toutes choses, la totalité se présente réalisée tout entière, mais dans un état de dispersion. La monade est une Unité, un négatif réfléchi sur soi ; elle est la totalité du contenu du monde ; la variété et la diversité n'en sont pas absentes, mais y subsistent d'une façon négative […]. La monade est, par conséquent, essentiellement douée de la faculté de représentation ; mais, tout en étant finie, elle est loin d'être passive, et les modifications et déterminations dont elle est le siège sont ses manifestations intrinsèques […]. C'est un principe de la plus grande importance que celui d'après lequel les modifications de la monade, en tant qu'actions non passives, sont présentées comme étant ses propres manifestations, des manifestations émanant d'elle-même, et que se trouve ainsi mis en avant le principe de la réflexion sur soi ou de l'*individuation*.

(L., II, p. 167-168)

L'idéalisme

La proposition que *le fini est idéel* constitue l'*idéalisme*. L'idéalisme philosophique consiste à ne pas reconnaître le fini comme être véritable. Toute philosophie est essentiellement idéalisme, ou du moins elle a l'idéalisme pour principe, et il ne reste plus qu'à savoir jusqu'où elle va dans l'application de ce principe. La philosophie est idéaliste autant que la religion ; car la religion non plus ne reconnaît pas la finitude comme un être véritable, ultime, absolu, non posé, non créé, éternel. Aussi l'opposition entre la philosophie idéaliste et la philosophie réaliste est-elle sans importance. Une philosophie qui attribuerait à l'existence finie, en tant que telle, un être véritable, ultime, absolu, ne mériterait pas le nom de philosophie. Les principes de la philosophie ancienne et moderne, l'eau, ou la matière, ou les atomes, sont des pensées, des universels, des êtres idéels, non des choses telles qu'elles se présentent dans leur immédiateté, dans leur particularité sensible, – même pas cette fameuse eau de Thalès ; car bien qu'elle soit l'eau empirique, elle est en même temps l'En-soi ou l'Essence de toutes les autres choses ; et ces choses ne sont pas indépendantes, fondées en elles-mêmes, mais posées comme ayant leur origine dans un *Autre,* c'est-à-dire comme *idéelles.*

Par idéel on entend surtout la forme de la *représentation ;* est appelé idéel ce qui est impliqué dans le concept, dans l'idée, dans l'imagination, etc., si bien qu'on n'est pas loin de confondre l'idéel avec l'imaginaire, de voir dans l'idéel des représentations qui ne diffèrent pas seulement du réel, mais sont essentiellement irréelles. En fait, c'est l'esprit qui est l'idéaliste à proprement parler ; en lui, déjà dans la perception, dans la représentation, et encore plus dans la pensée et le concept, le contenu ne se présente pas comme une prétendue *existence réelle ;* dans la simplicité du Moi un tel être extérieur est dépassé, il est pour moi, il est idéel en moi. Cet *idéalisme subjectif,* soit comme idéalisme inconscient de la conscience en général, soit comme principe exprimé et établi consciemment, ne s'intéresse qu'à la *forme* de la présentation, qui fait qu'un contenu est mien ; l'idéalisme systématique de la subjectivité affirme cette forme comme la seule véritable par opposition à celle de l'objectivité ou de la réalité, de *l'existence extérieure* du contenu.

(L., I, p. 145-147)

Le sujet kantien

Kant enseigne que les déterminations de la pensée ont leur source dans le moi, et que c'est par conséquent le moi qui fournit les déterminations d'universalité et de nécessité […]. Le Moi est l'être originairement identique, l'être qui ne fait qu'un avec lui-même, et qui est tout à fait en lui-même. En disant moi, je pose ce rapport abstrait avec moi-même, et tout ce qui est posé dans cette unité se trouve pénétré par elle et changé en elle. Le moi est pour ainsi dire le creuset et le feu où la multiplicité vient se dissoudre et est ramenée à l'indifférence et à l'unité. C'est là ce que Kant appelle *aperception pure,* à la différence de l'aperception ordinaire qui reçoit en elle le multiple comme tel, tandis qu'on doit considérer l'aperception pure comme l'activité du moi qui fait sien et unifie le multiple dans son unité.

Il faut dire que cette doctrine exprime bien la nature de la conscience. L'homme aspire à la connaissance du monde, il aspire à se l'approprier et à se le soumettre, et il faut que la réalité du monde s'efface en quelque sorte, c'est-à-dire s'idéalise devant l'activité humaine. Mais il faut aussi observer que ce n'est pas l'activité subjective de la conscience de soi qui ramène le multiple à l'unité absolue. Cette unité est bien plutôt l'Absolu lui-même, la vérité elle-même. C'est pour ainsi dire la bonté de l'Absolu qui laisse aux existences individuelles la jouissance d'elles-mêmes et les stimule en même temps à revenir à leur unité absolue.

(E., § 42, add. I, I, p. 129-130)

La chose en soi – et sous cette dénomination l'on comprend aussi l'esprit, Dieu, etc. – est l'objet où l'on fait abstraction de tout ce qui le rend saisissable à la conscience, de tout élément sensible comme de toute pensée déterminée. L'on voit aisément qu'il ne reste après cela qu'une pure abstraction, un être vide qui recule indéfiniment et échappe à la pensée, une négation de toute représentation, de tout sentiment et de toute pensée définie. Mais on peut faire, à cet égard, cette réflexion bien simple, à savoir que ce *caput mortuum* est lui-même un produit de la pensée, de la pensée qui forme cette abstraction pure, ou un produit du moi vide. La détermination négative, qui contient comme objet cette identité abstraite, se trouve énumérée parmi les catégories de Kant, et elle est tout aussi bien connue que cette identité vide. On doit, par conséquent, s'étonner d'entendre si souvent répéter qu'on ignore ce qu'est la *Chose en soi,* car il n'y a pas de connaissance plus facile que celle-là.

(E., § 44, I, p. 133)

La philosophie kantienne s'enorgueillit de la découverte des catégories. Le moi, l'unité de la conscience de soi est un principe purement abstrait et indéterminé. Comment arriver alors aux déterminations du moi, aux catégories ? Heureusement, on trouve dans la logique ordinaire les différentes espèces de jugement, qui, elles aussi, ont été obtenues par un procédé empirique. Or, juger c'est penser un objet déterminé. Par conséquent, l'énumération des différentes formes de jugement donnera toutes les déterminations de la pensée.

Ce fut le mérite de Fichte d'avoir posé en principe qu'on doit déduire les déterminations de la pensée et démontrer leur enchaînement nécessaire ; et sa philosophie aurait dû faire comprendre que la logique est le fondement de la méthode ou du moins que la matière de la logique ordinaire, les notions, les jugements, les syllogismes ne doivent pas être saisis par la seule observation et à l'aide d'un procédé empirique, mais se déduire des lois de la pensée elle-même.

(E., § 42, I, p. 128-129)

Le sujet de Kant à Fichte

Si la philosophie kantienne a posé d'une manière formelle le principe que la pensée se détermine elle-même, sans démontrer ni comment, ni jusqu'à quel point cette détermination propre de la pensée a lieu, Fichte, au contraire, qui aperçut cette lacune et qui énonça le principe qu'il fallait déduire les catégories, fit aussi la tentative de le réaliser. C'est le Moi qui dans la philosophie de Fichte constitue le point de départ et les catégories doivent se produire comme le résultat de son activité. Mais le Moi de Fichte n'est pas l'activité libre, spontanée, parce que c'est par une impulsion extérieure que son activité est d'abord excitée. Le Moi réagit contre cette impulsion, et c'est par cette réaction qu'il arrive à la conscience de soi. La nature de ce choc demeure quelque chose d'*extérieur* et d'inconnu et le Moi reste toujours quelque chose de conditionné qui trouve toujours en face de lui l'Autre que lui-même. C'est ainsi que Fichte aboutit au même résultat que la philosophie kantienne : pour lui aussi, le fini seul peut être connu et l'infini dépasse la pensée. Ce qui chez Kant est la chose en soi, s'appelle chez Fichte le Choc extérieur, cette abstraction d'un objet *autre* que le Moi, qui n'a d'autre détermination que d'être un négatif : le non-moi. Ici le Moi est considéré comme étant en relation avec le non-moi lequel stimule son activité d'autodétermination d'une manière telle que le Moi est considéré comme tendant continuellement

à se libérer du choc, mais sans jamais y parvenir complètement :
comme le Moi est essentiellement cette activité, il disparaît si le choc
cesse. Aussi faut-il ajouter que le contenu produit par l'activité du
Moi n'est autre que le contenu ordinaire de l'expérience, avec cette
seule addition que ce contenu est seulement apparence.

(E., § 60, I, p. 162-163)

Chapitre IV

La Phénoménologie

Selon mon point de vue, qui sera justifié seulement par l'exposé du Système, tout dépend de ce point essentiel : saisir et exprimer le Vrai non seulement comme *Substance,* mais aussi comme *Sujet.* Disons en même temps que selon ce point de vue la substantialité inclut en soi l'Universel ou *l'immédiateté du savoir* même aussi bien que l'immédiateté qui est *Être* ou objet *pour* le savoir.

Si la conception [spinoziste] de Dieu comme unique substance révolta l'époque où elle fut formulée, c'est parce qu'on a pensé instinctivement que dans cette conception la conscience de soi se trouve engloutie au lieu d'être conservée. Mais, d'autre part, la théorie contraire [Kant-Fichte] qui retient fermement la pensée comme pensée, *l'universalité* comme telle, aboutit à la même simplicité, à la même affirmation d'une substantialité indifférenciée et immobile. De même, quand, en troisième lieu [tentative de Schelling], la pensée unit l'être et la substance avec elle-même et conçoit l'immédiat ou l'intuition comme pensée, il s'agit encore de savoir si cette intuition intellectuelle ne retombe pas dans cette même simplicité inerte et ne donne pas une représentation irréelle du réel.

La substance comme sujet

La substance vivante est l'Être qui à vrai dire est Sujet ou, ce qui revient au même, est l'Être qui n'est vraiment réel que dans la mesure où la substance elle-même est mouvement de se poser soi-même, ou médiation entre son propre devenir-autre et soi-même. En tant que sujet, la substance est la *simple négativité* pure, et par là, elle est le processus qui scinde le Simple en deux parties et les met en opposition – dédoublement qui, à son tour, est la négation de cette diversité indifférente et de son opposition. Le vrai est cette égalité qui *se rétablit* ou la réflexion en soi-même dans l'être-autre – et non une unité *originaire* comme telle, ou une unité immédiate comme telle. Le vrai est le devenir de soi-même, le cercle qui commence avec sa fin et la présuppose comme but, le cercle qui n'est réel que par son accomplissement et après avoir atteint sa fin.

La vie de Dieu et la connaissance divine peuvent donc, si l'on veut, être exprimées comme le Jeu de l'amour avec lui-même, mais cette idée tombe au niveau de l'édification et même jusqu'à la fadeur, quand y manquent le sérieux, la douleur, la patience et le travail du négatif. *En soi* cette vie est bien l'égalité sereine et l'unité avec soi qui ne peuvent pas être sérieusement affectées par l'être-autre et l'aliénation, ni par le dépassement de cette aliénation. Mais cet *en soi* est une universalité abstraite dans laquelle on perd de vue le fait que sa nature est d'*être pour soi* […].

(Ph.E., p. 19-20)

L'Absolu est résultat

Le vrai est le tout. Mais le tout est l'essence qui s'accomplit par son développement. De l'Absolu il faut dire qu'il est essentiellement *résultat*, qu'il est à la fin seulement ce qu'il est en vérité ; et c'est en cela précisément que consiste sa nature : être réel, sujet ou développement de soi-même.

S'il paraissait contradictoire de concevoir l'Absolu essentiellement comme *résultat*, une petite considération serait susceptible de faire justice de cette apparence de contradiction. Le commencement, le principe ou l'Absolu, dans son énonciation initiale et immédiate, est seulement l'universel. Si je dis : *tous* les animaux, ces mots ne peuvent pas passer pour l'équivalent d'une zoologie ; avec autant d'évidence, il appert que les mots de divin, d'absolu, d'éternel, etc., n'expriment pas ce qui est contenu en eux : de tels mots n'expriment en fait que l'intuition, l'immédiat. Ce qui va plus loin que de tels mots, même le passage à une seule proposition, contient un *devenir-autre,* qui doit être réassimilé, et constitue une médiation. Or, on a justement horreur de cette médiation comme si en usant de celle-ci pour autre chose que pour dire qu'elle n'est rien d'absolu, et qu'elle n'a certainement pas de place dans l'Absolu, on devait renoncer à la connaissance absolue.

En fait cette horreur de la médiation vient de ce qu'on ignore sa nature et la connaissance absolue elle-même. Car la médiation est la mouvante égalité-avec-soi-même, autrement dit, elle est la réflexion en soi-même, le moment du moi étant pour soi, la négativité pure. Réduite à sa pure abstraction, elle est le *simple devenir.* Le moi ou le devenir en général, l'acte médiateur, est en vertu de sa simplicité l'immédiateté en devenir, aussi bien que l'immédiat même. On méconnaît donc la raison quand on ne considère pas la réflexion comme un moment positif de l'Absolu, quand on l'exclut du vrai. C'est elle qui fait que le Vrai est un résultat, et c'est elle aussi qui supprime l'opposition existant entre le Vrai et son devenir. En effet, ce devenir est également simple et n'est donc pas différent de la forme du Vrai qui consiste à se montrer comme *simple* dans le résultat ; il est, pour mieux dire, l'être retourné dans la simplicité. Si l'embryon est bien *en soi* homme, il ne l'est pas cependant *pour soi ;* l'homme est pour soi seulement comme raison formée qui s'est *faite* elle-même ce qu'elle est *en soi*. C'est là seulement sa réalité. Mais ce résultat est lui-même simple immédiateté car il est la liberté consciente de soi, qui repose en soi-même, qui n'a pas reculé devant l'opposition, ne l'a pas laissée subsister, mais s'est conciliée avec elle.

Cela peut encore être exprimé de cette façon : la raison est *l'opération conforme à un but*. L'exaltation arbitraire de la nature au-dessus de la pensée sous-estimée, et surtout le rejet de toute finalité externe, ont discrédité l'idée de *but* en général. Mais au sens où Aristote aussi définit la nature comme l'opération conforme à un but, le but est l'immédiat, *ce qui est en repos,* l'immobile qui est *lui-même moteur ;*

ainsi est-il *sujet*. Sa force motrice, prise abstraitement, est l'être-pour-soi ou la négativité pure. Le résultat est le même que le commencement parce que le commencement est *but*. En d'autres termes, si le réel est ce qu'est son concept, c'est uniquement parce que l'immédiat, comme but, contient en lui-même le Soi ou la pure réalité. Le but accompli, ou le réel existant concrètement, est mouvement, devenir qui se déploie. Mais cette inquiétude est proprement le Soi ; celui-ci est égal à cette immédiateté et à cette simplicité du commencement parce qu'il est le résultat, parce qu'il est ce qui est retourné à soi-même. Mais ce qui est retourné à soi-même est justement le Soi, et le Soi est l'égalité et la simplicité qui se rapportent à elles-mêmes.

Subjectivité de l'Absolu

Le besoin de représenter l'Absolu comme *sujet* s'est traduit dans des propositions comme : *Dieu* est l'éternel, ou l'ordre moral du monde, ou l'amour, etc. Dans de telles propositions le Vrai est posé directement comme sujet ; il n'est pas présenté encore comme le mouvement de se réfléchir en soi-même. Dans ce genre de propositions, on commence avec le mot *Dieu*. Ce n'est encore qu'un son dépourvu de sens, rien qu'un mot : c'est seulement le prédicat qui nous dit *ce que Dieu est,* qui en donne le contenu et la signification ; c'est seulement dans cette fin que le commencement vide devient un savoir effectif. À ce point, on ne peut pas passer sous silence le fait qu'il est impossible d'évoquer l'Éternel, l'Ordre moral du monde, etc., ou, comme le faisaient les Anciens, d'employer de purs concepts : l'Être, l'Un, etc., bref, d'évoquer ce qui confère la signification sans y ajouter le son *dépourvu de sens*. La raison en est qu'au moyen de ce mot on veut précisément indiquer qu'il ne s'agit pas d'un être, d'une essence ou d'un universel en général, mais de quelque chose de réfléchi en soi-même : d'un sujet. Cependant cela n'est encore qu'une anticipation. Le sujet est pris comme un point fixe, auquel sont attachés les prédicats comme s'il était leur support ; et ils y sont attachés par un acte qui appartient à l'esprit qui connaît ce sujet, mais qui ne peut être envisagé comme le mouvement intrinsèque du point (du sujet) lui-même. Or, c'est uniquement grâce à ce mouvement qui est son mouvement propre que le contenu sera présenté comme sujet.

Mais ce mouvement est constitué ici d'une manière telle qu'il est exclu qu'il appartienne au sujet. Et comme on présuppose que celui-ci est un point fixe, le mouvement ne peut être constitué autrement : il reste extérieur au sujet. L'anticipation de l'Absolu comme sujet n'est donc pas la réalité de ce concept. Plus encore : elle rend cette réalité impossible parce qu'elle pose le sujet comme point immobile, tandis que sa réalité est au contraire l'automouvement.

(Ph.E., p. 21-23)

L'Esprit

Le vrai est réel uniquement comme système ; la substance est essentiellement sujet : cela est exprimé dans l'idée qui énonce que l'Absolu est *Esprit*, – c'est là le concept le plus sublime, qui appartient à l'époque moderne et à sa religion. Seul le spirituel est le *réel*. Il est l'essence profonde de l'univers ou *l'être en soi*. Il est ce qui se rapporte et se détermine : *l'être-autre* et *l'être pour soi*. Et il est ce qui, dans cette détermination et dans cette extériorité, demeure en soi-même ; autrement dit, il est *en soi et pour soi*. Mais en soi et pour soi il est d'abord *pour nous*. *En soi* il est seulement la *substance* spirituelle. Or il doit devenir *pour soi ;* il doit devenir savoir de ce qui est spirituel et savoir de soi-même comme Esprit ; c'est-à-dire qu'il doit être *objet* de soi-même, mais objet qui, en même temps, immédiatement, se supprime comme objet et se réfléchit en soi-même. *Pour soi* [connaissant son contenu spirituel, se sachant lui-même comme Esprit], il l'est uniquement pour nous, et seulement dans la mesure où il a lui-même produit son contenu spirituel [dans et par l'histoire]. Mais dans la mesure où l'Esprit sait lui-même qu'il est pour soi, cette production de soi-même, le *Concept pur,* est en même temps pour lui l'élément objectif dans lequel il existe. L'Esprit qui, ainsi développé, se sait comme Esprit est la *Science* [la Logique ou théologie hégélienne]. Elle est sa réalité et le royaume qu'il édifie dans son propre élément[28].

(Ph.E., p. 24)

28. L'« élément propre » de l'Esprit est le Logos tel qu'il est « avant la création du monde et de l'esprit fini » ; la « production » de son contenu spirituel dans l'histoire est l'objet de la *théorie de l'expérience de la conscience*.

LA THÉORIE DE L'HISTORICITÉ

L'expérience spirituelle

L'existence immédiate de l'esprit, la *conscience,* possède les deux moments : celui du savoir et celui de l'objectivité qui est le négatif à l'égard du savoir. Quand l'esprit se développe dans cet élément de la conscience et y étale ses moments, cette opposition échoit à chaque moment particulier, et ils surgissent tous alors comme des figures de la conscience. La science de ce chemin est la science de *l'expérience* que fait la conscience ; la substance avec son mouvement est considérée comme objet de la conscience. La conscience ne sait et ne conçoit rien d'autre que ce qui est dans son expérience ; en effet, ce qui est dans cette expérience est seulement la substance spirituelle comme *objet* de son propre Soi. L'esprit cependant devient objet parce qu'il est ce mouvement : devenir à *soi-même un autre,* c'est-à-dire devenir *objet de son propre soi,* et supprimer ensuite cet être-autre. On nomme justement *expérience* ce mouvement au cours duquel l'immédiat, le non-expérimenté, c'est-à-dire l'abstrait, appartenant soit à l'être sensible, soit au simple seulement pensé, s'aliène et de cet état d'aliénation retourne à soi-même ; c'est seulement alors, quand il est aussi propriété de la conscience, que l'immédiat est présenté dans sa réalité et dans sa vérité.

La négativité

L'inégalité qui prend place dans la conscience entre le moi et la substance, qui est son objet, est leur différence, le *négatif* en général. On peut l'envisager comme le *défaut* des deux, mais il est en fait leur âme ou ce qui les meut tous les deux : c'est pour cette raison que quelques Anciens ont conçu le vide comme moteur, concevant bien par là le moteur comme le *négatif,* mais ne concevant pas encore le négatif comme le Soi. Si maintenant ce négatif se manifeste en premier lieu comme inégalité du moi avec l'objet, il est aussi bien inégalité de la substance avec soi-même. Ce qui paraît se produire en dehors d'elle, être une activité dirigée contre elle, est sa propre opération ; et elle se montre être essentiellement sujet. La substance étant ainsi montrée complètement, l'esprit a rendu son existence égale à son essence ; il est alors à soi-même objet tel qu'il est, et l'élément abstrait de l'immédiateté et de la séparation du savoir et de la vérité est surmonté. L'être est absolument médiat ; il est contenu substantiel qui, aussi immédiatement, est propriété du moi ; il a le caractère du soi, c'est-à-dire est le *concept*. C'est à ce moment que se termine la Phénoménologie de l'Esprit.

Expérience historique et vérité absolue

Ce que l'esprit se prépare dans la Phénoménologie, c'est l'élément du savoir. Dans cet élément se répandent maintenant les moments de l'esprit, dans la *forme de la simplicité,* forme qui sait son objet comme étant soi-même. Ces moments ne tombent plus l'un en dehors de l'autre dans l'opposition de l'être et du savoir, mais ils restent dans la simplicité du savoir, sont le vrai dans la forme du vrai ; et leur diversité est, seulement, une diversité du contenu. Leur mouvement, qui dans cet élément se développe en un tout organique, est la Logique ou Philosophie spéculative.

Cependant, puisque ce système de l'expérience de l'esprit comprend seulement la *manifestation phénoménale* de l'esprit, le processus qui, à travers ce système de l'expérience, conduit à la science du *vrai,* ayant *figure* du vrai, semble être seulement négatif ; et l'on pourrait vouloir être dispensé du *négatif,* en tant que *faux,* et demander à être conduit directement et sans plus à la vérité ; à quoi bon, en effet, s'embarrasser du faux ? On a déjà parlé plus haut de la thèse selon laquelle on devrait commencer brusquement par la science ; à cette thèse on répondra ici en montrant plus particulièrement quelle est la constitution du négatif en général envisagé comme le *faux.* Les représentations qu'on se fait à ce sujet constituent le principal obstacle pour pénétrer dans la vérité […].

Rédemption de l'erreur

Le *vrai* et le *faux* appartiennent à ces pensées déterminées qui, privées de mouvement, valent comme des essences particulières,

dont l'une est d'un côté quand l'autre est de l'autre côté, et qui se
posent et s'isolent dans leur rigidité sans aucune communication
l'une avec l'autre. À l'encontre de cette conception, on doit affirmer
au contraire que la vérité n'est pas une monnaie toute faite qu'on
n'a plus qu'à dépenser et encaisser. *Il y a* aussi peu un faux qu'il y
a un mal. Le mal et le faux ne sont sans doute pas aussi malins que
le diable, car, personnifiés dans le diable, ils sont élevés au rang
de *sujets* particuliers. En tant que faux et mal, ils sont seulement
des *universaux ;* ils ont pourtant une essence propre l'un à l'égard
de l'autre. Le faux (car il ne s'agit ici que de lui) serait l'Autre, le
négatif de la substance, qui, en tant que contenu du savoir, est le vrai.
Mais la substance est elle-même essentiellement le négatif, en partie
parce qu'elle est distinction et détermination du contenu, en partie
parce qu'elle est acte *simple* de distinguer, c'est-à-dire comme Soi
et savoir en général. On peut bien savoir d'une façon fausse. Savoir
quelque chose d'une façon fausse signifie que le savoir est dans un
état d'inégalité avec sa substance. Mais cette inégalité est justement
l'acte de distinguer en général qui est le moment essentiel. C'est de
cette distinction que dérive ensuite l'égalité des termes distingués, et
cette égalité *atteinte* est la vérité. Mais elle n'est pas la vérité dans un
sens qui impliquerait l'élimination de l'inégalité, comme les scories
par exemple sont expulsées du pur métal ; ou encore la vérité n'est
pas comme le produit fabriqué dans lequel on ne trouve plus trace
de l'outil ; mais l'inégalité est encore immédiatement présente dans
le vrai comme tel, elle y est présente comme le négatif, comme le
Soi. On ne peut cependant pas dire pour cela que le *faux* constitue
un moment ou, certes, une partie de la vérité. Dans la locution « dans
tout ce qui est faux, il y a quelque chose de vrai », les deux termes
sont pris comme l'huile et l'eau, qui ne sont pas mélangeables et ne
sont associés qu'extérieurement. Précisément par égard pour leur
sens [originel] qui désigne le moment de *l'extériorité complète* [du
vrai par rapport au faux et du faux par rapport au vrai], ces termes
de vrai et de faux ne doivent plus être utilisés là où leur extériorité
est supprimée. De la même façon, l'expression : *unité* du sujet et de
l'objet, du fini et de l'infini, de l'être et de la pensée, etc., présente
cet inconvénient que les termes d'objet et de sujet, etc., désignent
ce qu'ils sont *en dehors de leur unité ;* dans leur unité ils n'ont donc

plus le sens que leur expression énonce ; de même ce n'est plus en tant que faux que le faux est un moment de la vérité […].

(Ph.E., p. 32-34)

LA THÉORIE DE L'EXPÉRIENCE
DE LA CONSCIENCE

Contre Kant

Il est naturel de supposer qu'avant d'affronter en philosophie la chose même, c'est-à-dire la connaissance effective de ce qui est en vérité, il faille d'abord s'entendre sur la connaissance qu'on considère comme l'instrument à l'aide duquel on s'empare de l'Absolu ou comme le moyen grâce auquel on l'aperçoit. Une telle préoccupation semble justifiée, d'une part parce qu'il existe diverses espèces de connaissances, dont l'une pourrait être mieux adaptée que l'autre pour atteindre ce but final, et aussi parce qu'il pourrait y avoir un choix erroné parmi elles. D'autre part, parce que, la connaissance étant une faculté d'une espèce et d'une portée déterminées, on risque, si on ne détermine pas d'une manière précise sa nature et ses limites, de rencontrer les nuées de l'erreur au lieu d'atteindre le ciel et la vérité. À la fin cette préoccupation aboutira à la conviction que toute la tentative d'ouvrir à la conscience le domaine de ce qui est en soi par le moyen de la connaissance est en son concept un contresens, et qu'il y a entre la connaissance et l'Absolu une séparation très nette. Car, si la connaissance est l'instrument pour s'emparer de l'essence absolue, il vient tout de suite à l'esprit que l'application d'un instrument à une chose ne la laisse pas telle qu'elle est pour soi, mais introduit une transformation et une altération. Ou bien encore, si la connaissance n'est pas l'instrument de notre activité, mais une sorte de milieu passif à travers lequel nous parvient la lumière de la vérité, alors nous ne recevons pas encore cette vérité telle qu'elle est en soi, mais comme elle est à travers et dans ce milieu. Dans les deux cas, nous faisons usage d'un moyen qui produit immédiatement le contraire de son but ; le contresens consiste plutôt à faire usage d'un moyen quelconque. Il semble, il est vrai, qu'on puisse remédier à cet inconvénient par la connaissance du mode d'action de l'*instrument,* car cette connaissance nous permettrait d'ôter du résultat l'apport de l'instrument dans la représentation que nous nous faisons de l'Absolu grâce à lui, et rendrait ainsi possible d'obtenir le vrai dans sa pureté. Mais cette correction ne ferait que nous ramener à notre point de départ. Si nous ôtons d'une chose formée ce que l'instrument y a fait, alors la chose, c'est-à-dire ici l'Absolu, est de nouveau pour nous comme elle était avant cet effort, effort qui serait donc superflu. Si, du fait de l'instrument, l'Absolu, comme un oiseau pris à la glu, devait être seulement rapproché quelque peu de nous sans que rien ne soit changé en lui, alors il se moquerait bien de cette ruse, si, dès le début, il n'était pas et ne voulait pas être en soi et pour soi auprès de nous. La connaissance, en effet, serait bien dans ce cas une ruse, puisque, par son labeur multiforme, elle se donnerait l'air de faire tout autre chose que d'établir seulement un rapport immédiat et donc facile. Si encore l'examen de la connaissance que nous nous représentons comme un *milieu* nous apprend à connaître la loi de sa propre réfraction des rayons, il ne sert encore à rien de soustraire cette réfraction du résultat ; car la connaissance n'est pas la déviation du rayon ; elle est le rayon lui-même par lequel la vérité nous touche : si ce rayon était éliminé, il ne nous resterait que l'indication d'une pure direction ou le lieu vide.

Cependant, si la crainte de tomber dans l'erreur introduit une méfiance dans la science, science qui pour sa part se met d'elle-même à l'œuvre sans le moindre scrupule et connaît effectivement, on ne voit pas pourquoi, inversement, on ne doit pas introduire une méfiance à l'égard de cette méfiance, et pourquoi on ne doit pas craindre que cette peur de se tromper ne soit déjà l'erreur même. En fait, cette peur présuppose quelque chose, elle présuppose même beaucoup de choses [...]. Elle présuppose précisément une *représentation* de la connaissance qui l'assimile à un *instrument* et à un *milieu ;* elle présuppose aussi une *différence entre nous-même et cette connaissance ;* surtout, elle présuppose que l'Absolu se trouve *d'un côté,* et elle présuppose que tout en se trouvant d'un *autre côté,* pour soi et séparée de l'Absolu, la connaissance est pourtant quelque chose de réel. En d'autres termes, elle présuppose que tout en étant en dehors de l'Absolu, et donc aussi en dehors de la vérité, la connaissance est pourtant encore véridique. Or, en admettant cela, ce qui se nomme crainte de l'erreur se fait plutôt soi-même connaître comme crainte de la vérité.

Vérité et Absolu

Cette conclusion résulte du fait que l'Absolu seul est vrai ou que le vrai seul est Absolu. Contre une telle conclusion on peut faire valoir qu'une connaissance, qui ne connaît sans doute pas l'Absolu comme la science le réclame, est pourtant encore vraie ; et que la connaissance en général, si elle est incapable de saisir l'Absolu, pourrait être cependant capable d'une autre vérité. Mais nous voyons aussitôt que de telles tergiversations aboutissent à une obscure distinction entre une vérité absolue et une vérité d'une autre nature, et que l'Absolu, la connaissance, etc., sont des mots qui présupposent une signification qu'il faut d'abord acquérir.

Ne nous occupons pas de ces représentations inutiles, et de ces façons de parler de la connaissance comme d'un instrument pour s'emparer de l'Absolu, ou comme d'un milieu à travers lequel nous apercevons la vérité. Car c'est ce genre de relations [entre la connaissance et la vérité] qu'établissent en fin de compte toutes ces représentations d'une connaissance séparée de l'Absolu, et d'un Absolu séparé de la connaissance. Nous pouvons laisser également de côté les subterfuges que l'inaptitude à la science [philosophie] tire de la présupposition de telles relations pour se libérer de l'effort scientifique et se donner en même temps l'apparence d'une activité sérieuse et zélée. Sans se tracasser pour trouver des réponses à tout cela, on pourrait rejeter ces représentations comme contingentes et arbitraires, regarder comme une tromperie l'usage connexe de mots comme l'Absolu, la connaissance, l'objectif et le subjectif, et d'autres innombrables dont la signification est supposée connue de tous. Donner en effet à entendre, pour une part, que leur signification est universellement connue, pour l'autre, qu'on possède leur concept, paraît seulement devoir épargner la tâche fondamentale qui est précisément de donner ce concept. À meilleur droit, au contraire, on pourrait s'épargner la peine de faire attention à de telles représentations et à de telles façons de parler qui impliquent que la science elle-même devrait être écartée ; car elles ne constituent qu'une manifestation vide du savoir, qui disparaît immédiatement devant l'entrée en scène de la science.

Émergence du savoir philosophique face à la conscience non philosophique

Mais, au moment de son entrée en scène, la science est elle-même une manifestation phénoménale ; son entrée n'est pas encore son épanouissement dans la vérité. C'est pourquoi il est indifférent de se dire que la *science* est apparente parce qu'elle entre en scène *à côté d'un autre savoir,* ou de dire que cet autre savoir non vrai est une apparence du vrai savoir. Or la science doit se libérer de cette apparence, et elle le peut seulement en la combattant. Mais ce savoir non vrai, elle ne peut pas le rejeter en le traitant de vision vulgaire des choses et en assurant qu'elle-même est une connaissance d'un tout autre ordre, et que ce savoir est absolument néant pour elle. Elle ne peut pas non plus en appeler au pressentiment d'un savoir meilleur [qu'on devrait déceler] dans l'autre savoir. Par une telle *assurance* elle déclarerait, en effet, que sa force réside dans le fait qu'elle existe ; mais le savoir non vrai fait également appel à ce même fait, qu'*il est,* et *assure* que pour lui la science est néant : une assurance nue a autant de poids qu'une autre. La science peut encore moins faire appel à un pressentiment meilleur, qui affleurerait dans la connaissance non véritable et qui, en elle, indiquerait la science. Car, d'une part, elle ferait encore appel à quelque chose qui existerait et, d'autre part, elle ferait appel à elle-même, mais comme elle existe dans une connaissance non véritable, c'est-à-dire [elle ferait appel] à un mauvais mode de son être et à son phénomène plutôt qu'à ce qu'elle est en soi et pour soi. C'est pour cette raison que doit ici être entreprise la présentation du savoir apparaissant.

Le chemin de l'expérience : le doute

Maintenant, puisque cette présentation a seulement pour objet le savoir apparaissant, elle ne paraît pas être elle-même la libre science telle qu'elle se meut dans son élément propre. De ce point de vue, l'objet de cette exposition sera le chemin que suit la conscience naturelle sous la pression de l'impulsion qui la pousse vers le vrai savoir, ou le chemin de l'âme parcourant la série de ses formations comme si celles-ci étaient les étapes qui lui sont prescrites par sa propre nature. Ainsi, en se purifiant, elle s'élève à l'esprit et, à travers la complète expérience d'elle-même, elle parvient à la connaissance de ce qu'elle est en soi-même.

La conscience naturelle s'avérera être seulement concept du savoir, ou savoir non réel. Mais comme elle se prend immédiatement pour le savoir réel, ce chemin aura pour elle une signification négative : la réalisation du concept est pour elle comme la perte d'elle-même, car, sur ce chemin, elle perd sa vérité. Ce chemin peut donc être envisagé comme le chemin du *doute,* ou, à proprement parler, comme le chemin du *désespoir.* Sur ce chemin, il n'arrive pourtant pas ce qu'on a coutume d'entendre par doute, à savoir un ébranlement de telle ou telle vérité supposée, suivi d'une seyante redisparition du doute et d'un retour à cette vérité, de sorte qu'à la fin la chose est prise comme au début. Au contraire, ce doute est la prise de conscience de la non-vérité du savoir apparaissant : pour qui la suprême réalité est plutôt ce qui, en vérité, est seulement le concept non réalisé. Ce scepticisme accompli n'est pas ce qu'un zèle plein de gravité pour la vérité et la science s'imagine avoir apprêté et équipé pour elles : la décision de ne pas se rendre à l'autorité des pensées d'autrui, mais d'examiner tout par soi-même et de suivre seulement sa propre conviction, ou mieux encore de produire tout de soi et de tenir pour vrai seulement ce qu'on fait. La série des figures que la conscience parcourt sur ce chemin est plutôt l'*histoire* détaillée de la *formation* de la conscience elle-même à la science [...]. Suivre sa conviction propre vaut certainement mieux que se rendre à l'autorité ; mais pour la transformation d'une croyance fondée sur l'autorité en une croyance fondée sur sa propre conviction, le contenu de la croyance n'est pas nécessairement changé, ni l'erreur remplacée par la vérité. Dans le monde de l'opinion et du préjugé, s'attacher à l'autorité des autres ou à sa conviction propre diffère seulement par la vanité inhérente à la seconde manière. Le scepticisme, au contraire, se dirigeant sur toute l'étendue de la conscience apparaissante, rend l'esprit capable d'examiner ce qu'est la vérité, puisqu'il aboutit à faire désespérer des représentations, des pensées et des avis dits naturels ; et il est indifférent que ces représentations soient nommées personnelles ou étrangères. C'est de ces représentations qu'est encore remplie et chargée la conscience qui se propose *directement* d'examiner la vérité ; mais, par là même, elle est en fait incapable de faire ce qu'elle veut entreprendre.

Négation et progrès

Le *système complet* des formes de la conscience non réelle résultera de la nécessité du processus et de la connexion même de ces formes. Pour rendre cela concevable, on peut remarquer en général, à titre préliminaire, que la présentation de la conscience non vraie dans sa non-vérité n'est pas un mouvement seulement *négatif*. Pareille manière unilatérale de voir est caractéristique de la conscience naturelle. Or le savoir, dont l'essence est cette manière de voir unilatérale, n'est qu'une des figures de la conscience imparfaite, une étape du chemin qui se présentera au cours même du chemin[29]. Cette figure est justement celle du scepticisme, qui, dans le résultat, voit toujours seulement le *pur néant,* et fait abstraction du fait que ce néant est d'une façon déterminée le néant de *ce dont il résulte.* Mais le néant, pris seulement comme le néant de ce dont il résulte, est en fait le résultat véritable ; il est lui-même un néant *déterminé* et a un *contenu.* Le scepticisme, dont le dernier mot est l'abstraction du néant ou le vide, ne peut aller plus loin, mais il doit attendre que quelque chose de nouveau se présente à lui pour le précipiter dans le même abîme vide. Si, au contraire, le résultat est saisi tel qu'il est en vérité, c'est-à-dire comme négation *déterminée,* alors immédiatement une nouvelle forme naît, et dans la négation s'accomplit le passage par lequel le progrès se réalisant à travers la série complète des figures de la conscience résulte de lui-même.

29. Le scepticisme est la « figure » de la conscience qui apparaît au déclin du monde antique (N.d.T.).

L'inquiétude faustienne

Au savoir, le *but* est fixé aussi nécessairement que la série de la progression. Le but est atteint lorsque le savoir n'a plus besoin d'aller au-delà de soi-même, lorsqu'il se trouve soi-même, lorsque le concept correspond à l'objet, l'objet au concept. La progression vers ce but ne comporte aucune halte possible et ne se satisfait en aucune station antérieure. Ce qui est limité à une vie naturelle n'a pas, par soi-même, le pouvoir d'aller au-delà de son existence immédiate ; c'est quelque chose d'autre qui le pousse au-delà de son être, et cet arrachement hors de son être est sa mort. Mais la conscience est pour soi-même son propre *Concept* [30]. Par cela même, elle est immédiatement portée à dépasser tout ce qui est limité, et, puisque ce limité est son propre domaine, la conscience singulière [par exemple] pose déjà en elle-même cet au-delà [cette exigence d'aller au-delà de la singularité, au-delà de la limite individuelle] ne serait-ce qu'à la manière de l'intuition spatiale [où il y a toujours quelque chose] *à côté du limité*.

C'est donc de la conscience elle-même que vient cette violence qu'elle subit et qui lui gâche toute satisfaction limitée. Sous l'épreuve de cette violence, l'angoisse peut bien reculer devant la vérité, aspirer et tendre à conserver ce qui est menacé de perte. Mais cette angoisse ne peut pas s'apaiser. En vain elle veut se fixer dans une inertie sans pensée ; la pensée trouble l'absence de pensée et son inquiétude détruit cette inertie. En vain, cherche-t-elle une sécurité dans une certaine forme de sentimentalité qui assure que *tout est bon en son genre ;* cette assurance est tout autant violentée par la raison qui trouve que rien n'est bon lorsqu'il n'est qu'un genre [lorsqu'il n'est pas l'universel].

L'étalon de l'histoire

Cela dit au préalable et en général au sujet du mode et de la nécessité de la progression, il peut être encore utile de mentionner

---

30. Le « Concept » (Le Logos, l'Esprit infini, Dieu) habite dans la conscience. Hegel dira plus tard que l'homme est le Concept émergeant dans l'existence : l'humanité est l'incarnation de Dieu.

quelque chose sur la *méthode*. Cette exposition [de l'expérience historique de l'Esprit] étant une *prise de position* de la *science* à l'égard du savoir apparaissant, et une *recherche* et un *examen de la réalité de la connaissance,* il ne semble pas qu'elle pourrait avoir lieu sans une certaine présupposition, qui servirait de *critère.* Car examiner, c'est appliquer un critère admis pour décider, d'après l'égalité ou l'inégalité résultantes, si la chose est juste ou non. Le critère en général, et aussi bien la science au cas où elle serait ce critère sont acceptés alors comme l'*essence* ou comme l'*en-soi.* Mais ici, où la science est seulement en train de se constituer, rien, ni elle-même ni quoi que ce soit, ne peut légitimement prétendre être l'essence ou l'en-soi. Or sans quelque chose de tel, aucun examen ne paraît pouvoir avoir lieu.

Cette contradiction et sa résolution apparaîtront d'une façon plus précise si on se souvient des déterminations abstraites du savoir et de la vérité telles qu'elles se trouvent dans la conscience. La conscience *distingue* précisément de soi quelque chose à quoi, en même temps, elle se *rapporte.* Cela peut s'exprimer de cette manière : ce quelque chose est quelque chose *pour la conscience.* Or le savoir est précisément le côté spécifique par lequel la conscience se rapporte à quelque chose et par lequel l'être de ce quelque chose est être *pour une conscience.* Mais de cet être pour un autre nous distinguons l'être-en-soi. Ce qui est rapporté au savoir est aussi bien distinct de lui et posé comme *existant* aussi à l'extérieur de ce rapport. Le côté de cet en-soi est dit *vérité.* Ce qui est proprement contenu dans ces déterminations ne nous concerne pas ici. Car, le savoir phénoménal étant notre objet, ses déterminations aussi sont d'abord prises comme elles s'offrent immédiatement. Il est bon qu'elles s'offrent telles qu'elles ont été conçues.

Recherchons-nous maintenant la vérité du savoir, il semble alors que nous recherchons ce qu'il est *en soi.* Mais, dans cette recherche, le savoir est *notre* objet, il est *pour nous ;* et l'en-soi du savoir, comme il en résulterait, serait ainsi plutôt son *être-pour-nous ;* ce que nous affirmerions comme son essence, ce ne serait pas sa vérité, mais seulement notre savoir de lui. L'essence ou le critère seraient transférés en nous ; ce qui devrait être comparé au critère, et qu'on devrait juger selon le résultat de cette comparaison, ne serait pas nécessairement tenu de reconnaître la [validité du] critère.

Immanence de la vérité

Mais la nature de l'objet que nous examinons surmonte cette séparation, [supprime] cette apparence de séparation et de présupposition. La conscience porte son critère en elle-même, et la recherche sera, de ce fait, une comparaison de la conscience avec elle-même car la distinction faite plus haut existe en elle. Il y a en elle un *pour un autre,* […] le moment du savoir. En même temps, cet autre ne lui est pas seulement *pour elle,* mais il est aussi à l'extérieur de ce rapport ou *en soi,* le moment de la vérité. Donc, dans ce que la conscience désigne à l'intérieur de soi comme l'en-soi ou comme le vrai, nous avons la mesure qu'elle établit elle-même pour mesurer son savoir. Si nous nommons concept le *savoir,* et si, d'autre part, nous appelons *Être* ou *Objet* l'essence ou le *Vrai,* alors l'examen consiste à voir si le concept correspond à l'objet. Si, au contraire, nous nommons concept l'essence ou l'en-soi de l'*objet* et si nous entendons par contre par Objet le concept comme objet, c'est-à-dire comme il est *pour un autre,* l'examen consistera à voir si l'objet correspond à son concept. On voit bien que ces deux approches reviennent au même ; mais l'essentiel est de se rappeler constamment pendant toute la recherche que les deux moments, *concept* et *objet,* *être-pour-un-autre* et *être-en-soi,* sont eux-mêmes inclus dans le savoir que nous étudions, et que, par conséquent, nous n'avons pas besoin d'apporter avec nous nos critères, d'utiliser nos idées personnelles et nos pensées au cours de la recherche ; c'est, au contraire, en les écartant que nous aboutirons à considérer la chose comme elle est *en soi* et *pour-soi-même.*

Toute intervention de notre part est superflue non seulement en ce sens que Concept et Objet, Mesure et Matière à examiner, sont présents dans la conscience elle-même, mais encore nous sommes dispensés de la peine de la comparaison ainsi que de l'examen proprement dit. Si bien que, la conscience s'examinant elle-même, il ne nous reste, de ce côté encore, que d'être purement spectateurs. Car la conscience est d'un côté conscience de l'objet, d'un autre côté, conscience de soi-même ; elle est conscience de ce qu'elle tient pour le vrai et conscience de son savoir de cette vérité. Puisque tous les deux sont *pour elle,* elle est elle-même leur comparaison ; c'est *pour elle* que son savoir de l'objet correspond à cet objet ou n'y correspond pas. L'objet paraît être pour elle uniquement tel qu'elle le connaît ; elle paraît incapable d'aller pour ainsi dire par-derrière pour voir l'objet comme il est *non pour elle,* mais comme il est en soi. Ainsi, elle ne semble pas pouvoir examiner son savoir en lui. Mais justement parce que la conscience a en général un savoir d'un objet, la différence est déjà présente en elle : à elle quelque chose est l'en-soi, et le savoir ou l'être de l'objet *pour la conscience* est un autre moment. C'est sur cette distinction réellement présente que se fonde l'examen. Si, dans cette comparaison, les deux moments ne se correspondent pas, la conscience paraît alors devoir changer son savoir pour le rendre adéquat à l'objet. Mais, en fait, dans le changement du savoir, l'objet même se transforme aussi, car le savoir donné était essentiellement un savoir de l'objet. En même temps que le savoir, l'objet aussi devient un autre, car il appartenait essentiellement à ce savoir. Il arrive donc à la conscience que ce qu'elle tenait précédemment pour l'en-soi n'est pas en soi, mais était seulement *en soi pour elle.* Quand la conscience trouve donc dans son objet que son savoir ne correspond pas à cet objet, l'objet non plus ne résiste pas. En d'autres termes, le critère de l'examen se change si ce dont il devait être le critère ne subsiste pas tel quel au cours de l'examen ; et l'examen n'est pas seulement un examen du savoir, mais aussi un examen de son critère.

Dialectique et devenir spirituel

Ce mouvement *dialectique* que la conscience effectue en elle-même, tant en son savoir qu'en son objet, dans la mesure où *devant elle le nouvel objet vrai en jaillit,* est proprement ce qu'on nomme *expérience.* À cet égard, dans le processus considéré plus haut, il y a un moment à faire ressortir, grâce à quoi une nouvelle lumière sera projetée sur le côté scientifique de cette présentation. La conscience sait *quelque chose,* cet objet est l'essence ou l'*en-soi ;* mais il est aussi l'en-soi pour la conscience ; avec cela entre en jeu l'ambiguïté de ce vrai. Nous voyons que la conscience a maintenant deux objets, l'un, le *premier-en-soi,* le second, l'*être-pour-elle* de cet *en-soi.* Ce dernier paraît être seulement d'abord la réflexion de la conscience en soi-même, une représentation non d'un objet, mais seulement de son savoir du premier objet. Mais comme on l'a montré précédemment, le premier objet se change ; il cesse d'être l'en-soi et devient à la conscience un objet tel qu'il est l'*en-soi* seulement *pour elle*. Mais ainsi, l'*être-pour-elle* de cet *en-soi* est ensuite le vrai : c'est-à-dire qu'il est l'*essence* ou son *objet*. Ce nouvel objet contient l'anéantissement du premier, il est l'expérience faite sur lui.

Dans cette présentation du cours de l'expérience, il y a un moment par où elle ne paraît pas coïncider avec ce qu'on a coutume d'entendre par expérience. La transition précisément du premier objet et du savoir de cet objet à l'autre objet, dans lequel on dit que l'expérience a été faite, a été entendue de telle sorte que le savoir du premier objet, ou l'être-pour-la-conscience du premier-en-soi, doit devenir le second objet. Au contraire, il semble ordinairement que nous fassions l'expérience de la non-vérité de notre premier concept *dans un autre* objet que nous trouvons d'une façon contingente et extérieure, de sorte qu'en général il nous incombe seulement la pure *appréhension* de ce qui est en soi et pour soi. Mais, selon le point de vue exposé, le nouvel objet se montre comme produit par le moyen d'une *conversion de la conscience* elle-même. Cette considération de la chose est notre fait ; c'est par elle que la série des expériences de la conscience s'élève au rang d'une progression [philosophique] scientifique, mais cette considération n'est pas faite par la conscience que nous observons. Nous trouvons ici, en fait, la même situation que celle dont nous parlions plus haut à propos de la relation de notre interprétation au scepticisme : c'est que tout résultat découlant d'un savoir non vrai ne devait pas aboutir au néant vide, mais devait être appréhendé nécessairement comme le néant de *ce dont il est le résultat ;* résultat qui contient alors ce que le savoir précédent avait de vrai en lui. Les choses se présentent donc ainsi : quand ce qui paraissait d'abord comme l'objet s'abaisse pour la conscience à un savoir d'elle-même, et quand l'*en-soi* devient un *être-pour-la-conscience* de l'en-soi, alors apparaît le nouvel objet par le moyen duquel surgit encore une nouvelle figure de la conscience, une figure ayant une essence différente de l'essence de la figure précédente. Cette situation accompagne toute la succession des figures de la conscience dans sa nécessité. Pour nous, cette nécessité même, ou la *naissance* du nouvel objet, qui se présente à la conscience sans qu'elle sache comme il lui vient, se passe pour ainsi dire derrière son dos. Dans ce mouvement, il se produit ainsi un moment de l'*être-en-soi* ou de l'*être-pour-nous,* moment qui n'est pas présent à la conscience qui est elle-même enfoncée dans l'expérience ; mais le *contenu* de ce que nous voyons naître est *pour elle,* et nous concevons seulement le côté formel de ce contenu ou son pur mouvement de naître ; *pour elle,* ce qui est né se présente seulement comme objet, *pour nous* il est en même temps mouvement et devenir.

Grâce à cette nécessité ce chemin vers la science est lui-même déjà *science,* et, selon son contenu : science de l'*expérience de la conscience.*

Logique et phénoménologie

Selon son concept même, l'expérience que la conscience fait de soi embrasse le système total de la conscience ou le royaume total de la vérité de l'esprit. Cependant, les moments de la vérité s'y présentent sous une forme déterminée particulière : ils ne sont pas des moments abstraits et purs [logiques], mais ils sont tels qu'ils sont [existentiellement] pour la conscience, ou bien ils sont ce que la conscience est dans son rapport à eux. C'est pourquoi les moments du tout sont des *figures de la conscience.* En se poussant vers sa vraie existence, la conscience atteindra un point où elle se libérera de sa propre apparence, l'apparence d'être entachée de quelque chose d'étranger existant seulement pour elle, comme un autre. Elle atteindra ainsi le point où le phénomène devient égal à l'essence, où, en conséquence, la compréhension de l'expérience coïncide avec la science authentique de l'esprit. Finalement, quand la conscience saisira cette essence qui est la sienne propre, elle désignera la nature du savoir absolu lui-même.

(Ph.E., p. 63-75)

Chapitre V

Aspects de la Logique

Signification de la Logique

La Logique se confond avec la métaphysique, avec la science qui saisit les choses dans les pensées, auxquelles on accorde ici la faculté d'exprimer l'essence des choses [...].

Lorsqu'on dit que la pensée est objective et qu'elle constitue le principe interne de l'univers, il semble qu'on devrait par là attribuer la conscience aux choses de la nature. Mais nous éprouvons une répugnance à concevoir comme pensée l'activité interne des choses, car nous disons que l'homme se distingue des choses de la nature par la pensée. D'après cela, on devrait considérer la nature comme un système de pensées inconscientes, comme une intelligence pétrifiée, suivant l'expression de Schelling. Pour éviter un malentendu, il vaudrait mieux employer l'expression *détermination de la pensée,* au lieu de *pensée*.

Cette signification de la pensée et de ses déterminations se trouve exprimée d'une façon plus précise dans la formule antique : le *Nous* (la Raison) gouverne le monde. Nous l'exprimons lorsque nous disons que la raison est dans le monde, qu'elle l'habite, lui est immanente, qu'elle en constitue la nature propre et la plus intime, la nature universelle [...].

Si, d'après ce qui précède, nous considérons la Logique comme le système des déterminations pures de la pensée, les autres sciences philosophiques, la philosophie de la nature et la philosophie de l'esprit, nous apparaîtront comme une logique appliquée, car la logique est l'âme qui les anime [...].

Les déterminations logiques de la pensée sont des esprits purs ; elles sont ce qu'il y a de plus intime dans les choses, mais, en même temps, ce sont celles que nous avons tout le temps dans la bouche, et qui, pour cette raison, nous paraissent comme quelque chose de bien connu. En réalité, elles sont ce qu'il y a de plus inconnu. L'*être* par exemple, est une détermination pure de la pensée, et, cependant, il ne nous vient jamais à l'esprit de faire du terme *est* l'objet de notre recherche. On pense ordinairement que l'Absolu doit être situé dans un au-delà, et, cependant, il est précisément ce qu'il y a de plus présent en nous, car, comme êtres pensants, nous le portons en nous, et nous en faisons usage, bien que nous n'en ayons pas conscience [...]. On dit ordinairement que la Logique ne s'occupe que des formes, et que son contenu elle le tire d'ailleurs. Mais les pensées logiques ne sont pas quelque chose de partiel par rapport au contenu ; c'est plutôt le contenu qui est partiel par rapport aux pensées ; car elles sont le fondement existant en soi et pour soi de toutes choses.

(E., § 24, I, p. 83-84, 85, 87, 89)

La Logique est théologie métaphysique

Dieu serait d'abord considéré comme l'*Être* – la détermination la plus abstraite, celle par laquelle les Éléates ont commencé [...]. Mais quel est l'individu qui n'a pas eu à la bouche le mot *être* (le temps *est* beau, où *es*-tu ? et ainsi de suite à l'infini), quelle est l'activité représentatrice où ne se trouve pas cette pure détermination de la pensée ? Cependant, elle est enveloppée dans un contenu concret (le *temps* est beau, et ainsi de suite à l'infini). C'est de ce contenu que, dans de telles représentations, la conscience est remplie et c'est ce contenu qu'elle connaît. Il y a une différence infinie entre cette sorte d'utilisation de la détermination : *être,* et le fait de la fixer pour soi et de la considérer comme ce qu'il y a d'ultime, comme l'Absolu ou comme Dieu, comme l'ont fait les Éléates.

En outre, si les choses sont déterminées comme finies, l'esprit s'élève à partir d'elles jusqu'à l'Infini qu'il considère comme l'Être *idéel* ou *idéal*. S'il les détermine comme *étant* d'une manière *seulement* immédiate, l'esprit considère cette immédiateté comme une apparence et s'élève au-dessus de cette simple immédiateté jusqu'à l'*Essence* où il reconnaît par la suite le *Fondement* de celle-ci[31]. Si les choses sont déterminées comme parties, il s'élève à Dieu qu'il considère comme le *Tout ;* si elles sont déterminées comme manifestations extérieures dépourvues d'individualité propre (*selbstlos*), Dieu sera la *Force ;* si elles sont effets, Dieu sera leur *Cause.* Toutes ces déterminations sont conférées aux choses par la pensée ; de même, on emploie les catégories : *Être, Infini, Idéel, Essence* et *Fondement, Totalité, Force, Cause* pour désigner Dieu. Or si ces catégories s'appliquent bien à Lui, si Dieu est réellement *Être, Infini, Essence, Totalité, Force,* etc., elles n'épuisent cependant pas sa nature. Il est plus riche et plus profond que ces déterminations ne peuvent l'exprimer. Le progrès de chacune de ces déterminations initiales où l'existence de Dieu apparaît comme liée à la finitude, jusqu'à la détermination finale, c'est-à-dire jusqu'à l'Infini saisi par la pensée, mérite le nom de preuve au même titre que les preuves formelles (traditionnelles) de l'existence de Dieu […].

Cette pluralité de points de départ n'est rien d'autre que la foule des catégories qui appartiennent au domaine de l'investigation logique […]. Ces catégories ne sont que la série des déterminations successives du concept, non pas de n'importe quel concept, mais du Concept même : un développement du Concept où celui-ci explicite ses aspects les uns par rapport aux autres tout en s'approfondissant en soi. Le premier aspect de ce processus est la détermination finie d'une forme du Concept ; l'autre est celui où apparaît la vérité [négation et enrichissement] de la première détermination – vérité qui est elle-même une forme du Concept plus concrète et plus profonde que la précédente : le plus haut degré d'une sphère est en même temps le commencement d'une sphère plus élevée. La Logique développe dans sa nécessité ce progrès des déterminations du Concept. Chaque degré qu'il parcourt contient

31. La connaissance part de l'Être (première partie de la *Logique*) et après avoir épuisé la sphère de l'Être passe à l'Essence (deuxième partie de la *Logique*), qui est la « vérité de l'Être ». Fondement, Totalité, Force, Cause, etc., sont les catégories qui constituent la sphère de l'Essence.

l'élévation d'une catégorie de la finitude à son infinité : depuis le point
de départ (jusqu'au point d'arrivée du développement du Concept)
chaque degré contient un concept métaphysique de Dieu et, puisque
cette élévation est saisie dans sa nécessité, il contient également une
preuve de son être. Ainsi ce passage d'un degré au degré plus élevé se
présente comme un progrès nécessaire des déterminations de plus en
plus concrètes et profondes et non pas comme une *série* de concepts
choisis au hasard. C'est un progrès vers une vérité totalement *concrète,*
vers une *manifestation* parfaite du Concept, vers une adéquation
complète de ses manifestations avec lui-même. La Logique est ainsi
la théologie métaphysique, qui contemple l'évolution de l'Idée de
Dieu dans l'éther de la pensée pure et qui ne contemple que cette Idée
telle qu'elle est absolument indépendante en soi et pour soi.

(*Preuves, Jubiläumsausgabe*, XVI, p. 432-434)

Signification de la négation

La seule chose nécessaire pour obtenir la progression scientifique,
c'est la connaissance de cette proposition logique : le négatif est
également positif, autrement dit, ce qui se contredit ne se résout pas
en zéro, en néant abstrait, mais aboutit seulement à la négation de
son contenu *particulier.* Autrement dit, une telle négation n'est pas
complètement négation, mais *négation de la chose déterminée* qui
se dissout, donc négation déterminée. Par conséquent, le résultat
contient essentiellement ce dont il découle – ce qui est à vrai dire une
tautologie, car autrement il serait un immédiat et non un résultat. Dans
la mesure où le résultant, la négation, est une négation *déterminée,*
elle a un *contenu.* Elle est un nouveau concept, mais plus haut, plus
riche que le précédent, car elle s'est enrichie de sa négation, ou de son
opposé ; elle le contient donc, mais elle contient plus que lui, parce
qu'elle est l'unité d'elle-même et de son opposé. C'est en suivant
cette voie que doit se former le système des concepts et c'est dans
cette progression irrésistible, pure, qui ne fait rien entrer du dehors,
qu'il doit s'accomplir.

(L., I, p. 35-36)

« *Supprimer* » (*aufheben*) et « *l'être supprimé* » (*das Aufgehobene*), l'Idéel sont parmi les concepts les plus importants de la philosophie. Il s'agit d'une détermination fondamentale qui revient à tout instant, dont il faut saisir le sens avec précision et qu'il faut surtout bien distinguer du néant. Ce qui se supprime [ou se dépasse] ne devient pas pour cela néant. Le néant est *immédiat ;* par contre, une chose supprimée est *médiatisée ;* elle est un non-étant, mais en tant que *résultat* qui est sorti d'un *être ;* elle a donc *encore en elle la détermination dont elle provient.*

Aufheben a dans la langue un double sens ; celui de conserver, de garder et celui de faire cesser, de *mettre un terme.* Conserver a d'ailleurs une signification négative, à savoir que pour conserver quelque chose il faut qu'on lui enlève son immédiateté, qu'on supprime son existence telle qu'elle est soumise aux conditions extérieures. Ainsi ce qui est supprimé est en même temps conservé ayant seulement perdu son existence immédiate, sans être pour cela anéanti. Lexicologiquement, ces deux déterminations de l'*Aufheben* peuvent être considérées comme deux *significations* du mot. Il est remarquable qu'une langue en soit venue à employer un seul et même mot pour deux significations contraires. La pensée spéculative se réjouit de trouver dans la langue des mots qui ont par eux-mêmes un sens spéculatif, et la langue allemande en possède plusieurs […]. Une chose est supprimée [dépassée] dans la mesure où elle est entrée en unité avec son opposé : dans cette détermination, la chose dépassée apparaît comme réfléchie et peut être désignée comme « Moment ».

(L., I, p. 93-94)

La dialectique

Comment pourrais-je croire que la méthode que j'ai suivie dans ce système de la Logique – ou plutôt que le système suit de lui-même – n'est pas susceptible de beaucoup de perfectionnement et d'élaboration dans le détail ? Mais je sais en même temps qu'elle est la seule vraie. Ceci ressort déjà du fait qu'elle ne diffère en rien de son objet et de son contenu – car c'est le contenu en soi, la dialectique qu'il a en lui-même, qui fait progresser. […] Ce qui détermine la progression du Concept est le *négatif* qu'il contient et dont nous avons parlé plus haut. C'est ce qui constitue le véritablement dialectique. La dialectique qui fut considérée comme une partie séparée de la logique, et dont le but et la position furent, on peut le dire, entièrement méconnus, obtient par là une tout autre place [...]. On considère généralement la dialectique comme un procédé extérieur et négatif, qui n'appartient pas à la chose elle-même et qui est dû à un effort subjectif et vain pour ébranler ce qui est solide et vrai ou qui, tout au moins, n'amène qu'à la démonstration de la vanité de l'objet traité dialectiquement.

Kant a placé la dialectique plus haut (et c'est là un de ses plus grands mérites), en la débarrassant de l'apparence d'arbitraire qu'elle a selon l'opinion ordinaire, et en la présentant comme une *démarche nécessaire de la raison...*

La démarche dialectique, telle que nous la comprenons ici : la saisie des opposés dans leur unité, ou du positif dans le négatif, est la démarche même de la pensée spéculative. C'est là son côté le plus important, mais aussi le plus difficile pour la pensée encore non exercée et non libre.

(L., I, p. 37-38)

Je nomme *dialectique* le principe moteur du Concept en tant que non seulement il résout les particularisations de l'universel, mais les produit. Le terme « dialectique » ne signifie pas qu'un objet, une proposition, donnés au sentiment ou à la conscience immédiate, se dissolvent et se confondent et sont menés par-ci par-là et qu'on s'occupe d'en dériver les contraires (forme négative dans laquelle la dialectique apparaît chez Platon).

Le dernier résultat de cette dialectique négative est de donner le contraire d'une représentation, – ce qui peut être tantôt conçu nettement à la manière des anciens sceptiques comme une contradiction, tantôt fadement, à la manière stupide des modernes, comme une approximation de la vérité. La dialectique plus haute du Concept consiste à concevoir la détermination non seulement comme limite et contraire, mais aussi à faire sortir d'elle le contenu et le résultat *positifs,* et c'est seulement en procédant de la sorte qu'elle est *développement* et progression immanente. Dans ce cas, la dialectique n'est pas une activité *extérieure* d'une pensée subjective, mais l'*âme propre* du contenu qui produit organiquement ses branches et ses fruits. C'est l'Idée qui se développe en vertu de l'activité propre de sa Raison : la pensée subjective ne fait qu'assister à ce développement sans y apporter rien de son côté. Considérer quelque chose rationnellement ne consiste pas à apporter du dehors une raison à l'objet et à l'élaborer. C'est l'objet lui-même qui est rationnel [...].

(Ph.D., § 31, *Jubiläumsausgabe*, VII, p. 81-82)

Les déterminations dans le développement du Concept sont d'une part des concepts eux-mêmes, d'autre part, puisque le Concept est essentiellement Idée, ils ont aussi la forme de l'existence concrète dans la réalité, et la série des concepts qu'on obtient ainsi est en même temps une série de figures concrètes réelles : c'est à ce titre qu'on doit les considérer dans la science [...].

L'Idée doit toujours se déterminer en elle-même, car au commencement elle n'est que concept abstrait. Cependant, ce concept abstrait du début n'est jamais abandonné. Il s'enrichit en lui-même continuellement et la dernière détermination est par là la plus riche. Les déterminations qui auparavant n'ont été qu'en soi, arrivent par là à leur libre indépendance, mais le Concept demeure l'âme qui maintient tout l'ensemble et reprend possession de sa propre différenciation par un processus immanent. On ne peut donc pas dire que le Concept arrive à quelque chose de nouveau ; la dernière détermination rejoint la première dans une unité. Si le Concept semble ainsi être scindé dans son existence, cela n'est précisément qu'une apparence, qui se dévoile comme telle dans la progression, puisque toutes les particularités reviennent à la fin dans le concept de l'universel. Dans les sciences empiriques, on analyse d'habitude ce qui est trouvé dans la représentation, et quand on a ramené le particulier au commun, on appelle cela un concept. Nous ne procédons pas ainsi, car nous voulons seulement regarder comment le Concept se détermine lui-même et nous nous efforçons de ne rien ajouter de notre propre opinion et pensée.

(Ph.D., § 32, VII, p. 82-83)

La contradiction

Si les premières déterminations réflexives, l'identité, la différence et l'opposition, sont établies comme principes, alors on devrait à plus forte raison concevoir et établir comme principe la détermination en laquelle elles passent comme à leur vérité – à savoir, la contradiction dont le principe doit être énoncé ainsi : *toutes les choses sont contradictoires en soi*. À la différence des autres, cette proposition exprime l'essence et la vérité des choses. La contradiction qui apparaît dans l'opposition n'est que le néant développé qui est impliqué dans l'identité et devient manifeste dans la proposition disant que le principe d'identité ne dit *rien*. Cette négation, en continuant à se déterminer, devient diversité et opposition, c'est-à-dire contradiction posée.

C'est pourtant un des principaux préjugés de la Logique traditionnelle et de la représentation ordinaire que la contradiction ne serait pas une détermination aussi essentielle et immanente que l'identité. Mais s'il était ici question de hiérarchie et s'il était possible de considérer ces deux déterminations comme isolées l'une de l'autre, c'est plutôt la contradiction qu'il faudrait tenir pour la détermination la plus profonde et la plus essentielle. Vis-à-vis d'elle l'identité n'est que la détermination du simple immédiat, de l'Être mort, tandis que la contradiction est la racine de tout mouvement et de toute vitalité ; c'est seulement dans la mesure où elle renferme une contradiction qu'une chose est capable de mouvement, d'élan, d'activité.

La contradiction est ordinairement ce qu'on écarte en premier lieu des choses, de l'être et du vrai en général ; on dit notamment *qu'il n'y a rien de contradictoire*. D'autre part, on relègue la contradiction dans la réflexion subjective, en disant que c'est elle qui la pose par ses rapports et comparaisons. Mais on ne saurait dire qu'elle existe même dans cette réflexion, car le contradictoire ne saurait être représenté ni pensé. Qu'il s'agisse de la réalité ou de la réflexion pensante, la contradiction est considérée comme un simple accident, pour ne pas dire comme une anomalie ou un paroxysme morbide et passager.

Pour ce qui est de l'affirmation d'après laquelle il n'y aurait pas de contradiction, qu'elle ne serait pas quelque chose d'existant, nous n'avons pas à nous préoccuper d'une telle assurance ; une détermination absolue de l'Essence doit se retrouver dans toute expérience, dans toute réalité, dans tout concept. Lorsque nous parlions plus haut de l'Infini, qui est la contradiction telle qu'elle se manifeste dans la sphère de l'Être, nous avons déjà dit la même chose. Mais c'est un fait d'expérience courante qu'il y a une foule de choses contradictoires, d'institutions contradictoires, etc., dont la contradiction n'existe pas seulement dans la réflexion extérieure, mais réside dans les choses mêmes. Elle ne doit pas non plus être considérée comme une simple anomalie qui n'apparaît que ça ou là, mais elle est le négatif dans sa détermination essentielle, le principe de tout mouvement spontané, lequel n'est pas autre chose que la manifestation de la contradiction. Le mouvement sensible extérieur lui-même est son existence immédiate. Une chose se meut non seulement en tant qu'elle se trouve à un moment donné ici et au moment suivant ailleurs, mais aussi en tant qu'elle est au même moment, *ici* et *non-ici,* en tant qu'elle est et en même temps n'est pas dans la même place. On doit reconnaître avec les anciens dialecticiens les contradictions qu'ils ont montrées dans le mouvement ; cependant il ne s'ensuit pas que le mouvement n'existe pas, mais plutôt que le mouvement est la contradiction même *existant empiriquement.*

De même, l'automouvement proprement dit, la *tendance ou pulsion en général* (appétition ou nisus de la monade, l'entéléchie de l'être absolument simple) signifie seulement que sous un seul et même rapport une chose existe *en-soi* et est en même temps son propre manque ou *négatif.* L'abstraite identité avec soi n'a encore aucune vitalité, mais du fait que le positif est en lui-même négativité, il sort de lui-même et s'engage dans le changement. Une chose n'est donc vivante que pour autant qu'elle renferme une contradiction et possède la force de la saisir et de la soutenir. Mais lorsqu'un existant est incapable, dans sa détermination positive, de passer à la détermination négative et de les conserver l'une dans l'autre, autrement dit lorsqu'il est incapable de supporter à l'intérieur de lui-même la contradiction, il n'est pas une unité vivante, il n'est pas fond, mais s'effondre et succombe à la contradiction. La *pensée spéculative* consiste seulement en ceci qu'elle assume la contradiction et se maintient elle-même en elle, tandis que la pensée ordinaire se laisse dominer par la contradiction et la laisse altérer ses déterminations ou les annihiler.

Si dans le mouvement, dans la tendance, etc., la contradiction se trouve masquée pour la représentation par la *simplicité* même de ces déterminations, par contre dans les *déterminations relationnelles* elle se manifeste directement. Les exemples les plus banals, haut et bas, gauche et droite, père et fils, et ainsi de suite à l'infini, contiennent tous les deux opposés en un seul terme. Est haut ce qui *n'est pas* bas ; être haut signifie seulement ne pas être bas, et le haut n'existe qu'en tant qu'il y a un bas, et inversement ; chaque détermination implique son opposé. Le père est l'autre du fils, et le fils l'autre du père, et chacun est seulement l'autre de l'autre ; et, en même temps, chacune de ces déterminations n'existe que par rapport à l'autre : son être est seulement une certaine position (*Bestehen*). Le père est aussi quelque chose pour soi en dehors du rapport avec le fils ; mais alors il n'est plus père, mais homme en général. De même si le haut et le bas, le côté droit et le côté gauche sont pensés en eux-mêmes en dehors de toute relation, ils sont quelque chose, mais alors ils ne sont que des lieux en général. Les opposés contiennent la contradiction, pour autant qu'ils se rapportent négativement l'un à l'autre sur un point donné ou pour autant qu'ils se *neutralisent réciproquement* ou sont *indifférents* l'un à l'autre. La représentation, lorsqu'elle passe au moment de l'*indifférence* des déterminations, oublie leur unité négative et les considère ainsi tout simplement comme des différents en général – détermination dans laquelle le côté droit n'est plus droit, le gauche n'est plus gauche, etc. Mais lorsqu'elle trouve effectivement devant elle le droit et le gauche, elle se trouve en présence de déterminations qui se nient, de déterminations incluses l'une dans l'autre, et qui, dans cette unité, restent en se niant indifférentes l'une à l'autre.

La représentation a donc toujours pour contenu la contradiction, sans en avoir conscience ; elle reste à l'état de réflexion extérieure qui passe de l'égalité à l'inégalité ou du rapport négatif à la réflexion-sur-soi des différents. Elle oppose extérieurement l'une à l'autre ces deux déterminations et n'envisage *que celles-ci* et non le *passage* de l'une en l'autre, qui constitue l'essentiel et contient la contradiction. La réflexion *intelligente,* pour la mentionner ici, est justement celle qui appréhende et exprime la contradiction. Bien qu'elle n'exprime que le *concept* des choses et leurs conditions et qu'elle n'ait pour matière et pour contenu que des déterminations de la représentation, elle établit entre ces déterminations un rapport qui contient leur contradiction et laisse à travers elle *transparaître leur concept*. Mais la raison pensante aiguise, pour ainsi dire, la différence émoussée du divers, la simple variété telle qu'elle est conçue par la représentation, en en faisant une différence *essentielle,* une *opposition*. C'est seulement lorsqu'ils sont poussés à l'extrême de la contradiction que les multiples s'éveillent et s'animent, et c'est dans la contradiction qu'ils reçoivent la négativité qui est la pulsation immanente de l'automouvement et de la vitalité.

En parlant de la *preuve ontologique de l'existence de Dieu,* nous avons déjà rappelé que la détermination qui est à la base de cette preuve est celle d'après laquelle Dieu serait l'ensemble *de toutes les réalités*. D'habitude on commence par montrer que cette détermination est *possible,* parce qu'elle ne comporte aucune *contradiction :* la réalité y est prise seulement en tant que réalité n'ayant pas de limites. Nous avons également rappelé alors que cet ensemble de toutes les réalités devient un simple être indéterminé ou, si les réalités en question sont prises comme plusieurs réalités déterminées, leur ensemble devient celui de toutes les négations. En poussant un peu plus loin la différence entre les réalités, on voit la diversité devenir opposition et, par conséquent, contradiction, de sorte que l'ensemble de toutes les réalités devient, à son tour, contradiction absolue en soi. L'horreur qu'à l'instar de la nature la pensée représentative, mais non la pensée spéculative, éprouve devant le vide, c'est-à-dire devant la contradiction, rejette cette conséquence ; car elle est enfoncée dans la conception unilatérale selon laquelle la contradiction *se dissout* dans le *néant,* et ne reconnaît pas l'aspect positif de la contradiction, celui par lequel elle est *activité absolue* et fondement absolu.

Il résulte de l'examen de la nature de la contradiction que lorsqu'on dit d'une chose qu'elle renferme une contradiction, on ne signifie pas par là qu'elle est endommagée, défectueuse ou fautive. Ce qui est plus vrai, c'est que toute détermination, tout concret, tout concept constituent essentiellement une unité de moments différents et différenciables, qui deviennent contradictoires par la *différence déterminée essentielle* qui les sépare. Ce contradictoire se résout toutefois en zéro, retourne à son unité négative. La chose, le sujet, le concept est justement cette unité négative même ; ils sont contradictoires en eux-mêmes, mais également ils sont des *contradictions résolues,* des *fondements* qui contiennent et portent leurs déterminations. La chose, le sujet ou le concept sont, en tant que réfléchis-sur-soi dans leurs sphères, leurs contradictions résolues, mais chaque sphère est une sphère *différente, déterminée ;* elle est ainsi une sphère finie c'est-à-dire *contradictoire.* Ce n'est pas elle-même qui résout cette contradiction supérieure, mais il existe au-dessus d'elle une sphère encore plus élevée, qui est son unité négative, son fondement. C'est pourquoi les choses finies dans leur indifférente variété sont ainsi généralement constituées qu'elles sont contradictoires en soi, qu'elles sont brisées en elles-mêmes et doivent retourner à leur fondement. Ainsi que nous le montrerons plus loin, le véritable syllogisme, qui s'élève de l'accidentel et du fini à l'Essence absolument nécessaire, ne consiste pas à voir dans l'accidentel et le fini un être étayé sur son fond et y demeurant, mais consiste plutôt en ceci – et cela est impliqué immédiatement dans la contingence – qu'en partant d'un être seulement contingent, contradictoire en lui-même, on conclut à un absolument nécessaire. Autrement dit, on démontre que le contingent retourne à son fond où il se supprime, et que par ce retour il pose le fond d'une façon telle qu'il fait de lui-même un être posé. Dans le syllogisme courant c'est l'*Être* du fini qui apparaît comme le fondement de l'Absolu : le fini *est,* donc l'Absolu *est.* Mais la vérité serait plutôt que puisque le Fini est l'opposition contradictoire en-soi, puisqu'il *n'est pas,* l'Absolu est. D'après la première conception, l'*Être* du fini serait l'*Être* de l'Absolu ; mais d'après la nôtre, c'est le *non-être* du Fini qui est l'*Être* de l'Absolu.

(L., II, p. 58-62)

La méthode comme autoconstruction de l'Absolu

La méthode peut d'abord apparaître comme simplement la manière et le mode de la connaissance. En effet, sa nature possède une telle signification. Mais en tant que méthode, cette manière de procéder est non seulement une *modalité déterminée en soi et pour soi de l'Être,* mais elle est aussi à la fois une modalité de la connaissance déterminée par le *Concept* et la *Forme,* dans la mesure où la Forme est l'âme de toute l'objectivité et que tout contenu déterminé a sa vérité seulement dans la forme. Quand on suppose que le contenu est donné à la méthode et possède une nature à lui, alors la méthode est, ainsi que le logique en général, une forme seulement *extérieure.* Pour réfuter cette hypothèse on peut se référer à la notion même du logique : tout son développement a montré le caractère transitoire et non vrai de toutes les formes d'un contenu donné, de toutes les forces des objets qui y sont apparus. Non seulement un objet donné ne peut être le fondement auquel la forme absolue se rapporterait comme une détermination seulement extérieure et contingente, mais c'est plutôt celle-ci qui est le fondement absolu et la vérité ultime. La méthode apparaît ainsi comme le *Concept se connaissant lui-même, ayant soi-même comme objet,* comme l'Absolu à la fois subjectif et objectif : c'est la pure adéquation du Concept et de sa réalité, une existence concrète qui est le Concept même.

Ainsi, ce qui est ici à considérer comme méthode, c'est seulement le mouvement du *Concept* lui-même. Or il est entendu que le *Concept est tout,* que son mouvement est *l'activité universelle absolue,* le mouvement qui se détermine et se réalise lui-même. C'est pourquoi il faut reconnaître que la méthode est le mode universel, interne et externe, sans aucune limitation : la force absolument infinie. Aucun objet, en tant qu'il se présente comme quelque chose d'extérieur, d'éloigné et d'indépendant de la raison ne peut lui résister. En face de la méthode, rien ne peut être d'une nature particulière, rien ne peut ne pas être pénétré par elle. La méthode est ainsi l'*âme* et la *substance ;* rien n'est saisi et connu dans sa vérité à moins d'être *complètement soumis à la méthode ;* elle est la méthode propre de chaque chose particulière parce que son activité est le Concept. C'est là aussi le sens plus vrai de son *universalité :* d'après l'universalité réflexive, elle ne serait que la méthode applicable à *tout ;* mais d'après l'universalité de l'Idée elle est le mode de la connaissance, le mode du Concept se connaissant *subjectivement* aussi bien que le mode *objectif* ou plutôt la *substantialité* des *choses,* c'est-à-dire des concepts pour autant qu'ils apparaissent à la *représentation* et à la *réflexion* comme *autres.* C'est pourquoi elle est la *force* la plus haute, ou plutôt la *force unique* et absolue de la raison, mais aussi sa plus haute et sa seule *tendance* (pulsion, *Trieb*) : la tendance de se trouver et de se connaître *elle-même par elle-même dans tout.*

(L., II, p. 485-487)

Chapitre VI

L'homme

L'homme est cette nuit, ce néant vide, qui contient tout dans sa simplicité : une richesse d'un nombre infini de représentations, d'images, dont aucune ne surgit précisément à son esprit ou qui ne sont pas toujours présentes. C'est la nuit, l'intimité de la nature qui existe ici : le *Soi pur*. Dans les représentations fantastiques il fait nuit tout autour : ici surgit alors une tête ensanglantée, là une autre figure blanche ; et elles disparaissent tout aussi brusquement. C'est cette nuit qu'on aperçoit lorsqu'on regarde un homme dans les yeux : on plonge alors dans une nuit qui devient *terrible ;* c'est la nuit du monde qui se trouve alors face à nous.

La *puissance de tirer de cette nuit les images ou de les y laisser tomber,* (c'est) *l'acte de se poser soi-même,* la conscience *intérieure,* l'*action,* la *scission.* C'est dans cette nuit que s'est retiré l'être ; mais le mouvement de cette puissance est également posé.

(R., II, p. 180-181)

Innocence et connaissance

Lorsqu'on compare les unes avec les autres les diverses formes de la connaissance, la première, celle de la connaissance immédiate, peut facilement être regardée comme la plus adéquate, la plus belle et la plus haute. Sous cette forme, rentre tout ce qui, du point de vue moral, s'appelle innocence, puis le sentiment religieux, la conscience naïve, l'amour, la loyauté et la foi naturelle. Les deux autres formes, d'abord celle de la connaissance réfléchie et ensuite la connaissance philosophique, sortent de cette unité immédiate et naturelle. Puisque ces deux derniers modes de connaissance ont cela de commun entre eux, la volonté de saisir le vrai par la pensée pourra facilement paraître comme l'orgueil de l'homme qui veut connaître la vérité par ses propres forces. En tant que position de la séparation universelle, cette position de la pensée peut être considérée comme l'origine de tout mal et de toute douleur, comme la faute originelle et il semblerait que la pensée et la connaissance dussent être abandonnées pour retourner et se réconcilier. En ce qui concerne l'abandon de l'unité primitive, cette scission prodigieuse de l'esprit avec lui-même a été depuis toujours un objet de la conscience des peuples. Dans la nature, une telle scission interne ne se produit pas et les choses naturelles ne font aucun mal. Dans le mythe mosaïque du péché originel, nous est donnée une vieille représentation de l'origine et des conséquences de cette scission. Il convient donc de placer ce mythe au sommet de la science de la logique car celle-ci traite de la connaissance, et dans ce mythe aussi, il s'agit de la connaissance, de son origine et de sa signification [...].

Ce mythe exprime donc le rapport général de la connaissance à la vie spirituelle. La vie spirituelle dans son immédiateté apparaît d'abord comme innocence et confiance naïve. Mais il est de l'essence de l'esprit que cet état immédiat soit supprimé car la vie spirituelle se distingue de la vie de la nature et plus spécialement de la vie animale par ce fait qu'elle ne demeure pas dans son « en soi », mais qu'elle est « pour soi ». Ce point de vue de la scission doit tout aussitôt être supprimé et l'esprit doit par lui-même retourner à l'unité. Cette unité est alors unité spirituelle, et le principe de ce retour réside dans la pensée elle-même. C'est elle qui blesse et c'est elle aussi qui guérit.

Dans notre mythe, il est dit que Adam et Ève, les premiers hommes, l'homme en général, se trouvaient dans un jardin où il y avait un arbre de vie et un arbre de la connaissance du bien et du mal. De Dieu, il est dit qu'il avait interdit à l'homme de manger des fruits de cet arbre ; mais par la suite il n'est plus question de l'arbre de vie. On veut, par là, signifier que l'homme ne doit pas arriver à la connaissance, mais doit demeurer dans un état d'innocence. D'autres peuples ayant une conscience encore plus profonde se représentaient aussi que le premier état de l'homme était un état d'innocence et d'union. Ce qu'il y a de juste là-dedans, c'est qu'on ne doit pas en rester à cet état de scission dans lequel se trouve naturellement tout ce qui est humain ; par contre, il est inexact que l'unité immédiate et naturelle soit la vraie. L'esprit n'est pas quelque chose de purement immédiat, mais il contient par essence le moment de la médiation. L'innocence enfantine a sans doute quelque chose d'attirant et de touchant, mais à condition de rappeler ce qui doit être produit par l'esprit. Cette unité que, dans l'enfant, nous saisissons comme quelque chose de naturel, doit être le résultat du travail et de l'éducation de l'esprit. Le Christ dit : « Si vous ne devenez comme de petits enfants… » mais il n'est pas dit par là que nous dussions rester des enfants.

Dans notre mythe mosaïque nous trouvons encore que l'exigence de sortir de l'unité n'arriva aux hommes que par l'intermédiaire d'une provocation extérieure (par le serpent). Mais en fait le passage à l'opposition, l'éveil de la conscience se trouve à l'intérieur de l'homme lui-même et c'est l'histoire qui se répète en tout homme. Le serpent identifie la divinité avec la connaissance du bien et du mal, et en fait cette connaissance est devenue le partage de l'homme du fait qu'il a brisé l'unité de son être immédiat et mangé le fruit défendu. La première réflexion de la conscience éveillée fut que les hommes s'aperçurent qu'ils étaient nus. C'est là un trait plein de naïveté et de profondeur. C'est dans la pudeur en effet que l'homme se distingue de son être naturel et sensible. Les bêtes ne parviennent pas jusqu'à cette distinction, aussi sont-elles sans pudeur. C'est dans ce sentiment humain de la pudeur qu'il faut chercher l'origine spirituelle et éthique du vêtement ; le besoin purement physique est au contraire quelque chose de secondaire.

Vient ensuite la malédiction que Dieu a prononcée sur l'homme. Le point qu'il faut relever se rapporte à l'opposition, spécialement à l'opposition de l'homme contre la nature. L'homme doit travailler à la sueur de son front et la femme engendrer dans la douleur. Quant à ce qui concerne le travail, il est tout aussi bien le résultat de la division que le moyen de la surmonter. L'animal trouve immédiatement ce dont il a besoin, ce qui est nécessaire pour satisfaire à ses besoins ; l'homme au contraire se rapporte aux moyens par lesquels il satisfait à ses besoins, comme à quelque chose de produit, de façonné par lui. Cependant, dans cette extériorité, l'homme se rapporte encore à lui-même.

Avec le bannissement du paradis, le mythe n'est pas encore terminé. Il est ajouté « Dieu dit : Voici que l'homme est devenu comme l'un de nous, car il connaît ce qui est bien et ce qui est mal ». La connaissance est caractérisée ici comme le divin et non plus comme auparavant comme une chose interdite, comme ce qui ne doit pas être. Nous avons là la réfutation de ceux qui disent que la philosophie ne doit s'occuper que du fini. La philosophie est connaissance et c'est seulement par la connaissance que la vocation originelle de l'homme, qui est de devenir une image de Dieu, est réalisée. Quand on dit que Dieu a chassé l'homme du jardin de l'Éden afin qu'il ne mange pas de l'arbre de vie, on veut dire par là que l'homme fini et mortel quant à son être naturel est infini par la connaissance.

(E., § 24, I, p. 92-95)

L'homme est naturellement mauvais

C'est une doctrine connue de l'Église, que l'homme est mauvais par nature : cet être naturellement mauvais est désigné par le péché originel. Il ne faut cependant pas se représenter de façon extrinsèque le péché originel comme s'il n'avait de fondement que dans un acte contingent du premier homme. En réalité, il est du concept même de l'esprit que l'homme soit mauvais par nature et on n'a pas à s'imaginer qu'il puisse en être autrement. En tant qu'il agit de façon purement naturelle, l'homme est dans une condition qui ne devrait pas être. L'esprit doit être libre et être ce qu'il est par lui-même. La nature n'est pour l'homme que le point de départ qu'il doit modifier. Face à la profonde doctrine de l'Église il y a la doctrine moderne des Lumières selon laquelle l'homme est naturellement bon et doit rester fidèle à sa nature. En sortant de son être naturel l'homme se pose comme un être séparé, comme un être conscient de soi face à un monde purement extérieur. Inhérente au concept même de l'esprit, cette position de la scission ne doit pas se perpétuer. À cette position de la scission se rattache tout ce qu'il y a de fini dans la pensée et le vouloir. L'homme se donne des fins tirées de lui-même et c'est de lui-même qu'il tire la matière de son action. Lorsqu'il fait de ses fins ce qu'il y a de plus élevé et qu'il ne sait et ne veut que lui-même, dans sa particularité et à l'exclusion de l'universel, il est mauvais et ce mal est sa subjectivité. En apparence, nous nous trouvons ici en présence d'un double mal, mais en réalité, tous les deux n'en font qu'un. En tant qu'il est esprit, l'homme n'agit pas de façon purement naturelle, mais en tant qu'il se comporte comme tel et qu'il suit les fins de ses désirs, il se réduit à son être purement naturel. Le mal naturel de l'homme n'est donc pas comme l'être naturel de l'animal. Ce par quoi l'homme est naturellement mauvais n'est donc pas la même chose que l'être naturel de l'animal. La naturalité a de plus cette détermination que l'homme naturel est individu car la nature se trouve sous la loi de la particularisation. Pour autant que l'homme se veut comme nature, il veut cette particularité. Contre ce comportement appartenant à l'individualité naturelle et procédant des désirs et des inclinations, s'élève la loi ou la détermination universelle. Cette loi peut être une puissance extérieure ou avoir la forme de l'autorité divine. L'homme est dans l'esclavage de la loi aussi longtemps qu'il s'attache à ce qu'il y a de purement naturel en lui. Dans ses inclinations et ses sentiments, l'homme a bien aussi des sympathies, des affections bienveillantes, sociales, allant au-delà de l'individualité égoïste. Mais pour autant que ces inclinations sont immédiates, le contenu universel de ces inclinations a toujours la forme de la subjectivité. L'égoïsme et la contingence y ont toujours un rôle.

(E., § 24, I, p. 95-97)

Finitude et infinité de l'homme

Habituellement, on se représente la finitude de l'esprit comme une limite absolue, comme une qualité invariable après la suppression de laquelle l'esprit cesserait d'être esprit. C'est ainsi que l'essence des choses naturelles est liée à une qualité déterminée : par exemple l'or ne peut pas être séparé de son poids spécifique, tel ou tel animal ne saurait être sans ses griffes, sans ses dents incisives, etc. En vérité la finitude de l'esprit ne doit pas être considérée comme une détermination fixe, mais il faut y voir un simple moment. L'esprit est essentiellement l'Idée dans la forme de l'idéalité, c'est-à-dire de la négation du fini. Le fini a donc, dans l'esprit, seulement la signification d'un élément transcendé, et non d'un élément existant. La qualité propre de l'esprit est plutôt la véritable infinité, c'est-à-dire cette infinité qui ne s'oppose pas unilatéralement au fini, mais qui le contient en elle-même comme un moment. C'est par conséquent énoncer une proposition vide que de dire : il y a des esprits finis. L'esprit en tant qu'esprit n'*est* pas fini, mais *a* la finitude en lui, mais seulement comme un moment qu'il doit transcender et qu'il transcende […]. Le fini est une réalité qui n'est pas adéquate à son concept […]. Ce n'est que dans l'esprit que se réalise l'unité absolue du concept et de la réalité, et donc la véritable infinité. La connaissance que nous avons d'une limite est déjà une preuve que nous sommes au-delà de cette limite, la preuve de notre illimitabilité. Les choses naturelles sont finies par cela même que leur limite n'existe pas pour elles, mais seulement pour nous qui les comparons entre elles. Nous faisons de nous-mêmes quelque chose de fini lorsque nous accueillons un autre dans notre conscience. Mais dans la connaissance que nous avons de cet autre, nous franchissons cette limite. L'ignorant seul est limité parce qu'il ne connaît pas sa limite […] connaître sa limite, c'est connaître son illimitabilité. Mais lorsqu'on conçoit l'esprit comme illimité, comme vraiment infini, cela ne signifie pas que la limite n'est en aucune façon dans l'esprit ; nous avons plutôt à reconnaître que l'esprit doit se déterminer, et par là se placer dans la sphère du fini, se limiter. Mais l'entendement a tort de considérer cette finitude comme infranchissable, la différence de la limite et de l'infinité comme un absolu fixe et d'affirmer là-dessus que l'esprit est ou bien limité ou bien illimité. Correctement saisie, la finitude est dans l'infinité et la limite dans l'illimité. L'esprit est par conséquent aussi bien infini que fini, et ni l'un ni l'autre ; il demeure infini dans sa finitude, car il transcende la finitude en soi. En lui, rien n'est fixe, rien ne subsiste comme être, mais tout est bien plutôt idéel et ne fait qu'apparaître. C'est ainsi que Dieu, parce qu'il est esprit, doit se déterminer, poser en lui la finitude (autrement, il ne serait qu'une abstraction morte et vide) ; mais comme la réalité qu'il se donne en se déterminant est une réalité qui lui est complètement adéquate, Dieu en se déterminant ne devient nullement un être fini. La limite n'est donc point en Dieu et dans l'esprit, mais elle est posée par l'esprit pour qu'elle soit supprimée. Ce n'est que momentanément que l'esprit peut paraître demeurer dans le fini. Par son idéalité l'esprit est élevé au-dessus du fini et sait que la limite n'est nullement infranchissable pour lui. C'est ce qui fait qu'il la dépasse et qu'il s'affranchit d'elle. Et cette délivrance n'est pas, comme se la représente l'entendement, une délivrance qui ne s'accomplit jamais, une délivrance vers laquelle on ne fait que tendre indéfiniment, mais l'esprit s'affranchit de ce progrès indéfini, se libère absolument de la limite, de son autre, et parvient par là à son être pour soi absolu et se fait véritablement infini.

(E., § 386, III, p. 43-45)

Chapitre VII

L'histoire

Raison et histoire[32]

La seule idée qu'apporte la philosophie est cette simple idée de la Raison, l'idée que la raison gouverne le monde et que, par conséquent, l'histoire universelle s'est elle aussi déroulée rationnellement. Cette conviction, cette idée constituent un postulat à l'égard de l'histoire comme telle. Ce n'en est pas un pour la philosophie. Il y est démontré par la connaissance spéculative que la raison – nous pouvons ici nous en tenir à ce terme sans insister davantage sur la relation et le rapport à Dieu – est la *substance,* la *puissance infinie,* la *matière infinie* de toute vie naturelle et spirituelle – et aussi la *forme infinie,* la réalisation de ce contenu. Elle est la *substance,* c'est-à-dire ce par quoi et en quoi toute réalité a son être et sa consistance. Elle est *l'infinie puissance,* car la raison n'est pas impuissante au point de se borner à l'idéal, au devoir-être, à une existence en dehors de la réalité, on ne sait où, par exemple dans la tête de quelques hommes. Elle est le *contenu infini,* toute essence et vérité, et contient sa propre matière qu'elle donne à élaborer à son *activité.* Car elle n'a pas besoin, comme l'acte fini, d'un matériel externe et de moyens donnés, pour fournir à son activité aliments et objets. Elle se nourrit d'elle-même ; elle est pour elle-même la matière qu'elle élabore ; de même qu'elle est sa propre présupposition, et la fin absolue, elle en réalise elle-même sa

---

32. Extraits de *La Raison dans l'histoire,* introduction à la *Philosophie de l'histoire.*

finalité et la fait passer de l'intérieur à l'extérieur non seulement dans l'univers naturel, mais encore dans l'univers spirituel – dans l'histoire universelle. L'Idée est le vrai, l'éternel, la puissance absolue ; elle se révèle dans le monde et rien ne s'y révèle qui ne soit elle, sa majesté et sa magnificence : voilà ce que la philosophie démontre et qui ici est supposé démontré.

(V.G., p. 28-29)

Le « calvaire de l'histoire »

Le tout premier coup d'œil sur l'histoire nous convainc que les actions des hommes dérivent de leurs besoins, de leurs passions, de leurs intérêts, de leur caractère, et de leurs talents, si bien que, dans ce spectacle de l'activité, ce sont ces besoins, ces passions, ces intérêts, qui apparaissent comme les seuls ressorts et interviennent comme le principal facteur. Il y a bien aussi des fins générales, une volonté du bien, le noble amour de la patrie ; mais le rôle de ces vertus et de ce facteur général dans le monde et sa création est insignifiant. Dans ces sujets mêmes et les sphères de leur activité, nous pouvons bien voir réalisée la détermination de la raison, mais la proportion en est petite, comparée à la masse de l'espèce humaine ; de même, le domaine où se déploient leurs vertus est relativement faible. Les passions, par contre, les fins de l'intérêt particulier, la satisfaction de l'égoïsme, sont ce qui est le plus puissant. Leur force réside en ceci, qu'elles ne se soumettent à aucune des limites que le droit et la moralité veulent leur imposer, et que ces puissances de la nature sont bien plus près de l'homme que l'éducation artificielle et longue du sens de l'ordre et de la modération, du droit et de la moralité.

Lorsque nous considérons ce spectacle des passions et les conséquences de leur violence, lorsque nous voyons la déraison s'associer non seulement aux passions, mais aussi et surtout aux bonnes intentions et aux fins légitimes, lorsque nous voyons surgir le mal, l'iniquité, la ruine des empires les plus florissants qu'ait produits le génie humain, nous ne pouvons qu'être remplis de tristesse par cette caducité. Et, étant donné qu'une telle ruine n'est pas seulement l'œuvre de la nature, mais encore de la volonté humaine, le spectacle de l'histoire peut à la fin provoquer une affliction morale, une révolte de l'esprit du bien, si tant est qu'un tel esprit existe en nous. On peut amplifier ces résultats, sans exagération oratoire, et aboutir au tableau le plus terrible, simplement en juxtaposant avec exactitude toutes les infortunes subies par ce qu'il y a eu de plus beau en fait de peuples, de constitutions et de vertus privées, et pousser ainsi l'émotion jusqu'à la douleur la plus profonde [...]. Pour supporter cette douleur ou nous arracher à son empire, nous nous disons : *Il en a été ainsi ; c'est le destin ; on n'y peut rien changer !* et ensuite, fuyant l'ennui que pourrait susciter en nous cette douloureuse réflexion, nous nous retirons dans nos affaires vitales, dans l'actualité de nos fins et de nos intérêts, bref dans l'égoïsme, qui, sur la rive tranquille, jouit en sûreté du spectacle lointain de la masse confuse des ruines. Cependant, même en considérant l'histoire comme l'autel où ont été sacrifiés le bonheur des peuples, la sagesse des États et la vertu des individus, on se pose nécessairement la question : pour qui, à quelle fin ces immenses sacrifices ont-ils été accomplis ?

(V.G., p. 79-80)

Passions et intérêts

Ce que nous avons appelé principe, fin, détermination ou bien nature et concept de l'esprit n'est qu'une généralité, une abstraction. Le principe, comme la maxime ou la loi, est quelque chose d'intérieur, qui, comme tel, quelque vrai qu'il soit en lui-même, n'est pas pleinement réel. De plus, des maximes, etc., se trouvent dans notre pensée, dans nos intentions intérieures, mais pas encore dans la réalité. Ce qui est en soi est une possibilité, un pouvoir-être qui n'est pas encore passé de l'intérieur à l'existence. Pour parvenir à la réalité, un *second* moment doit s'adjoindre : l'action, la réalisation, dont le principe est la volonté, l'activité humaine en général. C'est uniquement grâce à cette activité que le concept de l'Esprit ainsi que les déterminations qu'il porte en soi se réalisent et existent, car elles ne s'imposent pas immédiatement d'elles-mêmes.

L'activité qui les met en œuvre et leur donne l'existence est le besoin de l'homme, sa pulsion, son inclination, sa passion. Pour que je fasse quelque chose, pour que je produise quelque chose il faut que j'y sois ; je veux être satisfait par l'exécution. Une fin pour laquelle je dois agir doit en quelque manière être aussi ma fin ; il me faut aussi satisfaire ma fin à moi, même si la fin pour laquelle j'agis présente encore beaucoup d'aspects qui ne m'intéressent pas. C'est là le droit infini du sujet qu'il trouve la satisfaction dans son activité et son travail. Si les hommes doivent s'intéresser à une chose, il faut qu'eux-mêmes s'y retrouvent et qu'ils y voient leur amour-propre satisfait.

Il faut éviter ici un malentendu : on a raison d'employer le mot dans un sens péjoratif et de reprocher à quelqu'un d'être *intéressé,* c'est-à-dire de ne rechercher que son intérêt personnel, sans se soucier de la fin générale. Quand nous blâmons cela, nous pensons qu'il recherche son intérêt personnel ou même qu'il sacrifie le général. Or celui qui consacre son activité à une chose, n'est pas seulement intéressé, mais s'y intéresse. La langue rend exactement cette nuance. Il n'arrive donc rien, rien ne s'accomplit, sans que les individus qui participent à cette action se satisfassent aussi – les individus tels qu'ils sont dans leur particularité : avec leurs besoins, leurs instincts, leurs intérêts à eux. Parmi ces besoins, il faut compter non seulement leur besoin et leur volonté propres, mais aussi le besoin de leur réflexion, de leur conviction ou tout au moins le consentement de leur opinion, si toutefois le besoin du raisonnement, de l'entendement, de la raison, s'est éveillé en eux. De plus, quand ils doivent agir pour une chose, les hommes demandent aussi que celle-ci leur plaise, que leur opinion lui soit favorable, qu'il s'agisse de la valeur de cette chose, de son bon droit, de ses avantages ou de son utilité. C'est là un trait essentiel de notre époque où les hommes ne sont guère plus conduits par la confiance ou l'autorité, mais veulent consacrer leur activité à une chose en vertu de leur propre raison, de leur conviction et de leur opinion indépendantes […].

Nous disons donc que rien ne s'est fait sans être soutenu par l'intérêt de ceux qui y ont collaboré. Cet intérêt, nous l'appelons passion dans la mesure où, refoulant tous les autres intérêts ou buts, l'individualité tout entière se projette sur un objectif avec toutes les fibres intérieures de son vouloir, concentre dans ce but tous ses besoins et toutes ses forces. Dans ce sens, nous devons dire que *rien de grand ne s'est accompli dans le monde sans passion* […].

La passion est regardée comme une chose qui n'est pas bonne, qui est plus ou moins mauvaise ; l'homme ne doit avoir aucune passion. Passion n'est pas d'ailleurs le mot approprié pour ce que je veux désigner ici. Ce que je dis, c'est que, d'une manière générale, l'activité humaine dérive d'intérêts particuliers, de fins spéciales et même, si l'on veut, d'intentions égoïstes, dans la mesure où l'homme met toute l'énergie de son vouloir et de son caractère au service de ses buts en leur sacrifiant tout ce qui pourrait être un autre but ou plutôt en leur sacrifiant tout le reste […].

(V.G., p. 81-83, 85)

La ruse de la raison

La construction d'un édifice, c'est d'abord une fin et une intention intérieures. Les éléments particuliers, les matériaux, le fer, le bois, les pierres, servent de moyen. Les éléments sont employés pour travailler les matériaux : le feu pour fondre le fer, l'air pour attiser le feu, l'eau pour mettre les roues en mouvement, couper le bois, etc. Il en résulte que l'air, qui a aidé à construire la maison, est arrêté par la maison. De même sont repoussés les flots de pluie et l'action nuisible du feu, dans la mesure où la maison est à l'épreuve du feu. Les pierres et les poutres obéissent à la pesanteur, tendent vers le bas, et avec elles on édifie de hautes murailles. Ainsi les éléments sont-ils utilisés suivant leur nature et contribuent à un résultat qui limite leur action.

Les passions se satisfont de façon analogue. Elles se réalisent, ainsi que leurs fins, suivant leur destination naturelle et produisent l'édifice de la société humaine, en donnant au droit et à l'ordre le pouvoir de les *contrer* […].

Dans l'histoire universelle on trouve la même connexion : il résulte des actions des hommes autre chose que ce qu'ils projettent et accomplissent, autre chose que ce qu'ils savent et veulent immédiatement. Ils réalisent leurs intérêts, mais il se produit avec cela quelque autre chose qui y est cachée à l'intérieur, dont leur conscience ne se rendait pas compte et qui n'entrait pas dans leurs vues […].

L'intérêt particulier de la passion est donc inséparable de l'activité de l'universel. Car l'universel résulte du particulier et du déterminé, et de la négation de celui-ci. C'est le particulier qui s'entre-déchire et qui, en partie, se ruine. Ce n'est pas l'idée universelle qui s'expose à l'opposition et à la lutte ; ce n'est pas elle qui s'expose au danger ; elle se tient en arrière hors de toute attaque et de tout dommage. C'est ce qu'il faut appeler *ruse de la raison :* la raison laisse agir à sa place les passions, si bien que seul le moyen par lequel elle parvient à l'existence passe par des épreuves et des souffrances. Car c'est le phénomène dont une partie est nulle et une partie affirmative. En général le particulier est trop petit en face de l'universel : les individus sont sacrifiés et abandonnés. L'Idée paie le tribut de l'existence et de la caducité, non avec elle-même, mais avec les passions des individus […].

(V.G., p. 84, 88, 105)

Les individus historiques

Les hommes historiques, les *individus cosmohistoriques* sont ceux dont les fins détiennent une valeur universelle. On peut évoquer César risquant de perdre la position où il s'était élevé […] et de succomber sous les coups de ceux qui étaient en train de devenir ses ennemis. Ceux-ci, qui œuvraient également pour leurs fins personnelles, avaient pour eux la forme de la constitution et la force des apparences juridiques. César luttait pour son intérêt, pour assurer sa position, son honneur, sa sécurité ; et le fruit de sa victoire sur ses ennemis […] fut la conquête de l'empire. Il devint ainsi, sans toucher à la forme de la constitution, le maître individuel de l'État. Or la réalisation de son plan tout d'abord négatif, d'être le seul maître à Rome, était aussi en soi une détermination nécessaire dans l'histoire de Rome et du monde : la monarchie n'était pas seulement son gain particulier, mais aussi l'accomplissement instinctif de ce que l'époque exigeait.

Les grands hommes de l'histoire sont ceux dont les fins particulières renferment la volonté substantielle de l'Esprit du monde (Weltgeist) […].

(V.G., p. 89-90)

On doit les nommer des *héros* parce qu'ils n'ont pas puisé leurs fins et leur vocation dans le seul cours des événements, tranquille, ordonné, consacré par le système en vigueur, mais à une source dont le contenu restait caché, et n'était pas encore entré dans l'actualité : dans l'esprit intérieur, encore souterrain, qui frappe contre l'écorce du monde extérieur et la brise parce qu'elle n'est pas à sa taille [...]. Les héros semblent donc se fonder uniquement en eux-mêmes ; ils sont ceux dont les actions ont produit une situation et des conditions mondiales qui paraissent être uniquement *leur* affaire et *leur* œuvre.

En poursuivant leurs buts ces individus n'avaient pas conscience de l'Idée ; néanmoins ils étaient des hommes pratiques et politiques. C'étaient aussi des êtres pensants qui savaient ce qui *est* nécessaire, ce dont *le moment est venu*. La vérité de leur temps et de leur monde était, pour ainsi dire, la nouvelle espèce qui existait déjà intérieurement. Leur rôle fut de prendre conscience de l'Universel, de comprendre que leur monde s'acheminait nécessairement vers une nouvelle étape, de faire de cela leur but et d'y consacrer leur énergie. C'est pourquoi les hommes cosmohistoriques, les héros d'une époque, doivent être reconnus comme des sages : leurs actes, leurs discours sont ce que leur époque a de mieux. Ce que les grands hommes ont voulu est leur propre satisfaction, non celle des autres. Ce qu'ils auraient appris des autres, comme plans et conseils bien intentionnés, aurait été borné et faux, car ils savaient le mieux ce dont il s'agissait [...]. Cela, les autres l'ont ensuite appris d'eux et l'ont trouvé bon ou s'y sont pour le moins accommodés. Car l'esprit qui explore l'avenir est l'âme intérieure de tous les individus, leur intériorité inconsciente que seuls les grands hommes leur rendent conscient. *C'est pourquoi les autres suivent ces conducteurs d'âmes, car ils éprouvent la puissance irrésistible de leur propre esprit intérieur qui vient à leur rencontre.*

Si, allant plus loin, nous jetons un regard sur la destinée de ces individus historiques qui avaient pour vocation d'être les administrateurs de l'Esprit du monde, nous constaterons qu'elle ne fut pas heureuse. Ils ne connurent pas la paisible jouissance ; toute leur vie ne fut que labeur et peine, tout leur être fut absorbé dans leur passion [...]. Ils meurent tôt comme Alexandre, ils sont assassinés comme César, transportés à Sainte-Hélène, comme Napoléon. C'est une affreuse consolation que de savoir que les hommes historiques n'ont pas connu le bonheur dont

seule la vie privée est capable dans certaines conditions extérieures
fort différentes. Ceux qui ont besoin de pareille consolation peuvent
la puiser dans l'histoire. Seule l'envie en a besoin, l'envie qui est
gênée par ce qui est grand et excellent, et qui cherche à l'amoindrir
et à lui trouver des défauts. Dans les temps modernes aussi, il a été
prouvé que les princes ne sont pas heureux sur leur trône. Aussi le
leur concède-t-on et l'on trouve tolérable qu'on n'y soit pas assis.
Mais l'homme libre n'est point envieux, il admet volontiers ce qui
est grand et sublime et se réjouit que cela *existe* [...].

Ces hommes historiques doivent donc être situés d'après ces
moments généraux qui constituent l'intérêt et les passions des individus.
Ce sont de grands hommes parce qu'ils ont voulu et accompli une
grande chose, non imaginaire et présumée, mais bien juste et nécessaire.
Cette idée exclut la réflexion dite psychologique qui, au service de
l'envie, explique par le fond du cœur toutes les actions et leur donne
une forme subjective. Selon cette psychologie, les auteurs de ces actions
auraient tout fait sous le coup d'une passion petite ou grande, d'une
affection, et n'auraient donc pas été des hommes moraux. Alexandre
de Macédoine a conquis en partie la Grèce, puis l'Asie, il a *donc* été
assoiffé de conquêtes. Il a agi sous l'empire de la manie de gloire, de
conquête ; et la preuve que c'était bien cette manie qui l'avait poussé,
c'est qu'il a fait des choses qui rapportaient de la gloire. Quel maître
d'école n'a pas démontré qu'Alexandre le Grand, Jules César, tous ces
hommes ont été animés par de telles passions et qu'ils ont donc été des
hommes immoraux ? On en conclut aussitôt que lui, le maître d'école,
vaut mieux que ces hommes car il n'a pas, lui, de ces passions et en
donne comme preuve qu'il n'a pas conquis l'Asie, ni vaincu Darius
et Porus, mais qu'il vit bien et laisse vivre aussi. Ces psychologues
se plaisent aussi à insister sur les traits particuliers des grandes
figures historiques, ceux qui se rapportent à leur existence privée.
L'homme doit manger et boire, il a des amis et des connaissances,
il ressent les sentiments et les transports du moment. Il n'y a pas de
héros pour son valet de chambre, dit un proverbe connu ; j'ai ajouté,
et Goethe l'a redit dix ans plus tard : non parce que l'homme n'est
pas un héros, mais parce que l'autre est un valet de chambre. Celui-
ci ôte les bottes du héros, l'aide à se coucher, sait qu'il boit plutôt
du champagne, etc. Les personnages historiques qui, dans les livres

d'histoire, sont servis par de tels valets psychologiques, s'en tirent à leurs frais ; ils sont nivelés par ces valets, ils sont placés sur la même ligne ou plutôt quelques degrés au-dessous de la moralité de ces fins connaisseurs d'hommes. Le Thersite d'Homère qui critique les rois est un personnage qui se retrouve à toute époque. Il est vrai qu'il n'est pas toujours battu avec un bâton solide, comme à l'âge homérique, mais sa jalousie, son opiniâtreté, est l'écharde qu'il porte en sa chair. Le ver immortel qui le ronge, c'est le tourment de savoir que ses intentions et ses critiques excellentes n'ont aucun succès dans le monde. Aussi peut-on éprouver quelque méchant plaisir à voir l'infortune du thersitisme [...].

Un individu historique n'a pas le calme nécessaire pour vouloir ceci ou cela, pour avoir beaucoup de scrupules ; il est absorbé par un but unique sans rien considérer de plus. Il arrive donc qu'il traite à la légère d'autres intérêts, grands, sacrés même, ce qui, assurément, ne peut échapper au blâme moral. Mais une si grande figure écrase nécessairement mainte fleur innocente, ruine mainte chose sur son chemin.

(V.G., p. 97-105)

Amor fati

En considérant le sort qui attend dans l'histoire la vertu, la moralité (*Sittlichkeit*), la religiosité même, nous ne devons pas tomber dans la litanie des plaintes et dire que souvent, ou même la plupart du temps, les gens bons et pieux sont malheureux sur terre, le bonheur étant par contre réservé aux méchants et aux mauvais. Par bonheur on entend d'ordinaire des choses bien différentes, la fortune par exemple, l'honneur extérieur et des choses de ce genre. Mais, quand il s'agit de ce qui serait en soi une fin, ce qu'on appelle bonheur ou infortune de tel ou tel individu particulier ne peut être pris comme moment de l'ordre rationnel de l'Univers [...].

Ce qui rend les hommes mécontents moralement (et c'est un mécontentement dont ils se font gloire), c'est qu'ils ne trouvent pas que le présent corresponde à des fins qu'ils considèrent comme justes et bonnes (aujourd'hui en particulier les idéals de constitution). À la réalité, ils opposent ce qui devrait exister selon leur idée du droit. Ce n'est point ici l'intérêt particulier ni la passion qui demandent satisfaction, mais la raison, le droit, la liberté. Armée de ce titre, cette revendication porte la tête haute et facilement se montre non seulement mécontente, mais encore indignée de la condition du monde. Pour juger un tel sentiment et de telles opinions à leur valeur, il faudrait entreprendre l'examen de ces revendications et de ces opinions très affirmatives. À aucune époque on n'a émis à ce sujet, plus prétentieusement qu'à la nôtre, des propositions et des pensées générales. D'ordinaire l'histoire paraît se présenter comme une lutte des passions. À notre époque, quoique les passions ne fassent pas défaut, elle se présente principalement comme une lutte d'idées justificatrices, où le combat des passions et des intérêts se déroule essentiellement sous le couvert de ces justifications d'ordre plus élevé [...].

(V.G., p. 107-108)

Rien n'est plus fréquent aujourd'hui que de se plaindre que les *idéals* posés par l'imagination ne se réalisent pas, que la froide réalité détruise ces magnifiques rêves. Ces idéals qui, dans le cours de la vie, s'anéantissent en se brisant contre l'écueil de la dure réalité, ne peuvent être que subjectifs. Ils ne nous regardent pas ici. Car ce que l'individu s'imagine en son particulier, ne peut faire loi pour l'universelle réalité, de même que la loi universelle n'existe pas seulement pour les simples individus qui pourraient ne pas trop y trouver leur compte [...]. Mais par idéal on entend aussi bien l'idéal de la raison, du bien, du vrai. Des poètes, tels que Schiller, ont représenté ce genre d'idéal d'une façon très touchante et très émue, éprouvant une profonde tristesse à l'idée que de tels idéals ne puissent parvenir à se réaliser. Si nous disons par contre que la raison universelle se réalise, il ne s'agit certes pas du particulier empirique ; celui-ci peut se trouver ou mieux ou plus mal, parce que ici le hasard, l'individuel acquièrent du Concept le pouvoir d'exercer leur droit formidable. Il y aurait donc bien à redire en ce qui touche le détail du phénomène. Mais la critique subjective qui ne pense qu'au particulier et à ce qui lui fait défaut, sans y reconnaître la raison universelle, est chose facile [...]. Il est plus facile de voir le défaut des individus, des États, de la direction universelle que leur fond véritable. Car la critique négative se tient avec hauteur au-dessus de la chose sans l'avoir saisie elle-même, sans avoir pénétré ce qu'il y a de positif en elle.

L'âge rend en général plus doux ; la jeunesse est toujours mécontente. La maturité du jugement n'accepte pas le mal par manque d'intérêt, mais ayant été instruite plus à fond par le sérieux de la vie, elle se dirige vers le substantiel, le fond solide des choses. Par opposition à ces idéals, la philosophie doit donc nous amener à reconnaître que le monde réel est tel qu'il doit être, que le vrai bien, la raison divine universelle, possède aussi la puissance de se réaliser. Ce bien, cette raison, sous sa représentation la plus concrète, est Dieu. Dieu gouverne le monde : le contenu de sa providence, l'exécution de son plan, c'est l'histoire universelle. C'est ce plan que veut saisir la philosophie ; car seul ce qui est exécuté d'après lui est réel ; ce qui ne lui est pas conforme n'a qu'une existence factice. À la pure lumière de cette idée divine, qui n'est pas un simple idéal, s'évanouit l'apparence que le monde est insensé, déraisonnable. La philosophie veut connaître le contenu, la réalité de l'idée divine et justifier la réalité méprisée, car la raison est l'intelligence de l'ouvrage divin [...].

(V.G., p. 75-78)

TEXTES COMPLÉMENTAIRES

par
Kostas Papaïoannou

Hegel et la Révolution française[1]

On sait que Hegel a célébré avec chaleur les débuts de la Révolution française. Depuis le temps où il dansait en compagnie de Schelling autour d'un « arbre de la liberté » à l'ombre du Stift de Tübingen jusqu'à sa mort, Hegel garda intact le souvenir de 1789 comme d'un événement grandiose dans l'avènement de la liberté humaine. Tous les ans, le 14 juillet, il levait son verre pour commémorer la prise de la Bastille. Dans ses cours sur la philosophie de l'histoire professés entre 1820 et 1830, en plein triomphe de la Restauration, il alla même jusqu'à dire :

> « Depuis que le soleil se trouve au firmament et que les planètes tournent autour de lui, on n'avait pas vu l'homme se placer la tête en bas, c'est-à-dire se fonder sur l'idée et construire d'après elle la réalité » (éloge extraordinaire quand on sait que pour lui la philosophie « est une tentative de marcher la tête en bas » – formule qui fera le tour du monde lorsque Marx l'inversera, mais Hegel ne serait nullement surpris par l'usage que les hommes ont fait de la doctrine qui les appelait à construire la réalité selon leurs pieds). « Anaxagore avait dit le premier que le *Nous*, la Raison gouverne le monde ; mais c'est maintenant seulement que l'homme est parvenu à reconnaître que la pensée doit régir la réalité

1. Ce texte inédit provient du fonds Kostas Papaïoannou conservé à l'IMEC (cote IMEC/PPN 4.7). Cet ensemble de huit feuillets dactylographiés avec des annotations manuscrites date du début des années 1960. Il se présente comme un compte rendu du livre de Joachim Ritter, *Hegel und die Französische Revolution*, Cologne/Opladen, Westdeutscher Verlag, 1957. La traduction française de ce livre a été publiée chez Beauchesne en 1970. Pour les textes cités, tout en renvoyant aux éditions disponibles en français, nous avons systématiquement conservé la traduction de Kostas Papaïoannou. Toutes les notes sont des éditeurs.

spirituelle [humaine]. C'était donc là un superbe lever de soleil. Tous les êtres pensants ont célébré cette époque. Une émotion sublime a régné en ce temps-là, l'enthousiasme de l'esprit a fait frissonner le monde, comme si à ce moment seulement on en était arrivé à la véritable réconciliation du divin avec le monde[2]. »

On trouve la même image dans la *Phénoménologie de l'Esprit* (1807) : « Le ciel est descendu et transporté sur la terre », et l'on pourrait multiplier les citations. Un ouvrage entier leur a été consacré : dans son *Hegel und die [Französische] Revolution*, Joachim Ritter passe en revue les références à la Révolution dans l'œuvre de Hegel. S'il souligne tous les éloges, il escamote toutes les critiques pour conclure que la philosophie de Hegel n'a été qu'une exposition révolutionnaire des conséquences que le principe français de liberté a eues ou devait avoir pour l'ensemble de la vie sociale. On voit jusqu'où il est prêt à aller en lisant le passage suivant à propos de la *Philosophie du droit* :

« L'enthousiasme juvénile pour la Révolution que l'on trouve au début de la carrière philosophique de Hegel est passé dans sa philosophie et s'est exprimé d'une manière vivante dans sa forme achevée. Sa philosophie demeure, au sens précis du terme, la philosophie de la Révolution qui a constitué à la fois son point de départ et le terrain sur lequel elle s'est épanouie à la fin. Rien ne caractérise mieux l'évolution spirituelle de Hegel que cette attitude affirmative à l'égard de la Révolution : elle détermine à la fois sa fin et son commencement[3]. »

Rien n'est plus excessif ni plus faux que cette interprétation, si ce n'est peut-être l'opinion qui fait de Hegel un « totalitaire » fasciste, voire stalinien. Je pense à Maurice Merleau-Ponty qui, dans un livre célèbre sur les procès de Moscou (*Humanisme et terreur*, 19[47]) écrivait (p. 161-162) : « La question d'aujourd'hui est de savoir si le vieux Hegel aura raison du jeune Marx. » Passons sur le « jeune

---

2. Hegel, *Leçons sur la philosophie de l'histoire*, traduction de Jean Gibelin, Paris, Vrin, 1963, p. 340.

3. Joachim Ritter, *Hegel et la Révolution française,* suivi de *Personne et propriété selon Hegel*, Paris, Beauchesne, 1970, p. 39.

Marx », idole de la tribu à cette époque-là, et qui, entre autres choses, avait assigné à son communisme idéologique et chimérique la tâche d'apporter la « solution de l'énigme de l'histoire » et de mettre fin à « l'opposition entre l'essence et l'existence, entre l'individu et l'espèce », et qui de toute manière ne pourrait jamais avoir raison du « réalisme » hégélien. Mais *quid* de Hegel? Il exigeait la plus rigoureuse séparation entre l'État (« Esprit objectif ») et la culture (« Esprit absolu » : art, religion, philosophie) et son État (monarchie constitutionnelle + bureaucratie tempérée par le *self-government* local, la représentation des « états », et limitée par l'autonomie du pouvoir judiciaire) devait réduire au strict minimum ses interventions dans la vie économique et dans la société civile livrée à la libre initiative des individus et de leurs groupements. Comment ne pas s'étonner de le voir transformé en génie tutélaire de l'État du *diamat* et du *goulag* et en prophète de la Révolution « prise comme un bloc » ? Pour dissiper les malentendus tenaces en ce qui concerne son prétendu « étatisme » (s'il revenait parmi nous, dans la plus libérale de nos démocraties, il pousserait des cris d'horreur devant nos Léviathans bureaucratiques) et revenir sur notre sujet, la Révolution, je citerai un texte très tocquevillien, extrait d'un ouvrage de jeunesse (posthume) sur *La Constitution de l'Allemagne* (entre 1799 et 1802), et dirigé contre « le *préjugé*, selon lequel un État est une machine à un seul ressort ; qui communique son mouvement aux autres rouages » et selon lequel « toutes les institutions que la société se donne à elle-même devraient émaner du pouvoir politique suprême, être régies, commandées, surveillées et construites par lui[4] ».

Après avoir ironisé sur « l'omniscience et les desseins élevés » de la « machine hiérarchique » qui « ne fait pas confiance à ses citoyens et qui donc ne peut rien en [at]tendre de retour », il dit :

> « Dans un État moderne du genre considéré, où tout est réglé du sommet vers le bas, rien de ce qui a un caractère général n'est confié à l'administration et à l'exécution des intéressés. Telle est devenue la République française ; et si ce style vétilleux de gouvernement persiste, il en résultera

---

4. Hegel, *La Constitution de l'Allemagne*, traduction de Michel Jacob, dans *Écrits politiques*, Paris, Champ libre, 1977, p. 50.

une vie ennuyeuse et sans âme, que nous aurons à subir dans le futur ; mais par ailleurs, quelle sécheresse de vie ne voit-on pas régner dans un autre État, aussi bien ordonné, à savoir l'État prussien ; il suffit pour s'en rendre compte, d'entrer dans n'importe quel de ses villages ou de considérer son manque total de génie scientifique et artistique. Car il ne faut pas prendre pour sa force réelle cette énergie éphémère qu'un individu de génie a su y faire surgir[5]. »

Dans la *Philosophie du droit* (1820), on retrouve la même vigoureuse dénonciation de la centralisation bureaucratique et du « mal français » mais, bien entendu, la référence désobligeante à la Prusse a disparu : depuis 1818, Hegel enseigne à Berlin. Prudence, mère de toutes les vertus.

Dans la même *Philosophie du droit* qui, selon Ritter, présuppose et élabore le « principe de liberté » de la Révolution, Hegel écrit en toutes lettres :

« Cette forme de liberté apparaît de manière plus concrète dans l'action du fanatisme, aussi bien en politique que dans la vie religieuse. Par exemple, pendant la Révolution française, sous la Terreur, toutes les différences de talent et d'autorité devaient être supprimées. Ce fut une époque de bouleversement, d'agitation, de haine contre tout ce qui est particulier. Ce que le fanatisme veut, c'est une abstraction, l'absence de toute organisation différenciée : lorsque des différences apparaissent, il les considère comme contraires à sa propre indétermination et il les supprime. C'est pourquoi, pendant la Révolution, le peuple a détruit une fois de plus les institutions qu'il avait créées lui-même, puisque n'importe quelle institution est contraire à l'auto-conscience abstraite de l'égalité[6]. »

Exit Ritter. D'autant plus que ce n'est pas la « prudence » de la maturité qui s'exprime dans cette condamnation apparemment sans appel. Dès *La Constitution de l'Allemagne*, Hegel avait pris ses distances par rapport à ce qu'il appelait « abstractions françaises » :

5. *Ibid*, p. 53.
6. Hegel, *Principes de la philosophie du droit ou droit naturel et science de l'État en abrégé*, traduction de Robert Dérathé, Paris, Vrin, 1982, § 5 *add.*, p. 74.

« Dix ans de guerre [1792-1802] et la misère d'une grande partie de l'Europe nous ont appris, du moins sur le plan de la théorie, à être moins sensibles à l'appel aveugle à la liberté. Dans ce jeu sanglant, le nuage sanglant de la liberté s'est dissipé : c'est en essayant de l'étreindre que les peuples se sont précipités dans un abîme de misère [...] les cris à la liberté ne serviront à rien. [Autrefois confondues] l'anarchie et la liberté se sont séparées [dans l'opinion populaire] et l'idée qu'un gouvernement stable est nécessaire à la liberté s'est profondément enracinée dans les esprits, en même temps, d'ailleurs, que l'exigence d'une participation du peuple à l'élaboration des lois et aux affaires les plus importantes de l'État[7]. »

« Nuage sanglant de la liberté », « superbe lever du soleil », « abstraction du fanatisme », « le Ciel descendu sur terre » : comment expliquer ces jugements contradictoires ? La réponse, du moins en partie, se trouve dans le chapitre « La liberté absolue et la terreur » de la *Phénoménologie de l'Esprit*.

---

7. Hegel, *La Constitution de l'Allemagne*, *op. cit.*, p. 134.

La Raison et la croix du présent
Note sur les fondements de la politique hégélienne [1]

> « *Reconnaître la rose de la Raison sur la croix du présent est la tâche de la philosophie.* »

Hegel, 1821.

Les fondements ontologiques

De la haute spéculation alexandrine, Hegel – « le Proclus allemand », selon le mot pour une fois juste de Feuerbach – avait hérité la vision d'un monde issu de Dieu et retournant progressivement à son principe. Le rythme cosmique est à trois temps : μονή, permanence et identité éternelle du Logos avec lui-même ; πρόοδος, procession, que Hegel traduit d'une manière très hégélienne par *Fortgang, Hervorgehen, Vorschreiten ;* et ἐπιστροφή, conversion, retour à soi[2]. Seulement Hegel est un chrétien gnostique (ou un gnostique chrétien) : la vision émanatiste se transforme en lui en l'image inverse d'une « chute » dans l'« être-autre », dans l'« océan de la dissimilitude » (πόντος ἀνομοιότητος) qui hantait déjà Platon[3]. La « chaîne d'or » des êtres ne se déroule pas comme une irradiation, comme un épanchement

---

1. Ce texte constitue la postface aux *Écrits politiques* de Hegel parus en 1977 aux éditions Champ Libre, dans une traduction de Michel Jacob et Pierre Quillet (N.d.É.)
2. Sur son interprétation de Proclus, voir ses *Cours d'histoire de la philosophie, Jubiläumsausgabe*, III, p. 71-92.
3. Platon, *Politique*, 273 d.

paisible ; la vie de l'Absolu n'est pas une vie qui s'écoule à pleins flots comme la fontaine qu'évoquent les Pères grecs. Le deuxième moment, la *proodos* des néoplatoniciens, est le moment du tragique, de l'« être extérieur-à-soi » (*Aussersichsein*) et le « retour à soi » (le salut) est la négation radicale et totale de tout ce qui est.

Comme saint Augustin – un ancien manichéen –, Hegel s'est vu « loin de Dieu, dans un lieu de dissimilitude » : *et inveni me longe esse a Te in regione dissimilitudinis*[4]. Pour lui, l'univers tout entier est le règne de la mort, le sépulcre de Dieu : seul l'homme manifeste et réalise la vie divine. Même ses crimes, dit Hegel comme pour répondre à Platon, même les pires aberrations de l'homme représentent « quelque chose d'infiniment plus haut que le cours régulier des astres, car ce qui erre ainsi est toujours l'esprit » ! Depuis les gnostiques de la polémique plotinienne, on n'avait pas entendu pareil langage. Hegel pousse jusqu'à ses plus extrêmes conséquences l'anthropocentrisme chrétien et nie avec une égale véhémence aussi bien la vénération antique du cosmos que le panthéisme de la Renaissance. Le cosmos n'est ni le modèle de rationalité, ainsi que le pensait Platon, ni l'infini que vénérait Giordano Bruno : « Oui, tout le système solaire est quelque chose de fini… seul l'esprit exprime la véritable infinité[5]. »

L'homme comme Dieu incarné : la négativité

Dieu, en termes hégéliens *der Begriff,* le Concept, est le contraire du *deus sive natura* du spinozisme. Dieu n'est pas le Dieu astronome des Anciens. Il n'est pas non plus le Dieu horloger de Newton et de Fontenelle : l'harmonie des sphères est mécanique, sans âme, étrangère à la vie inquiète du Concept divin. Le Dieu hégélien est d'abord *biologiste* en ce sens que c'est dans la Vie organique que le Concept fait sa « première apparition » dans le monde. Le Dieu vivant est prisonnier, « aliéné » dans la matière morte. La Vie qui « foudroie » la matière est la première libération de Dieu, le commencement de son « retour à soi ». Si l'idéalisme est l'affirmation d'un principe subjectif supérieur à l'aveugle nécessité objective qui règne dans la matière,

---

4. *Confessions,* VII, 10.
5. *Encyclopédie,* § 248 et 286 ; *Jubiläumsausgabe*, IX, 56 et X, 44.

la Vie est déjà une première réalisation de ce principe : « L'action continuelle de la Vie est l'idéalisme absolu[6] » car le vivant ne peut exister qu'au prix d'une continuelle « négation » du monde extérieur qu'il transforme en simple moyen de satisfaction et d'affirmation de soi. Ainsi, par sa mobilité et par ses désirs, l'animal est le premier idéaliste : il désire les choses ; il les dévore et les détruit. Il prouve par là leur « nullité » et son action destructrice nous donne déjà une première approximation de la véritable action de Dieu dans le monde.

Pour Hegel comme pour Jacob Boehme, le rapport essentiel entre Dieu et le monde, le Créateur et la Créature, l'Infini et le Fini est un rapport de « Colère ». Hegel appelle « Négativité » cette « Colère de Dieu » que Boehme faisait peser sur la matière et la finitude. Le Dieu vivant est « hors de soi » dans la nature morte ; il retourne à soi dans et par l'action universelle des myriades d'êtres vivants qui, en désirant et en consommant les objets, brisent la dure carapace de la matière dans laquelle il est emprisonné. Mais si le désir animal est déjà une libération de Dieu, celle-ci reste partielle et superficielle car l'activité négatrice de l'animal est cantonnée dans un cercle borné qu'il ne peut pas dépasser : seul l'homme peut transformer l'ensemble du donné en objet de son désir, seul l'homme peut donner à la négation un sens plus profond que les simples effets destructeurs du désir.

Seul l'homme peut donner la mesure véritable de la colère divine parce que l'homme est *der daseiende Begriff selbst,* le Concept même existant concrètement de manière « empiriquement perceptible », Dieu même parvenu à une existence charnelle enfin adéquate à son être, devenu enfin réellement existant. L'homme n'est pas *deus in terris* au sens traditionnel du terme qui laisse entendre qu'il y a un autre dieu in *coelis.* Au contraire, le Dieu qui meurt dans les galaxies et qui émerge – mais comme « aveugle » – dans le monde biologique, ressuscite en l'homme, s'incarne en lui, se réveille en lui pour se tourner aussitôt avec colère contre le reste de la création. Aussi l'homme sera l'instrument par excellence de la colère divine. Parce qu'il *est* le Concept, l'homme doit par son essence même nier la nature, supprimer (*aufheben*) la matière, la fixité et la finitude jusqu'à ce qu'elles cessent de résister à l'Esprit, jusqu'à ce qu'elles entrent

---

6. *Encyclopédie,* § 337 ; *Jubiläumsausgabe,* IX, 451.

dans le tourbillon de la vie mobile. Parce qu'il est le Logos incarné, l'homme est essentiellement l'ennemi de l'Être : il est « l'être négatif qui *est* uniquement dans la mesure où il supprime l'Être[7] ».

Célébrée comme unique incarnation véritable de l'âme du monde, la subjectivité acquiert ainsi une dimension nouvelle. Elle ne désigne plus – comme pour la philosophie classique, cartésienne-kantienne – le centre transcendantal du *cogito,* ou le sujet de la seule action morale, comme pour Fichte, mais englobe tout ce qui manifeste *l'historicité* de *l'existence* humaine. L'homme doit transfigurer, *mobiliser* la matière inerte : c'est en partant de ces prémisses que Hegel a rencontré le phénomène du travail moderne.

Ontologie de l'âge technique

Jusqu'alors la philosophie n'avait fait qu'effleurer la dimension ontologique du travail. Les Grecs honoraient, il est vrai, la σοφία des artisans, mais le primat des valeurs contemplatives et l'idéal de *l'autarcie* leur interdisaient de donner au travail et au « système des besoins » dont il relève, une signification plus profonde. En somme, il faut attendre le *qui laborat orat* des bénédictins pour trouver un pressentiment de la nouvelle dignité « faustienne » que l'Occident allait conférer au travail. Car ici il ne s'agissait pas seulement d'édifier par le travail – et la *santa masserizia* – le château fort de l'existence bourgeoise dont rêvait Alberti. Il s'agissait de la consécration existentielle d'une espèce toute particulière d'hommes qu'aucune autre culture n'avait pressentie, et dont les tensions et les obsessions, saturées d'énergie et de « rigueur obstinée », allaient remplir l'univers. C'est à cette fièvre que les sectes protestantes donnèrent la sanction divine. L'idée du progrès économique en tant que fin consciemment, méthodiquement poursuivie, remarque Tawney, trouva pour la première fois sa formulation dans « l'identification puritaine du travail et de l'entreprise avec le service divin[8] ». Mais le problème à résoudre n'était pas de reconnaître un signe de l'élection dans la volonté de

---

7. *Phänomenologie des Geistes*, Leipzig, F. Meiner, 1949, p. 236.
8. R. H. Tawney, *Religion and the Rise of Capitalism*, New York, The New American Library, 1955, p. 206-207.

donner à la vie la forme la plus active imaginable, ou de s'ouvrir à Dieu par l'implacable ascèse séculière qu'exalte Nicole : « La vie laborieuse diminue toujours l'amour du monde, l'amour de la vie, l'attache aux choses temporelles[9] ! » Il s'agissait moins d'attacher l'esprit d'entreprise à la gloire de Dieu que d'incorporer le travail dans la dignité nouvelle de l'homme, dans la fierté terrestre de la revendication humaniste telle qu'elle retentit depuis le *nostra sunt* de Manetti. Aussi au XVIIIᵉ siècle le mot travail perd-il sa signification péjorative et se place au centre de la réflexion éthique. De même que dans la nouvelle image du monde physique la nature « fournit du travail », le quantum de travail devient depuis Adam Smith le déterminant de la valeur : par rapport à Quesnay et Turgot, le pas qui a été fait est celui de la « substance » au « sujet ».

Hegel a été le premier qui ait enregistré et pensé philosophiquement cet événement. Pour lui le travail n'est plus une condition matérielle extérieure à l'homme, sans rapport avec sa véritable destinée, mais l'essence même de son être, la manifestation spécifiquement humaine de cette négativité qu'il identifiait avec la vie même de l'Absolu.

De cette négativité, le désir animal était comme la première lueur. Mais précisément parce qu'il est naturel, le désir reste prisonnier de la matière. Si la satisfaction signifie la destruction de l'objet désiré (et ici Hegel est étrangement d'accord avec le marquis de Sade !), la réapparition du désir perpétue l'altérité : seul le « désir refréné » qu'est le travail peut nier adéquatement l'objet[10]. Mais c'est la constitution de l'outil qui permet à l'homme de manifester la spécificité de sa nature négative. Si le travail est simplement[11] « dirigé contre la mort, l'outil est essentiellement la mort même[11] » : c'est cette agression rendue automatique par la machine qui représente aux yeux de Hegel la « médiation » (*die Mitte*) par laquelle s'effectue la véritable synthèse du sujet et de l'objet ! Et c'est dans ce monde d'outils et de machines que l'esprit est censé trouver le premier miroir fidèle de son être : « On est plus près de la raison lorsqu'on construit un outil que lorsqu'on

9. Cité par B. Groethuysen, *Origines de l'esprit bourgeois en France,* Paris, Gallimard, 1956, p. 215.
10. *Phänomenologie des Geistes, op. cit.,* p. 149 *sq.*
11. *Realphilosophie* (1804), Hamburg, F. Meiner, 1931, I, p. 237.

fait un enfant ! » dit Hegel comme pour rendre aussi contre nature que possible « la fierté des peuples au sujet de leurs outils[12] ».

Négativité matérialisée et automatisée, la machine exprime aussi la puissance de la « ruse de la raison ». Car, grâce à la technique, « l'activité propre de la nature, l'élasticité des ressorts, l'eau, le vent sont utilisés pour accomplir dans leur être sensible quelque chose de tout différent de ce qu'ils voulaient ; leur activité aveugle est transformée en son contraire, en une activité téléologique… L'instinct se retire ici entièrement du travail. Il laisse la nature s'user, il regarde tranquillement et il dirige le tout avec très peu de peine : ruse. La large face de la force est attaquée par la pointe de la ruse. C'est l'honneur de la ruse affrontée à la force que de prendre la force par un côté tel qu'elle se tourne contre elle-même[13]… ».

C'est cette dernière définition de la révolution technologique que retiendra Marx *dans ses écrits de maturité*. Parlant, dans les *Grundrisse* de 1857-1858, de la « grande influence civilisatrice du capital », il dit que celui-ci a « haussé » la société à un niveau en regard duquel toutes les époques antérieures font figure de formes « infantiles », marquées par « l'idolâtrie de la nature » ; et il ajoute : « La nature devient enfin un pur objet pour l'homme, une simple affaire d'utilité, elle n'est plus tenue pour une puissance en soi. L'intelligence théorique de ses lois autonomes apparaît simplement comme une *ruse* pour la subordonner aux besoins humains soit comme objet de consommation, soit comme moyen de production. En vertu de cette tendance, le capital aspire à dépasser les barrières et les préjugés nationaux aussi bien que la divination de la nature et la satisfaction des besoins existants, légués par le passé et enfermés dans les limites d'un contentement borné et dans la reproduction du mode de vie traditionnel. Il est destructif à l'égard de tout cela, il est en révolution permanente[14]. »

En même temps que Saint-Simon saluait dans l'industrie la naissance d'un monde nouveau, Hegel s'attacha à la signification spirituelle de la technique. Pour lui la technique n'est pas seulement la force

12. *System der Sittlichkeit* (1801-1802), dans *Schriften zur Politik,* éd. Lasson, Leipzig, F. Meiner, 1923, p. 431 et 428-429.

13. *Realphilosophie, op. cit.,* II, p. 198-199.

14. K. Marx, *Grundrisse*, Berlin, Dietz, 1953, p. 313.

mythique qui arrachera l'esclave à la domination du maître, ainsi que le pensait Aristote ou Antipatros de Thessalonique, le Pindare du moulin à eau :

Cesse de moudre le grain, ô femme qui peines au moulin.
Dors tard, même si le chant du coq annonce l'aube,
car Déméter a ordonné aux Nymphes de travailler pour toi,
et se penchant au sommet de la roue, elles font tourner
les pales qui entraînent la lourde pierre meunière.
Nous goûtons à nouveau les joies de l'âge d'or,
en apprenant à festoyer, sans avoir travaillé,
avec les produits de Déméter[15]...

Hegel, qui n'a cessé de dénoncer la déshumanisation de l'ouvrier industriel, connaissait les vertus libératrices de la machine : dans l'*Encyclopédie* (§ 526) et dans la *Philosophie du droit* (§ 98), il envisage même la possibilité d'une « automation » totale qui éliminerait complètement l'homme du travail. Mais ce qui le fascine dans le machinisme, ce n'est pas l'*otium* ensoleillé des « païens », mais le rang élevé que la machine occupe dans l'action cosmique de la négativité. Car dans ces fils et ces roues (rien à l'époque de Hegel ne présageait le réseau de forces subtiles qui allait bientôt enserrer toute la planète), c'est la dévorante fébrilité de l'homme et, ce qui revient au même, la coléreuse négativité divine qui acquièrent une existence objective autonome. Dans la machine Hegel voit avant tout « l'*inquiétude du subjectif, du Concept, posée en dehors du sujet*[16] ». La machine comme angoisse matérialisée et automatisée : peut-être est-ce là la définition la plus pertinente qu'on ait jamais donnée de la technique. Ce *malleus maleficarum* perpétuellement suspendu sur la terre, perpétuellement martelant les choses de la terre : n'est-ce pas à cela qu'aspirait l'étrange dominicain Petrus Peregrinus lorsqu'il rêvait d'un *perpetuum mobile* qui rassemblerait en lui la

15. « Ah, ces païens ! » ironise Marx (*Das Kapital,* Berlin, Dietz, 1951, I, p. 428), qui leur oppose la barbarie des entrepreneurs modernes utilisant la machine pour faire prolonger la journée de travail. Mais ces païens seraient encore plus horrifiés par Marx voulant transformer le travail en « premier besoin de l'homme »...
16. *System der Sittlichkeit, op. cit.,* p. 434.

toute-puissance divine ? Dans cette *méta-physique* matérialisée qu'est la technique, dans la *seconde nature* qu'elle constitue, Hegel voit la force souveraine qui fera disparaître toute la fixité de l'être dans la mobilité « corybantique » de l'Esprit. Grâce à la machine, la négativité fonctionne toute seule : l'homme pourra dormir – mais le monde sera en agonie jusqu'à la consommation des temps.

Mort et transfiguration de la matière, le monde technique est le lieu où s'effectue le « retour » de l'Esprit à soi : c'est ici que se dissipe l'angoisse originelle de l'homme devant le monde des objets étrangers et hostiles et se réalise une exigence fondamentale de la liberté. Car la liberté « signifie la conciliation du sujet avec le monde devenu source de satisfaction[17] ». Or la conscience ne peut atteindre sa satisfaction dans le seul mouvement de négation, de connaissance et transformation pratique qui la relie aux choses. Le monde qui doit devenir source de satisfaction est essentiellement le monde des hommes. En termes hégéliens : « La conscience de soi ne peut atteindre la satisfaction que dans une autre conscience de soi[18]. » L'homme est essentiellement un *zoon politikon* et ne peut accéder à sa véritable condition qu'après avoir nié et dépassé sa condition naturelle.

L'essence du politique : la lutte pour la reconnaissance

Dans la mesure où la conscience de soi est encore « enfoncée dans l'être de la vie[19] », elle se comporte de manière animale et exclut de soi « tout ce qui est autre ». L'autre homme lui apparaît comme un « objet ». Cette chosification étant réciproque, « ils ne sont l'un pour l'autre que de simples objets ». Sur le fond biologique de la lutte pour la vie s'engage une lutte à mort qui motivera la première négation des liens qui attachent l'homme à la nature : la lutte naturelle pour la vie devient lutte spirituelle pour la reconnaissance. De même que le désir destructeur de l'animal est nié, refoulé, sublimé dans le travail humain, de même le désir vital qui se rapporte à l'autre homme comme à un *objet,* se nie, s'humanise en devenant le désir

17. *Esthétique,* Berlin, Aufbau Verlag, 1953, p. 134.
18. *Phänomenologie des Geistes, op. cit.,* p. 139.
19. *Ibid.,* p. 143.

d'être reconnu par l'autre. C'est dans ce désir que l'isolement et l'atomisation (*Vereinzelung*) de l'état de nature sont réellement transcendés. « Dans l'acte de reconnaître, le Moi cesse d'être isolé [*Einzelne*] ; c'est précisément ce mouvement qui supprime son état de nature : l'homme est reconnaissance ; l'être naturel existe seulement ; il n'est pas spirituel[20]. »

« L'Esprit absolu, dira plus tard Hegel, est la reconnaissance mutuelle[21]. » Mais cette reconnaissance, qui est déjà la première manifestation de l'universalité réelle de la Raison, ne se fait pas pacifiquement. Elle ne peut se fonder ni sur l'instinct biologique (l'amour physique) ni sur la communication en général : le langage par exemple « disparaît comme il apparaît, ce n'est pas une reconnaissance permanente, réelle[22] ». C'est seulement en visant la mort d'autrui et en assumant sa propre mort que l'homme peut réellement se faire reconnaître comme un être indépendant au sens fort du terme, c'est-à-dire comme un être « doué de raison[23] » : c'est le « néant de la mort » qui fonde la première coexistence authentiquement humaine.

La « robinsonnade » hégélienne du maître et de l'esclave décrit précisément cette première étape du processus d'hominisation. Le maître et l'esclave sont les deux premières figures de la « conscience de soi », qui ont émergé de l'animalité primitive. Le maître est devenu homme et existe « pour soi » parce qu'il a assumé totalement le néant de la mort et s'est donc élevé au-dessus de la vie. L'esclave, qui a risqué « des plaies, non la vie elle-même[24] », a conservé la vie en arrêtant le combat : il est devenu la chose de l'autre qui l'a laissé en vie parce qu'il a été reconnu comme maître. Mais Hegel n'est pas Nietzsche : le maître n'est pas le créateur nietzschéen des valeurs ; il consomme sans travailler et dépend de l'esclave. Celui-ci a cessé d'être la chose inerte et l'objet de la volonté de puissance. L'angoisse qu'il a éprouvée « non au sujet de telle ou telle chose durant tel ou tel instant, mais au sujet de la totalité de son être[25] » l'a affranchi de la

20. *Realphilosophie, op. cit.*, II, p. 206.
21. *Phänomenologie des Geistes, op. cit.*, p. 471.
22. *Realphilosophie, op. cit.*, I, p. 226.
23. *Ibid.*, p. 228.
24. *Ibid.*, p. 229.
25. *Phänomenologie des Geistes, op. cit.*, p. 148.

vie dont il a été l'esclave. Libéré par l'expérience de l'angoisse des déterminations naturelles de son être, l'esclave conquiert finalement son statut d'homme par le travail : c'est en lui que se dévoile la signification libératrice du travail.

Ainsi s'ouvre une nouvelle dimension de l'Être : l'histoire. Dans le monde naturel, la lutte pour la vie finit avec l'anéantissement du vaincu. Dans le monde historique, la guerre de tous contre tous ne finit pas avec l'institution de quelque « contrat social », mais avec la domination et la servitude derrière lesquelles apparaît l'âme du développement social : le désir de la reconnaissance, et le *but* de l'histoire humaine : la création d'une cité libre où tous sont reconnus comme personnes libres et valeurs absolues. « Ce but, qui est le *Concept*[26] », est la communauté où « la conscience de soi est reconnue et a la certitude de soi-même dans l'autre conscience de soi libre, et y trouve ainsi sa vérité ».

C'est donc dans la cité libre que le drame *préhistorique* de la domination et de la servitude trouve sa catharsis. « Il n'y a rien ici qui ne soit pas réciproque », « chacun est aussi certain des autres qu'il est certain de soi-même » : « je vois Eux comme Moi, Moi comme eux ». C'est dans la communauté que la conscience de soi trouve sa « vérité », c'est-à-dire son existence réelle. L'homme n'est pas un spécimen indifférent de l'espèce, ni une pure existence singulière, mais un universel concret, une intersubjectivité : c'est cette intersubjectivité qui « *est* le Concept ». Ici la substance est substance spirituelle et son propre mouvement est de devenir sujet. La communauté est à la fois la substance des individus et leur œuvre propre : l'œuvre de tous et de chacun. Le lien substantiel, organique, inconscient, indestructible entre les individus s'accorde avec leur « parfaite liberté et indépendance », est élaboré par leur action et constitue « un Moi qui est un *Nous* et un *Nous* qui est un Moi[27] ». La Raison n'est pas le lieu supracéleste de Platon ou le monde transcendental de Kant : « C'est dans un peuple libre que la raison est en vérité effectivement réalisée ; elle est présence de l'esprit vivant[28]. » Aussi la véritable histoire de l'humanité commence-t-elle avec les cités libres de l'Antiquité classique.

---

26. *Ibid.*, p. 256 *sq.*
27. *Ibid.*, p. 140.
28. *Ibid.*, p. 258.

L'Hellade sacrée, que Goethe, Schiller, Hölderlin cherchaient
« avec les yeux de l'esprit », prend chez Hegel l'allure d'une Arcadie
politique où la cité apparaît comme la *societas diis hominibusque
communis* et où la participation active du citoyen à la chose publique
(« la Chose même », dit Hegel) est célébrée comme l'unique source
du bonheur terrestre. Tant qu'ils furent libres, les Grecs vécurent dans
l'harmonie avec le tout, ignorant le malheur chrétien : le repliement
sur soi et la fuite dans l'au-delà vide, et la tâche de la philosophie est
précisément d'apporter la démonstration de la « nécessité absolue »
du « malheur » chrétien et de l'aliénation moderne.

Nécessité de l'aliénation

Toute la philosophie de l'histoire que Hegel expose dans la
Phénoménologie est une explicitation de cette proposition. Une
fois de plus on retrouve le rythme triadique des néoplatoniciens. Le
devenir de l'esprit y est saisi comme un mouvement circulaire à trois
temps : le premier moment – la Grèce – est le moment de la vérité
immédiate, de la substantialité qu'il faut nier ; le deuxième moment –
les « deux mille ans » d'« opposition » – est le moment du tragique,
du malheur et de la perte de la substance ; le troisième moment est le
moment de la réconciliation, du retour à l'unité primitive enrichie par
toutes les conquêtes du parcours, le moment du bonheur retrouvé. La
Révolution française sera interprétée comme le commencement de ce
retour à soi ; ainsi la conscience tourmentée du XVIIIe siècle sera définie
comme la conscience « qui est sortie de la condition heureuse » de
l'esprit grec et qui « n'a pas *encore* atteint cette félicité » : dans la
perspective de cette dialectique circulaire, « ces deux propositions
reviennent au même[29] ».

La raison a dû « perdre » la félicité qui caractérise la Grèce, où elle
était incarnée « dans la vie d'un peuple libre » ; l'esprit a dû « détruire
la belle vie communautaire » (*sittlich*) de la *polis* grecque parce que
celle-ci ignorait la subjectivité, l'individu et sa valeur infinie. Dans
l'ordre apollinien des citoyens égaux et unis dans l'œuvre commune,
la personne, le soi, n'avait pas encore émergé : l'individu n'était

---

29. *Ibid.*, p. 258.

qu'une « ombre irréelle ». Ainsi la « belle totalité » a succombé à sa propre immaturité. L'homme a perdu la félicité et l'esprit sa vérité. « Mais maintenant le soi est sorti de son irréalité. » Sa réalisation progressive sera désormais l'unique contenu de l'histoire, et c'est au bout de ce travail deux fois millénaire d'émancipation de l'individu qu'on verra apparaître les deux créations les plus originales de la modernité : l'État et la société civile.

Cet État est le contraire du despotisme oriental comme du totalitarisme moderne. Tout d'abord parce qu'il a renoncé à toute velléité de régimenter la vie spirituelle de ses sujets et s'est séparé de l'Église. Dans tous les régimes où l'État et la vérité suprême se confondent (Hegel pense aux théocraties orientales, mais que dirait-il des idéocraties modernes ?), « *l'État n'existe pas*[30] » : « Pour que l'État en tant que réalité consciente de l'Esprit arrive à l'existence, il doit nécessairement se distinguer de la forme de l'autorité et de la foi. C'est au moment où il s'élève au-dessus des Églises particulières que l'État atteint l'universalité de la pensée qui constitue son principe formel, et l'incarne dans la réalité. » Et Hegel de se féliciter du schisme des Églises : « C'est grâce à ce schisme que l'État a découvert sa vocation, à savoir d'être la raison et la communauté (*Sittlichkeit*) conscientes d'elles-mêmes, et c'est le plus grand bonheur qui peut arriver à l'Église et à la pensée pour leur liberté et leur rationalité propres. »

Ensuite, l'État a cessé de se confondre avec la société : en face de lui se dresse le monde autonome de la « société civile », société fondée sur des relations purement privées et centrée sur des activités exclusivement économiques. De l'analyse de cette société purement économique, les libéraux et à leur suite Marx et les premiers marxistes avaient déduit que l'État devait être réduit au strict minimum (c'est le « gouvernement bon marché » des manchestériens que Marx identifiera bientôt avec la « dictature du prolétariat ») et que le développement économique allait créer une forme de coopération spontanée qui assurerait toute seule la cohésion profonde et le développement harmonieux de la société. Hegel avait, lui aussi, noté l'extrême importance du facteur économique – mais pour aboutir à des conclusions opposées.

---

30. *Philosophie du droit,* 1820, § 270, Remarque.

Les contradictions de la société civile

Dès le début du siècle, bien avant Sismondi et les ricardiens de gauche anglais, à une époque donc où triomphaient les « harmonies économiques », Hegel, qui a lu et commenté Stewart et Adam Smith, décrit avec une stupéfiante perspicacité les contradictions qui déchirent ce qu'il appelle la « civilisation industrielle ». Si la philosophie du travail et de la technique fonde et explicite celles de Saint-Simon, Proudhon et Marx, ses réflexions sur la division du travail, l'opposition des classes, l'accumulation des richesses, le paupérisme, l'argent et l'aliénation du monde des marchandises, décrit dans le meilleur style marxien comme *ein sich in sich bewegendes Leben des Toten*[31], annoncent à plus d'un titre la problématique du socialisme : en fait, c'est dans les *Grundisse* de 1857-1858 et dans *Le Capital* que Marx a retrouvé toute la richesse des analyses hégéliennes.

La société civile lui apparaît comme un produit spécifique de la modernité : par opposition aux sociétés politiques et militaires du passé, la société bourgeoise moderne a pu se séparer complètement de l'État et constituer une réalité autonome entièrement fondée sur des rapports privés. L'individu a cessé d'être une « ombre irréelle » comme il l'était dans les cités antiques, dans les despotismes orientaux et dans les sociétés traditionnelles (que Hegel appelle « substantielles »). Il s'est affirmé et s'est développé dans tous les domaines car « le principe des États modernes a cette force immense et cette profondeur : le principe de la subjectivité peut s'achever et se pousser jusqu'à la complète extrémité de la particularité personnelle et est en même temps ramené à l'unité substantielle[32] ».

La société civile se présente d'emblée comme fondée sur le travail : Hegel parle de l'*Arbeitwesen der bürgerlichen Gesellschaft*[33], et les classes qui la constituent reposent entièrement sur la division du travail et se définissent exclusivement par des critères économiques. Hegel

---

31. *Realphilosophie, op. cit.*, I, p. 240 : « la vie mouvante en elle-même de la matière morte ». Ce sont presque les termes de Marx parlant du « monde ensorcelé » des marchandises.
32. *Philosophie du droit*, § 260.
33. *Ibid.*, § 251.

emploie indistinctement les termes *Stände* (états, ordres) et *Klassen* pour désigner ces classes purement économiques qui venaient à peine de se dégager de la gangue des anciennes sociétés d'ordres. « Les divers *Stände,* dit-il dans la *Propédeutique* (1808), sont les différences concrètes selon lesquelles les individus se répartissent en classes, et qui reposent avant tout sur l'inégalité de richesses, de relations et d'éducation – différences qui découlent en partie de l'inégalité de naissance » (§ 198). Dans l'*Encyclopédie* (§ 527, Remarque), il dira que « l'histoire des constitutions est l'histoire de la formation de ces classes, des rapports de droit des individus avec elles, des rapports de ces classes entre elles et avec leur centre » (l'État).

La société moderne est fondée sur le travail ; plus précisément elle est la première société où le travail humain atteint sa perfection. Nous avons vu comment Hegel a été amené à voir dans le travail l'incarnation même de la « négativité » divine. Mais le triomphe de la « ruse », la « civilisation industrielle » (Hegel emploie cette expression dans ses *Cours d'esthétique,* 1820 sqq.), entraîne la déshumanisation du travailleur et la soumission de la collectivité à un mécanisme aussi aveugle que le mécanisme naturel. « Ce que l'homme gagne sur la nature en se la soumettant toujours davantage contribue à le rendre d'autant plus faible. En faisant exploiter la nature par toutes sortes de machines, l'homme ne supprime pas la nécessité du travail, mais il le repousse seulement et l'éloigne de la nature, et ainsi l'homme ne se tourne pas d'une manière vivante vers la nature en tant qu'elle est une nature vivante. Au contraire, le travail perd cette vitalité négative et celui qui reste encore à l'homme devient de plus en plus mécanique. Le travail n'est diminué que pour l'ensemble, non pas pour les individus [travailleurs] pour lesquels, au contraire, il s'accroît plutôt, car plus le travail devient mécanique, moins il a de valeur et plus l'homme doit travailler de cette façon[34]. »

Le travail devient « absolument mort, l'habileté de l'individu est infiniment limitée et la conscience de l'ouvrier est dégradée jusqu'au plus extrême abrutissement[35] ». La division du travail limite le travailleur « à un point, et le travail est d'autant plus parfait qu'il

---

34. *Realphilosophie, op. cit.,* I, p. 237.
35. *Ibid.,* p. 239.

est plus partiel[36] ». « Par l'abstraction de son travail, l'ouvrier devient de plus en plus mécanique, indifférent, sans esprit. L'élément spirituel devient acte vide. La force du Soi réside dans une riche perception de l'ensemble. Or celle-ci disparaît[37]. » « Par hommes cultivés, dira-t-il plus tard, on doit entendre ceux qui peuvent faire tout ce que font les autres[38]. » Or le système industriel détruit la possibilité de toute culture pour l'ouvrier et « condamne la masse à un travail tout à fait indifférent, malsain et sans sécurité, ne faisant plus appel à l'habileté ni aux capacités personnelles ».

Cette « grande classe » est ensuite livrée à la pauvreté et à l'insécurité. « La baisse de la valeur du travail est proportionnelle à l'augmentation de la productivité du travail[39]. » Ainsi « les fabriques et les manufactures fondent leur existence sur la misère d'une classe[40] », et « cette inégalité de la richesse et de la pauvreté devient le plus grand déchirement de la volonté, la révolte intérieure et la haine[41] ». Ce qui apparaît ici, dit-il dans la *Philosophie du droit* (§ 245), c'est que « malgré son excès de richesse, la société civile n'est pas assez riche, c'est-à-dire que dans sa richesse elle ne possède pas assez de biens pour payer tribut à l'excès de misère et à la plèbe qu'elle engendre ». Et le paupérisme est encore aggravé par l'insécurité permanente à laquelle est voué le travailleur car « la connexion des espèces singulières du travail avec toute la masse infinie des besoins » est non seulement quelque chose qui est « tout à fait impossible à embrasser du regard », mais elle s'est transformée « en une dépendance aveugle en sorte que, souvent, quelque chose qui a été fait dans un pays éloigné gêne subitement et rend superflu et inutilisable le travail de toute une classe d'hommes[42] ». Si, conformément à la théorie et à la pratique

36. *Realphilosophie, op. cit.*, II, p. 232.
37. *Ibid.*, p. 232.
38. *Philosophie du droit,* § 187. Marx citera ce passage dans *Le Capital*. Il est vraiment dommage qu'il ne pût connaître les textes de la *Realphilosophie* (publiée pour la première fois en 1931).
39. *Realphilosophie, op. cit.*, I, p. 239.
40. *Realphilosophie, op. cit.*, II, p. 257.
41. *Ibid.*, p. 233.
42. *Realphilosophie, op. cit.*, I, p. 239. Dans *L'Idéologie allemande* (1846), Marx se référera au même exemple — et presque dans les mêmes termes — pour démontrer l'impossibilité de créer une société socialiste dans le cadre d'un seul pays.

du laissez-faire, laissez-passer, « aucune entrave ne gêne l'activité de
la société civile, celle-ci se définit comme une croissance continue
de la population et de l'industrie[43] ». On assiste alors à la création
d'une « double universalité » : « universalisation [généralisation]
des moyens et des manières de satisfaire les besoins, universalisation
de la dépendance mutuelle [*Zusammenhang*] que créent ces mêmes
besoins » : tous les membres de la société deviennent solidaires les
uns des autres pour la satisfaction de leurs besoins perpétuellement
croissants. Or « grâce à cette double universalité, d'une part augmente
l'accumulation des richesses, tandis que, d'autre part, augmentent
aussi le morcellement et la limitation du travail particulier et, par
conséquent, la dépendance et la détresse de la classe attachée à ce
travail. Aussi cette classe est-elle de plus en plus incapable de sentir
et de jouir des autres libertés[44] et plus particulièrement des avantages
spirituels de la société civile ». Ainsi se crée la « plèbe » moderne (le
prolétariat) : une « grande masse » non seulement tombée au-dessous
du « minimum de subsistance considéré comme régulier et nécessaire
pour un membre de la société » mais aussi « privée du sentiment du
droit, de la légitimité et de l'honneur d'exister par sa propre activité et
son propre travail[45] ». C'est précisément la « formation » d'une telle
masse prolétarisée qui « rend de plus en plus facile de concentrer en
peu de mains des richesses disproportionnées ». La misère cesse d'être
naturelle et devient éminemment sociale : si le paysan traditionnel
attend tout passivement de la nature, la « plèbe » industrielle est
condamnée à se sentir « intérieurement révoltée contre les riches,
contre la société, contre le régime ». Car « elle n'a pas la dignité de
trouver par le travail sa subsistance et cependant la demande comme
un droit. L'homme ne peut affirmer aucun droit contre la nature ;
mais dans la société la privation prend tout de suite la forme d'une
injustice faite à telle classe ».

Formellement, ce monde est le produit de la liberté, mais ce
laissez-faire est en réalité la manifestation et l'œuvre d'une « aveugle

---

43. *Philosophie du droit*, § 243.
44. *Ibid.* Dans l'édition Gans (celle qui a été utilisée par Marx), on lit *Freiheiten*
(libertés) ; dans les éditions ultérieures (Lasson, Nikolin), on lit *Fähigkeiten* (possibilités). Je préfère la lecture de Gans.
45. *Ibid.*, § 244.

nécessité », d'un « mouvement élémentaire et aveugle » qui « s'élève au-dessus des hommes comme un *fatum* qui les soutient ou les supprime spirituellement et matériellement[46] ». Les individus sont libres d'agir à leur guise conformément à leur seul intérêt, mais le résultat de leur action est le règne d'une nécessité d'airain : « Tout en étant indépendants [*für sich*] au sein de la totalité, les besoins et les jouissances obéissent à une nécessité et ils forment un système où tous dépendent de tous du point de vue des besoins matériels en travaillant et en accumulant pour eux : c'est ce qu'on appelle le système de l'économie politique[47] », science typiquement « moderne[48] » qui « fait honneur à l'entendement » parce qu'elle montre que ce « tourbillon de l'arbitraire [*Wimmeln von Willkür*] où apparemment tout est inconscient [*Gedankenlos*] et dépourvu d'unité [*Zerstreut*] est régi par une nécessité automatique [*die von selbst eintritt*] ». « C'est un facteur de conciliation de découvrir dans la sphère des besoins le reflet de la rationalité », dit Hegel, mais, en même temps, c'est avec un véritable effroi qu'il évoque la « main invisible » d'Adam Smith : « C'est une puissance étrangère sur laquelle l'homme n'a aucun pouvoir et dont il dépend [...], une puissance peu connaissable, invisible et incontrôlable [...], un destin inconscient et aveugle[49]. » On croit entendre Marx fulminer contre l'aliénation de l'homme dans l'économie de marché où la « puissance sociale » qui résulte de la division « inconsciente », « non planifiée » du travail se dresse contre les individus « comme une puissance étrangère, matérielle » (le « matérialiste » Marx n'aime pas les puissances « matérielles »), qui « nous domine, échappe à notre contrôle, contrecarre nos espérances, anéantit nos calculs » et s'impose « comme un fatum antique » qui agit « indépendamment de la volonté et de l'agitation des hommes, réglant même cette volonté et cette agitation[50] [...] ».

Déchirée par la division du travail et l'opposition des classes, la société civile est incapable de constituer une authentique communauté ;

46. *Realphilosophie*, op. cit., II, p. 231.
47. *Le Droit naturel*, 1802. Dans *Schriften zur Politik*, op. cit., p. 369.
48. *Philosophie du droit*, § 189 et Addition.
49. *System der Sittlichkeit*, op. cit., p. 488-489.
50. K. Marx et F. Engels, *L'Idéologie allemande*, Berlin, Dietz, 1953, p. 29-31.

elle est plutôt « la perte de la communauté » (*Verlust der Sittlichkeit*)[51].
En outre, aveuglée par le jeu des intérêts privés, elle est incapable
de constituer un sujet universel : le retour à la démocratie au sens
classique du terme est une chimère irréalisable. Ou, comme dit
Hegel : « l'intérêt de l'Idée n'est pas présent dans la conscience des
membres de la société civile[52] ». Quelle est donc cette « Idée » que, à
en croire Feuerbach et Marx, Hegel aurait eu le tort de « transformer
en sujet » ?

L'État

Pour Hegel les véritables acteurs de l'histoire ne sont ni les « grands
hommes » – instruments inconscients de la « ruse de la Raison » –, ni
les « masses » – qui ne font que les suivre –, ni l'humanité, concept
abstrait qui ne désigne qu'une espèce biologique parmi d'autres.
L'esprit universel (le *Weltgeist,* c'est-à-dire l'Esprit de l'espèce)
n'existe et n'agit qu'à travers les peuples particuliers qui expriment,
chacun à sa manière et selon l'étape du développement historique,
l'humanité et l'universalité. Ces « peuples » ne sont pas de simples
agrégats d'individus, mais des organismes qui n'existent qu'en vertu
d'une activité d'« idéalisation », d'unification et d'animation qui
transforme les choses et les êtres en membres d'un tout organique et
ramène les différences objectives à l'unité subjective. Pour Hegel,
l'idéalisme n'est pas une théorie philosophique parmi d'autres, mais
la manière d'être des vivants : le même « idéalisme », qui maintient
l'« unité idéelle » des membres de l'organisme biologique, se manifeste
d'une manière infiniment plus significative dans la vie des peuples
parce que ceux-ci sont de nature purement spirituelle et présupposent
donc l'indépendance absolue des individus qui les composent. Aussi
Hegel dira que « l'État le moins parfait, celui dont la réalité est le
moins conforme à son concept, est encore Idée aussi longtemps qu'il
existe[53] ».

51. *Philosophie du droit,* § 181.
52. *Ibid.,* § 187.
53. *Science de la logique* (1812), Hamburg, F. Meiner, 1946, II, p. 410.

Pour désigner ce lien substantiel, supra-individuel, qui unit les individus et transforme un peuple en un tout organique, Hegel a employé successivement et simultanément plusieurs termes : *Volksgeist,* « Esprit réel », « Esprit objectif », *Sittlichkeit* (communauté ou éthique communautaire), *sittliche Idee.* Dans les sociétés archaïques, dans les civilisations orientales comme le despotisme égalitaire chinois ou le système des castes hindou, où la communauté est tout et l'individu rien, l'Idée apparaît comme la « substance » dont les individus ne sont que les « accidents ». Même les cités grecques – ce « paradis de l'esprit humain » – ignoraient la subjectivité et son droit « infini » : dans l'ordre apollinien des citoyens libres et égaux, la personne, le Soi n'était qu'une « ombre irréelle[54] ». Aussi l'Esprit a-t-il dû « détruire la belle totalité communautaire » (*sittlich*) de la *polis* antique et « perdre la félicité » qui la caractérisait. L'Esprit est devenu « aliéné », étranger à lui-même, « mais maintenant le Soi est sorti de son irréalité[55] ». Sa réalisation progressive dans tous les domaines de la vie sociale sera désormais l'unique contenu de l'histoire, mais ce n'est que maintenant, après dix-huit siècles de christianisme, que l'« Idée » a acquis assez de « force » et de « profondeur » pour devenir vraiment « permissive » et reconnaître à la subjectivité le droit d'aller jusqu'à « l'extrême de son autonomie et de sa particularité[56] ». Comme dit Hegel avec sa profondeur habituelle, « le développement indépendant de la particularité est le moment qui, dans les États de l'Antiquité, apparaît comme le début de la corruption des mœurs et comme la raison dernière de leur déclin. Ces États sont encore bâtis sur le principe patriarcal ou religieux, ou bien sur celui d'une éthique communautaire plus spirituelle, mais plus simple. Ils ne pouvaient donc supporter en eux ni la scission ni la réflexion infinie de la conscience sur soi. Ils succombèrent à cette réflexion quand elle commença à se manifester, d'abord en esprit (Socrate), puis dans la réalité (Alcibiade), car leur principe encore trop simple ne possédait pas la force véritable et infinie » que possèdent les sociétés modernes dans lesquelles « l'unité laisse la contradiction de la raison

54. *Phänomenologie des Geistes, op. cit.,* p. 331.
55. *Ibid.,* p. 315 et 343.
56. *Philosophie du droit,* § 260.

se développer dans toute sa force pour surmonter cette contradiction, s'y maintenir et la maintenir en elle[57] ».

Dans ce monde où triomphe l'individualisme, la communauté et son éthique (*Sittlichkeit*) n'existent plus que d'une manière « immédiate », inconsciente, inférieure : dans la famille, ses liens d'amour et son économie communiste[58]. Mais, comme tout ce qui est « immédiat », la famille doit être « niée » ; aussi « la société civile déchire ce lien, aliène les membres de la famille les uns aux autres et les reconnaît comme des personnes indépendantes. À la place de la nature inorganique et du terroir paternel où l'individu avait sa subsistance, elle met son propre terrain et fait dépendre de sa contingence la subsistance de la famille entière. Ainsi l'individu est devenu le fils de la société civile[59] ». Dans la cité antique l'individu sortait de la famille pour accéder directement aux *koina,* à l'État en tant qu'« affaire commune » des citoyens. Maintenant, entre la famille et la *res publica* s'interpose le monde économique qui représente la « perte de la communauté », le moment – *nécessaire* – de la « scission » (*Entzwisung*)[60]. Ici le lien social n'existe que sous la forme de la « nécessité inconsciente » (la « main invisible » d'Adam Smith) qui transforme les agents économiques en « anneaux de la chaîne qui constitue le tout » (§ 187). Dans ce monde « atomisé » où règne le calcul égoïste, l'éthique communautaire n'apparaît que dans la corporation (Hegel vit encore à l'ère présyndicale), mais cela ne suffit pas : la société civile doit se subordonner à l'État car c'est en lui que la *Sittlichkeit,* l'« idée », qui anime et unifie la vie de la communauté (*sittliche Idee*) et qui est comme « perdue » dans le monde économique, « retourne à soi » (§ 157) et devient une « réalité » (§ 257).

Hegel savait parfaitement que son État administratif avec son monarque dépersonnalisé et ses institutions d'Ancien Régime

---

57. *Ibid.,* § 185.

58. Dans la famille, dit Hegel (*System der Sittlichkeit, op. cit.,* p. 444), « le travail est distribué selon la nature de chaque membre, mais le produit est commun ; chacun produit un excédent, mais il n'en est pas propriétaire. Le processus ne constitue pas un échange, mais est immédiatement, en soi et pour soi communautaire » (*gemeinschaftlich*). Dans la *Critique du programme de Gotha,* Marx emploie exactement les mêmes termes pour définir l'économie socialiste de l'avenir.

59. *Philosophie du droit,* § 238.

60. *Ibid.,* § 256.

curieusement plaquées sur une économie hypermoderne (anglaise) était loin de représenter le dernier mot de l'histoire. L'Amérique lui offrait « l'exemple durable d'une constitution républicaine[61] », et l'Amérique était pour lui « le pays de l'avenir », le pays où « dans les temps futurs se manifestera la gravité de l'histoire universelle ». Ici l'État est résorbé dans la société civile ; centrée sur « l'homme privé et sa propension à acquérir et à gagner », la société américaine est « dominée par l'intérêt particulier qui ne s'occupe de l'intérêt général qu'en vue de sa propre jouissance ». Mais il ne faut pas chanter victoire. L'État ne peut pas être le produit d'un « contrat social », encore moins une superstructure des relations économiques privées : le tout est antérieur aux parties et c'est cette antériorité qui fonde la réalité irréductible de l'État. Tandis que Marx verra dans la démocratie américaine « l'exemple le plus achevé de l'État moderne[62] », Hegel note cette primauté de l'économique pour montrer que le « pays de l'avenir » n'est encore qu'au seuil de la véritable vie politique. L'État moderne, l'État bureaucratique élevé au-dessus de la société civile, présuppose l'action de trois facteurs qui n'existent pas encore en Amérique : la lutte des classes, la domination de la ville sur la campagne et la tension internationale. Or la lutte des classes « ne menace pas encore » l'Amérique car l'écoulement de la population dans les plaines du Mississippi fait disparaître la « source principale du mécontentement » (« si les forêts de la Germanie étaient encore existantes, la Révolution française ne se serait pas produite ! »). Ensuite, l'Amérique était encore un pays essentiellement agricole ; les Américains ne ressentiront le besoin d'un État organique que lorsqu'ils seront « repliés en masse sur eux-mêmes vers les industries et le commerce urbains » (ce qui arriva un siècle plus tard). Enfin, si l'Amérique a pu donner pendant si longtemps l'image d'une société civile à l'état pur, c'est aussi à cause de son isolement économique et politique : il n'existait pas d'État voisin « contre lequel les États libres d'Amérique auraient à entretenir une armée permanente ».

---

61. Pour ce qui suit, voir *La Raison dans l'histoire*, Paris, UGE, 1965, p. 237 *sq*.
62. Dans *L'Idéologie allemande*.

Dans la paix et la prospérité, les particularités « se pétrifient » et l'« idée » n'est pas perçue comme telle. Mais l'histoire est essentiellement celle de la confrontation guerrière des nations, et c'est la primauté des relations internationales qui rend nécessaire la subordination de la société civile à l'État. La cruelle expérience de l'Allemagne avait enseigné à Hegel que « les peuples qui ne veulent pas supporter ou qui redoutent la souveraineté intérieure sont conquis par d'autres : leur liberté est morte de peur de mourir[63] ». C'est pourquoi « l'idéalisme de la souveraineté[64] », c'est-à-dire l'affirmation de l'antériorité et de la primauté du tout sur les parties ne devient consciente que dans les moments de détresse intérieure et de guerre extérieure. Réinterprétant à la lumière des guerres napoléoniennes une pensée de Montesquieu[65], Hegel ira jusqu'à dire que la guerre est une condition de la « santé » de la communauté populaire, « de même que l'agitation des vents préserve les eaux des lacs de croupir »...

Quoi qu'il en soit, l'Amérique est « le pays de l'avenir » ; or, justement, « en tant que pays de l'avenir, elle ne nous intéresse pas » car en « philosophie » nous n'avons affaire qu'à ce qui « *est* » : « reconnaître la Raison comme la rose dans la croix du présent et se réjouir d'elle, c'est la vision rationnelle que procure la philosophie et qui réconcilie avec la réalité[66] ».

Jetée, le 25 juin 1820, à la face du monde crépusculaire de la Restauration, cette image du présent comme crucifixion de la Raison n'était pas le moins ambigu des symboles hégéliens. Sa conception – non moins goyesque – du « calvaire de l'Absolu », avec son cortège « bacchique » de concepts « fluidifiés » et de catégories « mobilisées », autorisait à la fois une attitude profondément révolutionnaire qui tient l'inquiétude pour l'essence du réel et reporte le moment de la satisfaction à la fin des temps, et une attitude de consentement et d'enracinement dans le présent qui, telle son image favorite du cercle fermé, pourrait interdire toute perspective d'avenir. Hegel connaissait

---

63. *Philosophie du droit,* § 324.
64. *Ibid.,* § 278.
65. « Il faut qu'une république redoute quelque chose, disait Montesquieu (*L'Esprit des lois,* liv. VIII, chap. V). Chose singulière : plus les États (républicains) ont de sûreté, plus, comme des eaux trop tranquilles, ils sont sujets à se corrompre. »
66. *Philosophie du droit,* Préface.

trop bien ce danger d'immobilisation, ce « péché de la torpeur » dont parlent les Pères. « Il arrive souvent, dit-il en finissant son *Cours sur l'histoire de la philosophie,* que l'esprit s'oublie, se perde ; mais à l'intérieur il est toujours en opposition avec lui-même ; il est progrès intérieur – comme Hamlet dit de l'esprit de son père : "Bien travaillé, vieille taupe !" – jusqu'à ce qu'il trouve en lui-même assez de force pour soulever la croûte terrestre qui le sépare du soleil […]. L'édifice sans âme, vermoulu, s'écroule et l'esprit se montre sous la forme d'une nouvelle jeunesse. »

Marx retrouvera cette image hégélienne lorsqu'il célèbrera le travail souterrain de la révolution qui abolira pour toujours l'État et toute oppression et exploitation. Alors, dit-il, « l'Europe sautera de sa place et jubilera : "Bien travaillé, vieille taupe"[67]. » Mais quand la taupe révolutionnaire termina son travail, on ne tarda pas à s'apercevoir qu'elle était aveugle. Des voyants enrégimentés se chargèrent alors de la conduire à la « terre promise » de la société sans État et sans classes. Est-il besoin de rappeler que c'est en étudiant les « mesures minutieusement élaborées par Marx et Engels » pour la destruction définitive de l'État que Lénine et ses compagnons jetèrent les bases du plus formidable État bureaucratique de l'histoire ?

Mais nous sommes déjà entrés dans les temps post-hégéliens : ceux où le réel a cessé d'être rationnel et le rationnel réel. Raison de plus de réapprendre auprès de Hegel à la fois le « travail du négatif » et la « patience du Concept ».

67. K. Marx, *Le 18-Brumaire* (1852).

Bibliographie

Note sur les éditions de Hegel

Les chiffres latins et arabes sans autre indication renvoient au volume et à la page des *Œuvres complètes* de Hegel, *Jubiläumsausgabe,* 26 vol., Stuttgart, Fr. Frommans Verlag, 1927-1930.

Le volume I contient entre autres *De la différence des systèmes de Fichte et de Schelling* (1801), trad. B. Gilson, Paris, Vrin, 1986 et *Foi et Savoir* (1802), trad. A. Philonenko et C. Lecouteux, Paris, Vrin, 1988.

XV-XVI : *Vorlesungen über die Philosophie der Religion,* trad. A. Véra. Les *Leçons sur la philosophie de la religion* ont été rééditées par Lasson en trois volumes (Hamburg, Felix Meiner, 1925-1930). Trad. par J. Gibelin (Paris, Vrin, 1952-1959). Le volume XVI contient les *Preuves de l'existence de Dieu* (t. V, trad. Gibelin). Voir aussi *Fragments de la période de Berne (1793-1796)*, trad. R. Legros et F. Verstraeten, Paris, Vrin, 1987 ; *Premiers Écrits (Francfort 1797-1800). L'Esprit du christianisme et autres textes*, trad. O. Depré, Paris, Vrin, 1997 ; *Écrits sur la religion (1822-1829)*, trad. J.-L. Georget et P. Grosos, Paris, Vrin, 2001.

Ae : *Aesthetik,* Berlin, Aufbau-Verlag, 1955. Trad. S. Jankélévitch, *Esthétique,* Paris, Flammarion, 1979, 4 vol. Trad. J.-P. Lefebvre et V. von Schenck, Paris, Aubier, 1995-1997, 3 vol.

D. : *Dokumente zu Hegels Entwicklung,* éd. J. Hoffmeister, Stuttgart, Fr. Frommans, 1936.

E. : *Encyclopédie des sciences philosophiques,* vol. VIII, IX, X (*System der Philosophie*). Trad. A. Véra, *Enzyklopädie der*

Philosophischen Wissenschaften im Grundrisse (éd. de 1830), Hamburg, Felix Meiner, 1959. *Encyclopédie des sciences philosophiques en abrégé,* trad. M. de Gandillac, Paris, Gallimard, 1990, puis trad. B. Bourgeois, Paris, Vrin, 2012.

H. : *Philosophie der Geschichte,* Leipzig, Reclam, 1907. Trad. J. Gibelin, *Leçons sur la philosophie de l'histoire,* Paris, Vrin, 1945, 3ᵉ éd. remaniée par E. Gilson, Paris, Vrin, 1987.

J.L. : *Jenaer Logik, Metaphysik und Naturphilosophie* (1804-1805). Trad. partielle par D. Souche-Dagues, *Logique et métaphysique* (*Iéna 1804-1805*), Paris, Gallimard, 1980.

L. : *Wissenschaft der Logik* (1812, 1816). Éd. Lasson (Hamburg, Felix Meiner, 1946). *La Science de la logique,* trad. P. J. Labarrière et G. Jarczyck, Paris, Aubier, 1972-1981, puis trad. B. Bourgeois, Paris, Vrin, 1994. Voir aussi *Leçons sur la logique*, trad. J.-M. Buée et D. Wittmann, Paris, Vrin 2007.

N. : *Theologische Jugendschriften,* éd. Nohl, Tübingen, Mohr, 1907. *L'Esprit du christianisme et son destin,* trad. partielle par J. Martin, Paris, Vrin, 1948, puis trad. O. Depré, Paris, Vrin, 2003.

N.R. : cf. **P.**

P. : *Schriften zur Politik und Rechtsphilosophie,* éd. Lasson, Leipzig, Felix Meiner, 1923. Ce recueil contient *Des manières de traiter scientifiquement du droit naturel* (**N.R.**), trad. B. Bourgeois, Paris, Vrin, 1972, rééd. 1990 ; *Système de la vie éthique* (*System der Sittlichkeit*) (**S.S.**), trad. J. Taminiaux, Paris, Payot, 1976, rééd. Paris, Payot, 1992 ; *La Constitution de l'Allemagne. Actes de l'assemblée des États du royaume de Wurtemberg en 1815 et 1816. À propos du* Reformbill *anglais,* trad. P. Quillet et M. Jacob, dans *Écrits politiques,* Paris, Champ Libre, 1977, rééd., Paris, UGE, 10/18, 1996.

Ph.D. : *Philosophie des Rechts,* 1820. *Jubiläumsausgabe,* vol. VII. Trad. J.-F. Kervégan, *Principes de la philosophie du droit,* Paris, PUF, 2003.

Ph.E. : *Phänomenologie des Geistes,* 1807 (Leipzig, Felix Meiner, 1949). *La Phénoménologie de l'Esprit,* trad. J. Hyppolite, Paris, Aubier, 1939, rééd. 1992, puis trad. J.-P. Lefebvre, Paris, Flammarion, 2012.

R. : *Jenenser Realphilosophie,* 1803-1804, 1805-1806, éd. J. Hoffmeister (Hamburg, Felix Meiner, 1931-1932). Trad. G. Planty-

Table des matières

Préface par François Bordes et Laurie Catteeuw. 7

Hegel par Kostas Papaïoannou. 15

CHAPITRE I – Vie de Hegel. 17
CHAPITRE II – Le besoin de la philosophie. 27
CHAPITRE III – Dieu et l'aliénation humaine 31
CHAPITRE IV – Amour Vie Esprit 39
CHAPITRE V – La dialectique de la négativité 45
CHAPITRE VI – Dieu et le monde 51
CHAPITRE VII – L'Esprit 61
CHAPITRE VIII – Le calvaire de l'histoire 75
CHAPITRE IX – La rose de la Raison et la croix du présent. . . 87

Choix de textes de Hegel traduits par Kostas Papaïoannou . . 99

CHAPITRE I – Écrits de jeunesse. 101
CHAPITRE II – Fragments d'un système 123
CHAPITRE III – Situation du Système dans l'histoire de la
philosophie 133
CHAPITRE IV – La Phénoménologie 143
CHAPITRE V – Aspects de la Logique 163
CHAPITRE VI – L'homme 177
CHAPITRE VII – L'histoire 185

Textes complémentaires 197

Hegel et la Révolution française (texte inédit, début des
années 1960) 199
La Raison et la croix du présent. Note sur les fondements
de la politique hégélienne (1977) 205

Bibliographie 229

Ce volume,
le vingt-septième
de la collection « le goût des idées »,
publié aux Éditions Les Belles Lettres,
a été achevé d'imprimer
en septembre 2012
sur les presses
de la Nouvelle Imprimerie Laballery
58500 Clamecy

Bonjour, *La Première Philosophie de l'Esprit, 1803-1804,* Paris, PUF, 1962 ; *La Philosophie de l'esprit de la Realphilosophie, 1805-1806,* Paris, PUF, 1982. Le texte de 1805-1806 a également été traduit par J. Taminiaux dans *Naissance de la philosophie hégélienne de l'État,* Paris, Payot, 1984.

Ros. : Karl Rozenkranz, *Hegels Leben,* Berlin, Duncker und Humblot, 1844.

S.S. : cf. **P.**

V.G. : *Die Vernunft in der Geschichte,* éd. J. Hoffmeister (Hamburg, Felix Meiner, 1955). Trad. K. Papaïoannou, *La Raison dans l'histoire,* Paris, UGE, 10/18, 1965, rééd. Paris, Presses Pocket, 2012.

Références

P. Asveld, *La Pensée religieuse du jeune Hegel. Liberté et aliénation,* Louvain/Paris, Publications universitaires de Louvain/Desclée de Brouwer, 1953.

S. Avineri, *Hegel's Theory of the Modern State,* London, Cambridge University Press, 1972.

M. Bienenstock, *Politique du jeune Hegel : Iéna 1801-1806,* Paris, PUF, 1992.

E. Bloch, *Sujet/Objet. Éclaircissements sur Hegel,* Paris, Gallimard, 1977.

B. Bourgeois, *La Pensée politique de Hegel,* Paris, PUF, 1969, rééd. 1992 ; *Hegel à Francfort,* Paris, Vrin, 1970 ; *Le Droit naturel chez Hegel,* Paris, Vrin, 1986 ; *Hegel. Les actes de l'esprit*, Paris, Vrin, 2001.

C. Bruaire, *Logique et religion chrétienne dans la philosophie de Hegel,* Paris, Le Seuil, 1964.

E. Cattin, *Vers la simplicité : phénoménologie hégélienne*, Paris, Vrin, 2010.

A. Chapelle, *Hegel et la religion,* Paris, Éditions universitaires, 1964-1967.

F. Châtelet, *Hegel,* Paris, Le Seuil, 1968.

B. Croce, *Ce qui est vivant et ce qui est mort dans la philosophie de Hegel,* Paris, Giard & Brière, 1910.

B. Cullen, *Hegel's Social and Political Thought. An Introduction,* Dublin, Gill and Macmillan, 1979.

W. Dilthey, *Die Jugendgeschichte Hegels,* Leipzig-Berlin, Teubner, 1925.

Études sur Hegel (B. Croce, N. Hartmann, C. Andler, V. Basch, R. Berthelot, M. Guéroult, E. Vermeil), numéro spécial de la *Revue de métaphysique et de morale,* 1931.

J. N. Findlay, *Hegel. A Re-examination,* London, Allen & Unwin, 1958.

F. Fischbach, *Fichte et Hegel, la reconnaissance*, Paris, PUF, 1999.

E. Fleischmann, *La Philosophie politique de Hegel,* Paris, Plon, 1964, rééd. 1992.

—, *La Science universelle ou la logique de Hegel,* Paris, Plon, 1968.

H. G. Gadamer, *Hegels Dialektik,* Tübingen, Mohr, 1971.

T. Haering, *Hegel, sein Willen und sein Werk,* I-II, Leipzig-Berlin, Teubner, 1929-1938.

H. S. Harris, *Le Développement de Hegel,* Paris, L'Âge d'Homme, 1981.

J. d'Hondt, *Hegel, philosophie de l'histoire vivante,* Paris, PUF, 1966.

—, *Hegel secret,* Paris, PUF, 1968 ; *Hegel. Biographie*, Paris, Calmann-Lévy, 1998.

A. Honneth, *Les Pathologies de la liberté : une réactualisation de la philosophie du droit de Hegel*, trad. et éd. F. Fischbach, Paris, La Découverte, 2008.

J. Hyppolite, *Genèse et structure de la* Phénoménologie de l'Esprit *de Hegel,* Paris, Aubier, 1946 ; *Introduction à la philosophie de l'histoire de Hegel,* Paris, Le Seuil, 1948, rééd. 1983 ; *Logique et existence,* Paris, PUF, 1953 ; *Études sur Marx et Hegel,* Paris, Marcel Rivière, 1948.

I. Iljin, *Die Philosophie Hegels,* Bern, Francke, 1946.

K. H. Ilting, *Die Struktur der Hegelschen Rechtsphilosophie,* Frankfurt, 1975.

D. Janicaud, *Hegel et le destin de la Grèce,* Paris, Vrin, 1975.

G. Jarczyk, *Système et liberté dans la logique de Hegel,* Paris, Aubier-Montaigne, 1975.

W. Kaufmann, *Hegel. A Reinterpretation*, New York, Doubleday, 1965.

G. A. Kelly, *Hegel's Retreat from Eleusis*, Princeton, Princeton University Press, 1978.

J.-F. Kervégan, *Hegel et l'hégélianisme*, Paris, PUF, 2005 ; *L'Effectif et le rationnel. Hegel et l'esprit objectif*, Paris, Vrin, 2007.

A. Kojève, *Introduction à la lecture de Hegel*, Paris, Gallimard, 1947.

P. J. Labarrière, *Structures et mouvement dialectique dans la* Phénoménologie de l'Esprit, Paris, Aubier-Montaigne, 1968.

G. Lebrun, *La Patience du concept. Essai sur le discours hégélien*, Paris, Gallimard, 1972.

A. Lécrivain (dir.), *Introduction à la lecture de la* Science de la logique *de Hegel*, Paris, Aubier-Montaigne, 1981.

H. Leisegang, *Denkformen*, Berlin, W. de Gruyter, 1928.

T. Litt, *Hegel. Essai d'un renouvellement critique*, Paris, Denoël-Gonthier, 1973.

D. Losurdo, *Hegel et les libéraux. Liberté, égalité, État*, trad. F. Mortier, Paris, PUF, 1992 ; *Hegel et la catastrophe allemande*, trad. C. Alunni, Paris, Albin Michel, 1994.

K. Löwith, *De Hegel à Nietzsche*, Paris, Gallimard, 1969.

G. Lukács, *Le Jeune Hegel*, Paris, Gallimard, 1981, 2 vol.

H. Marcuse, *Raison et révolution. Hegel et la naissance de la théorie sociale*, Paris, Minuit, 1968 ; *L'Ontologie de Hegel et la théorie de l'historicité*, Paris, Minuit, 1972.

K. Marx, *Critique de l'État hégélien*, trad. K. Papaïoannou, Paris, UGE, 10/18, 1976.

J. M. E. Mc Taggart, *A Commentary on Hegel's Logic*, Cambridge, Cambridge University Press, 1910.

G. R. Mure, *A Study of Hegel's Logic*, Oxford, Clarendon Press, 1953.

J.-L. Nancy, *Hegel : l'inquiétude du négatif*, Paris, Hachette, 1997.

H. Niel, *De la médiation dans la philosophie de Hegel*, Paris, Aubier, 1945.

A. Philonenko, *Commentaire de la* Phénoménologie *de Hegel : de la certitude sensible au savoir absolu*, Paris, Vrin, 2001.

G. PLANTY-BONJOUR (dir.), *Hegel et la philosophie du droit,* Paris,
PUF, 1979.

—, *Hegel et la religion,* Paris, PUF, 1982.

O. PÖGGELER, *Hegels Idee einer Phänomenologie des Geistes,* Freiburg/
München, Alber, 1973.

B. QUELQUEJEU, *La Volonté dans la philosophie de Hegel,* Paris, Le
Seuil, 1973.

E. RENAULT, *Hegel, la naturalisation de la dialectique*, Paris, Vrin,
2001.

M. RIEDEL, *Theorie und Praxis im Denken Hegels,* Stuttgart,
Kohlhammer, 1965.

P. ROQUES, *Hegel, sa vie, son œuvre,* Paris, Alcan, 1912.

S. ROSEN, *G. W. F. Hegel. An Introduction to the Science of Wisdom,*
New Haven/London, Yale University Press, 1974.

F. ROSENZWEIG, *Hegel und der Staat,* I-II, Berlin, Oldenburg, 1920.

D. SOUCHE-DAGUES, *Le Cercle hégélien,* Paris, PUF, 1986 ; *Recherches
hégéliennes. Infini et dialectique*, Paris, Vrin, 1994.

W. T. STACE, *The Philosophy of Hegel,* London, Macmillan, 1924.

C. TAYLOR, *Hegel,* London, Routledge, 1983.

F. TESSITORE (dir.), *Incidenza di Hegel,* Napoli, Morano, 1970.

M. THEUNISSEN, *Hegels Lehre vom absoluten Geist,* Berlin, W. de
Gruyter, 1970.

B. TIMMERMANS, *Hegel,* Paris, Les Belles Lettres, 2000.

R. VANCOURT, *La Pensée religieuse de Hegel,* Paris, PUF, 1965.

J.-M. VAYSSE, *Hegel, temps et histoire*, Paris, PUF, 1998.

J. WAHL, *Le Malheur de la conscience dans la philosophie de Hegel,*
Paris, PUF, 1929.

É. WEIL, *Hegel et l'État,* Paris, Vrin, 1950 ; *Essais et conférences,* Paris,
Plon, t. I, 1970 ; *Philosophie et réalité. Dernières conférences,*
Paris, Beauchesne, 1982.

H. WENCKE, *Die methodische Grundlagen der Theorie des Objektiven
Geistes in Hegels Philosophie,* Berlin, 1926.

(Pour une bibliographie plus détaillée, consulter K. Steinhauer,
Hegel-Bibliographie, München/New York/London/Paris, Saur, 1980 ;
Hegel-Jahrbuch, publié depuis 1961 ; *Hegel-Studien,* publié depuis
1961.)

Dépôt légal : octobre 2012
N° d'édition : 7513 - N° d'impression : 209207
Imprimé en France

KOSTAS
PAPAIOANNOU